www.boekerij.nl

Annette Herfkens

Turbulentie

Ik overleefde een vliegtuigramp

Boekerij

Eerste druk april 2015
Tweede druk april 2015
Derde druk april 2015
Vierde druk mei 2015
Vijfde druk mei 2015
Zesde druk juli 2015

ISBN 978-90-225-7364-8
ISBN 978-94-023-0352-0 (e-boek)
NUR 402

Oorspronkelijke titel: *Turbulence – A True Story of Survival*
Oorspronkelijke uitgever: Matter and Mind, LLC
Vertaling: Titia Ram
Omslagontwerp: b'IJ Barbara
Zetwerk: Text & Image, Eexterveen

Het fragment op pagina 117 is een vertaling van een passage uit 'Gracias a la vida' van Violeta Parra. Het fragment op pagina 209 is afkomstig uit 'American Tune' van Paul Simon.

Voor Jaime, Joosje en Maxi

INHOUD

DEEL 1

HET ONGELUK

1979-1993

Het mooiste wat we kunnen ervaren is het mysterie.
– Albert Einstein

1

Vermist

VIETNAM 1992

'Wakker worden! Wakker worden! Het is vijf uur, we moeten weg! Mijn chauffeur komt ons over een halfuur ophalen!'

Vijf uur 's ochtends? Een chauffeur? Welke chauffeur? Waar heeft hij het over? O, die enge meneer Hung die hem als een waakhond in de gaten houdt!

Ik doe mijn ogen open, gedesoriënteerd en slaapdronken, en neem de ruimte in me op. Pasje staat aan het voeteneinde van mijn bed. 'Pasje', zo noem ik Willem van der Pas, met wie ik al dertien jaar een relatie heb. We zijn in Vietnam, waar hij zes maanden geleden naartoe is verhuisd om twee filialen voor de ING Bank op te zetten. Nu trakteert hij me op een vliegreisje naar de kust. Zijn rechterhand meneer Hung – 'Meneer Fix-it' noemt Pasje hem – zal ons naar het vliegveld van Ho Chi Minhstad brengen, waar hij me gisteravond ophaalde, vers uit New York.

Pasje glimlacht verontschuldigend. Hij weet dat ik het haat zo vroeg op te moeten staan, zeker als ik last heb van jetlag. Vijf uur 's ochtends? Hoe haalt hij het in zijn hoofd? Hij draagt de badjas waar zijn moeder BREDA, LEIDEN, SANTIAGO op heeft laten zetten. HO CHI MINHSTAD ontbreekt nog. Nou, die naam kan ze er mooi zelf op borduren als ze haar zoon bezoekt; haar kennende blijft ze vast maanden.

Het is een leuk cadeau. Pasje straalt iets heerlijks uit in die badjas. Ik ben dol op de relaxte luiheid die hij uitademt, zijn trage voorbereiding op de dag. Zijn ritueel van koffiezetten. Een kop voor mij in bed en voor hemzelf aan tafel. Hij vertrekt graag op tijd naar het vliegveld; hij houdt van een langzame en grondige voorbereiding. Ik geef de voorkeur aan een snelle en slordige. Vooral als ik dan een halfuur langer kan slapen. Maar ik houd van hem. En van de koffie.

Nadat ik die rustig, met kleine slokjes, heb opgedronken, heb ik nog acht minuten over om te douchen en me aan te kleden. Pasje probeert zijn irritatie en *Reisefieber* te verbergen. Als we toch nog op tijd de kamer verlaten, geeft hij me een kus.

'Goed gedaan,' zegt hij.

Meneer Fix-it wacht in de lobby. Hij glimlacht beleefd. Waarom vind ik hem niet aardig? Pasje slaat hem hartelijk op zijn schouder. Hij voelt zich thuis in deze omgeving die mij zo vreemd is; mijn aanwezigheid staat daar duidelijk los van. Ik voel een steekje van jaloezie.

Het is nog donker buiten. We passeren een heleboel fietsers, allemaal met een driehoekige strohoed op het hoofd en een zakdoek voor het gezicht. Dit is het Wilde Oosten. Ik denk aan de oorlogsfilms over Vietnam die ik zag toen ik opgroeide, in de jaren zestig. Onze koplampen verlichten hun pyjama-achtige kleding. Zo te zien zijn er hele gezinnen op weg, soms met zijn allen op één fiets.

Hoewel het rustiger op straat is dan gisterenavond, is het nog steeds drukker dan tijdens de spits in Amsterdam.

Hung zet ons af op het vliegveld en Pasje geeft hem een lijstje met dingen die hij moet doen in zijn afwezigheid. Daar gaan we dan, eindelijk. We lopen het gebouw binnen, waar weinig lijkt te zijn veranderd sinds de jaren zestig. Zoals altijd neemt Pasje de formaliteiten van het inchecken voor zijn rekening. Eerst brengt hij me naar een koffietentje, waar ik uitgebreid om me heen kijk. Nu Pasje en ik samen onderweg zijn, voel ik me meer op mijn gemak; dit is wat we gewend zijn te doen. Eindelijk kan ik genieten van de andere cultuur. Naast me zit een man die luidruchtig zijn soep slurpt, zoals de Chinese handelaars die ik in New York altijd zie eten wanneer we in Chinatown ontbijten.

Pasje komt naar me toe met onze boardingpasses in zijn hand. 'We moeten naar het vliegtuig lopen,' zegt hij. 'Er rijden hier geen bussen.' Ik volg hem de trap af naar de landingsbaan. We passeren een paar legervliegtuigen, in de rij alsof ze klaarstaan voor een luchtaanval.

Als we eindelijk bij ons vliegtuig zijn aangekomen, zakt de moed me in de schoenen. Het is minuscuul! En ik heb claustrofobie.

'Daar stap ik niet in,' roep ik. 'Dat kan ik niet en dat weet je!'

Blijkbaar is Pasje voorbereid op deze reactie. 'Ik weet het. Maar ik weet ook dat je het kunt. Alsjeblieft? Doe het voor ons? Het is de enige manier om naar de kust te gaan.'

'Hoe bedoel je? We kunnen toch met de auto?'

'Nee, dat kan niet, de wegen door de jungle zijn te slecht; met de auto doen we er dagen over, dan kunnen we als we aankomen meteen weer terug.'

Ik dwing mezelf de trap naar de achterkant van het vliegtuig op te lopen. Als ik binnen ben, raakt mijn hoofd bijna het plafond. Direct draai ik me om.

'Laat me eruit!' smeek ik. 'Ik kan het echt niet!'

Maar Pasje blokkeert de uitgang. Ik hamer met mijn vuisten op zijn borstkas. Hij pakt ze stevig vast en dwingt me hem aan te kijken.

'Het is maar twintig minuten. Alsjeblieft!'

Mijn hart klopt in mijn keel, maar ik loop met hem mee naar de derde rij stoelen. De derde van vijftien, tel ik. Ik ga aan het pad zitten. De Vietnamese passagier aan de andere kant van dat pad zou ik zo kunnen aanraken. Net als het plafond, daarvoor hoef ik mijn arm niet eens uit te strekken. Mijn knieën duwen tegen de blauwe stoel voor me. Pasje doet zijn gordel om, die over zijn borst glijdt als de veiligheidsgordel in een auto. Ik schud de mijne van me af; zonder gordel voel ik me al opgesloten genoeg. De stewardess, een piepkleine en beeldschone Vietnamese, vindt het gelukkig goed. Ze legt de noodregels uit. Ik probeer te luisteren, maar ik kan maar aan één ding denken: hoe kom ik hier weg?

Om me af te leiden zeg ik in mijn hoofd gedichten die ik op school heb geleerd op. Ik begin met Homerus: 'O muze, vertel me over de man die over de zeeën heeft gereisd.' Hoe het verdergaat ben ik vergeten, dus stap ik over op *Die Loreley*: 'Ich weiss nicht, was soll es bedeuten, dass ik so traurig bin.' Dat ken ik beter; ik moest het regelmatig voor de klas opzeggen, als favoriete straf van mijn leraar Duits. *Ein Märchen aus uralten Zeiten, das kommt mir nicht aus dem Sinn.*

We gaan opstijgen. Nu bewegen we tenminste.

Ik fixeer mijn blik op het horloge van Pasje: een Rolex uit 1940, die ik vorig jaar voor hem heb gekocht in Washington DC toen ik dertig werd.

Een paar weken daarvoor had hij me telefonisch een streng ultimatum gesteld om te trouwen. Ik was gek geworden van de stress, viel kilo's af. Natuurlijk wilde ik met hem trouwen, maar niet nu al. We timmerden allebei zo hard aan de weg. Konden we niet nog een tijdje carrière maken voor we ergens op dezelfde plek zouden gaan wonen? We hadden toch nog ons hele leven voor ons?

Toen we elkaar eenmaal zagen in DC, was Pasje verbaasd dat ik het zo serieus had opgenomen. Zijn strenge toon was plagerig bedoeld geweest, al klopte de kern. Mijn oudere zusje had hem opgejut. Zij heeft geen kinderen en wilde dolgraag meer neefjes en nichtjes. Ik was zo opgelucht dat ik me te buiten ging aan dat peperdure horloge voor hem – ik had de blik in zijn ogen gezien toen hij het in de winkel zag liggen.

De tijd kruipt voort; ik tel af. Maar na de beloofde twintig minuten zetten we de landing nog steeds niet in.

'Waarom dalen we nog niet?' vraag ik aan de stewardess.

'Onze vlucht duurt vijfenvijftig minuten,' antwoordt ze met een professionele glimlach. Ik kijk naar Willem, die zijn ogen schuldbewust neerslaat. 'Ik wist dat het de enige manier zou zijn,' zegt hij. Ik wil opstaan en vluchten, maar ik kan nergens naartoe. Mijn hart bonkt in mijn keel. Pasje streelt mijn arm, maar ik schud hem van me los.

'Hoe kun je me zo er in laten lopen?' snauw ik door opeengeklemde kaken. Ik kijk naar het horloge. Negenenveertig minuten. Nog zes te gaan.

Opeens dalen we, maar het gaat veel te snel. Het lijkt of het vliegtuig in grote vaart naar beneden valt.

Nu kijkt Pasje me recht aan. 'Hier houd ík nou niet van,' zegt hij zenuwachtig.

'Natuurlijk zakt zo'n klein rotvliegtuigje met zo'n noodgang omlaag!' antwoord ik. Als ik de angst in zijn ogen zie, voeg ik er zachtjes aan toe: 'Het is gewoon een luchtzak, maak je geen zorgen.'

We horen de motoren aantrekken. Maar het vliegtuig valt opnieuw. Weer trekken de motoren aan. Iemand slaakt een gil. Pasje grijpt mijn hand vast, en ik pak de zijne.

Duisternis.

DE JAK

De Jak, een afkorting van Jakovlev 40, is een klein verkeersvliegtuig met drie motoren. Het wordt vaak het eerste regionale transportvliegtuig genoemd en is in 1968 op de markt gebracht door Aeroflot, de Russische luchtvaartmaatschappij. Het is vergelijkbaar met een Boeing 727. De maximale kruissnelheid is 550 kilometer per uur.

Toestel VN 474 had vierentwintig passagiers, drie stewardessen, twee piloten en een technicus aan boord. Het vliegtuig raakte tijdens de daling naar de kustplaats Nha Trang op de een of andere manier uit zijn route. De daling ging sneller dan de bemanning in de gaten leek te hebben. Er wordt aangenomen dat de piloot een fout heeft gemaakt en de afstand tot de kust heeft ingeschat als twintig kilometer terwijl die waarschijnlijk ongeveer drieënveertig kilometer was.

Volgens het dalingsprofiel dat is opgesteld door Vietnam Airlines sloeg het weer op de ochtend van 14 november 1992 plotseling om, waardoor extreme turbulentie is ontstaan. De bemanning van de VN 474 zou haar uiterste best hebben gedaan om het vliegtuig onder controle te houden.

Het toestel vloog ongeveer 440 kilometer per uur toen het een bergkam raakte. De kracht van de impact werd getemperd doordat het vliegtuig alleen een vleugel verloor en vervolgens doorvloog. Maar een vliegtuig zonder vleugels wordt een ongeleid projectiel (of in ons geval: een half ongeleid projectiel). Toen het uiteindelijk tegen de volgende berg knalde, was de klap dus nog groter.

Ik zat op de derde rij vlak voor de vleugel. Dat is het onveiligste deel van de cabine. Ook had ik mijn gordel niet om, wat mijn overlevingskansen verkleinde. In theorie, althans. Alle anderen droegen hem wel. De gordel is ontwikkeld om een kracht van bijna vijftienhonderd kilo te weerstaan, 17G voor een gemiddelde man van tachtig kilo. Experts zeggen dat je een dergelijke kracht kunt overleven, mits je goed zit ingesnoerd. Iedereen in het vliegtuig zat goed ingesnoerd, behalve ik. Ik was de enige inzittende die uit zijn stoel vloog. Dat was mijn redding.

Pasje is omgekomen doordat zijn ribben zijn longen hebben doorboord. Intussen moet ik door de cabine zijn rondgetold als een stuk wasgoed in een droogtrommel, waarbij mijn hoofd en ledematen tegen het plafond, de bagagekastjes en de stoelen knalden. Op een bepaald moment ben ik waarschijnlijk 'geland' en onder een stoel geschoven, met mijn benen naar voren. Daar kwam ik klem te zitten, waardoor ik op mijn plaats bleef toen het vliegtuig met een tweede knal in drie stukken uit elkaar scheurde: de cockpit, de tweede vleugel en de romp.

We bevonden ons op vijfentwintig kilometer van Nha Trang, onze eindbestemming, en vijftien kilometer bij het dichtstbijzijnde dorp vandaan.

DEN HAAG EN LEIDEN, 1979

'Het lijkt wel of jij negen levens hebt,' zei een voormalig klasgenoot toen ik onlangs met hem sprak over onze middelbareschooltijd. 'Ik weet dat je dat afschuwelijke ongeluk hebt gehad, maar als je mij vraagt of je tevoren op de een of andere manier verdoemd leek, zou ik zeggen: het tegenovergestelde juist. Je was zorgeloos, altijd vrolijk. Je deed het goed op school, met sport en bij muziek, en zelfs bij tekenen. Je zag er goed uit, was de leider van je eigen vriendenclubje, maar je bewoog je ook heel gemakkelijk in andere groepjes. Je had grotere broers en voelde je op je gemak tussen de oudere jongens. Wat kan ik er verder nog over zeggen?'

Ja, ik was gelukkig en bevoorrecht. Ik ben opgegroeid in een mooie groene buurt en had een grote familie. We leefden beschermd, maar met alle typisch Nederlandse vrijheden. Als kind kon ik gaan en staan waar ik wilde, ik hoefde mijn ouders alleen maar te laten weten wat ik ging doen. Na school speelde ik in een van de vele oude parken in de omgeving. Vaak met mijn neefjes, die vlakbij woonden. Ik was een 'tomboy', tenniste en hockeyde liever met jongens, omdat die harder konden slaan. Als puber hing ik rond op de tennisclub of de hockeyclub, waar iedereen die ik kende lid van was. Mijn hele leven speelde zich daar af. Als mijn vriendinnen en ik geen wedstrijd hadden, dansten we op de clubfeesten.

Toen ik ouder werd gingen mijn vrienden stappen in het oude stadscentrum van Den Haag, en zingen in de Roaring Twenties-bar. Ik dronk wel wat, maar nooit te veel. Mijn broers en zus waakten over me. Zij hadden het allemaal al meegemaakt.

Na de middelbare school ging ik rechten studeren in Leiden, aan de oudste universiteit van Nederland. In 1575 gaf Willem de Zwijger Leiden het recht de universiteit te stichten, als dank voor het Leids ontzet in de Tachtigjarige Oorlog. Ik werd lid van studentenvereniging Minerva, ofwel 'het corps', en mijn lidmaatschap daar heeft me meer gevormd dan mijn studie zelf. De vereniging, alleen toegankelijk voor leden en voorzien van een reeks hiërarchische en buitenissige subverenigingen, was – en is nog altijd – gevestigd in een majestueus pand met bibliotheken, bars, een restaurant, en een disco. Voor veel studenten was het op grond van familietradities vanzelfsprekend lid te worden van deze historische club. Alle Leidse studenten konden lid worden, maar slechts een minderheid deed dat ook, volgens een systeem dat meer was gebaseerd op zelfselectie dan afwijzing.

Het leven als verenigingslid had iets weg van een spel, maar het kon resulteren in een goede positie in de maatschappij, in het old boys network van bedrijven en advocatenfirma's. Minerva heeft invloedrijke oud-leden. Er was een eindeloze reeks ingewikkelde, onbetwiste gedragsregels. Ik kan niet zeggen dat ik ze allemaal begreep, maar ik heb me kostelijk vermaakt.

Het nachtleven speelde zich rond de vereniging af. Je ging om vijf uur het pand in en kwam er twaalf uur later weer uit. Eenmaal binnen draaide het volledig om de gesprekken die je voerde: oppervlakkige waarin je speels probeerde een ander onderuit te halen, of diepzinnige. Vaak met het andere geslacht. Ik genoot van die gesprekken. Daar ging het me om; niet om meer. Ik zag jongens als gewone vrienden in plaats van als aantrekkelijke partijen.

Bij Minerva heerste een merkwaardig soort hiërarchie op grond van sociale vaardigheden, die nergens was vastgelegd maar door iedereen werd erkend.

De zogenaamd 'populaire' meisjes en de 'populaire' jongens woonden bijna zonder uitzondering in ongemengde studentenhuizen in het historische centrum van de stad, en aan de Leidse grachten. Er waren maar weinig gemengde studentenhuizen die ze serieus namen. In een daarvan, Rapenburg 52, woonde Willem van der Pas, of Pasje, zoals iedereen hem noemde. En ik woonde daar ook.

WAKKER WORDEN

Ik word wakker en hoor de vreemde geluiden van het oerwoud om me heen. Ik zie de wilde begroeiing door een reusachtig gat in de voorkant van de romp van het vliegtuig. Het is tegelijkertijd griezelig stil en vreemd luidruchtig.

Ik zit nog in het vliegtuig. Klem onder een stoel. Er drukt iets op me. Een dood lichaam. Ik probeer het van me af te duwen. Dat lukt niet. Ik ruk mijn benen onder de stoel vandaan, wat me een aantal diepe sneeën oplevert. Dan zie ik Pasje aan de andere kant van het gangpad. Hij ligt in zijn stoel, die op de een of andere manier achterstevoren terecht is gekomen. Hij heeft een glimlach rond zijn lippen. Een lief glimlachje. Hij is dood.

Ik moet in shock de cabine zijn uit geklommen, want het volgende wat ik me herinner is dat ik buiten het vliegtuig op de grond lig midden in de jungle. Op ontelbaar veel takjes. Alles doet pijn. Ik kan me niet bewegen. Ik kijk naar mijn blote benen. Mijn wikkelrok is verdwenen. Op mijn linkerknie zit een grote gapende wond. Mijn rechtervoet is overdekt met bloed; zo te zien is mijn enkel ontveld. Maar mijn scheenbeen ziet er het ergste uit: ik zie het bot! Het is blauwig en ligt tien centimeter open, door lagen vlees heen. Het lijkt wel een bladzijde in een biologieboek. In mijn schrik maak ik een schokkerige beweging en voel een pijnscheut in mijn heupen. Ik probeer te gaan zitten, maar de pijn in mijn borstkas weerhoudt me ervan. Mijn ademhaling is zwak en oppervlakkig. Wat is er gebeurd? Waar ben ik?

Ik kijk om me heen. Ik lig op een berghelling, onder bomen, tussen dikke begroeiing Overal liggen stukken van het vliegtuig. Het heeft zijn vleugels verloren en de cockpit is losgescheurd. Alles is groen. En die junglegeluiden! Hoe meer ik ernaar luister, hoe doordringender ze lijken te worden.

Er liggen meer mensen op de berghelling, ten zuiden van de brokstukken. Vanuit de romp klinkt gekreun. Een meter of drie van me vandaan ligt een Vietnamees meisje hard te kermen; iets hoger de berg op ligt het levenloze lichaam van een man. Dan dringt tot me door dat naast me iemand rechtop zit: een Vietnamese man. Hij leeft en praat tegen me. In het Engels.

'Maak je maar geen zorgen, ze komen ons wel zoeken.' Hij spreekt zijn r'en uit als l'en, net als mijn Japanse collega Numachi. Ik besef ineens dat ik in mijn onderbroek zit. Ik moet beschaamd hebben gekeken. De man opent een vierkant koffertje dat hij tegen zijn borst heeft geklemd alsof zijn leven ervan afhangt. Hij geeft me een lange broek, afkomstig van een pak. 'Polyester,' constateer ik onwillekeurig. Ik bedank hem uitbundig. Het doet ongelooflijk veel pijn om de broek over mijn wonden heen aan te trekken. Mijn adem stokt. Ik realiseer me dat er in mijn heupen en billen iets heel erg mis is.

Maar mijn manieren nemen het over. Met opeengeklemde kaken trek ik de broek aan, heel langzaam en o zo pijnlijk. Ik rits hem snel dicht en bedank de man nogmaals. Hij glimlacht. 'Ik ben heel belangrijk,' zegt hij. 'Ze komen me heus zoeken.'

'Dat is ze geraden!' antwoord ik. Ik voel me getroost door zijn woorden, door zijn aanwezigheid. We trekken ons terug in onze pijn. De volgende uren kletsen we af en toe eventjes, allemaal op mijn initiatief. Wanneer denkt hij dat de reddingswerkers zullen komen? Als ik zie dat hij verzwakt, smeek ik: 'Ga alsjeblieft niet dood... We moeten water zoeken.'

'Ik heb al wat gedronken,' fluistert hij.

Mooi is dat! denk ik. Ik heb een vieze en kleverige smaak in mijn gortdroge mond. 'Mag ik ook wat?' vraag ik. Vastberaden sluit hij zijn ogen; hij ademt steeds moeilijker. 'Ga alsjeblieft niet dood, laat me alsjeblieft niet achter!' zeg ik. Hij geeft geen antwoord. Nu schreeuw ik bijna: 'LAAT ME HIER NIET ALLEEN ACHTER!' Maar hij heeft moeite met ademen. Ik zie het leven uit hem wegvloeien. Hij haalt voor het laatst adem. Dan is hij er niet meer. Ook het Vietnamese meisje dat net nog zo hard lag te kreunen is nu stil. Er klinkt geen enkel geluid, er is geen enkele beweging van de andere passagiers. Iedereen is dood.

LEIDEN 1979

Pasje en ik studeerden allebei rechten en werden in hetzelfde jaar lid van Minerva. Hij was een zogenaamde 'Goeie Pik': een jongen die bovenaan prijkte in een onzichtbare rangorde. De meeste Goeie Pikken hadden politiek behoudende denkbeelden.

Maar Pasje was anders. Misschien omdat hij ouder was toen hij aankwam, een man al: vier jaar ouder dan ik. Hij had zijn eigen ideeën, niet die van zijn vader. Goed onderbouwde, goed gearticuleerde ideeën over religie, politiek en de wereld. Hij noemde zichzelf een autonoom denker – als hij dronken was een anarchist – en hij had een broertje dood aan de conformiteit van het 'corps'. Toch maakten zijn warmte en tolerantie dat iedereen hem aardig vond. Hij had een mannelijk, vriendelijk gezicht met zachte, bruine ogen en donkerbruine krullen. Anders dan de meeste jongens had hij baardgroei en borsthaar. Hij had brede schouders die zijn postuur ietwat gedrongen maakte en hem de bijnaam 'Jerommeke' opleverde. Hij kwam uit Breda, had een licht Brabants accent, wat mij in mijn benarde randstedelijke vooroordelen van toen nog enigzins stoorde.

In eerste instantie zag ik hem vooral als een aanwinst voor ons gemengde studentenhuis. Hij zag er zelfverzekerd genoeg uit om te kunnen omgaan met het negatieve etiket. In Hi-fi, de disco van onze vereniging, benaderde ik hem over het onderwerp. In het begin flirtte hij met me, maar daar ging ik niet op in. Wel hemelde ik ons huis op, met nadruk op de fantastische locatie aan het Rapenburg, in het centrum van het sociale en academische leven. Een maand later trok hij bij ons in. Hij nam zelfs nóg een Goeie Pik mee, waarmee hij het imago van ons huis veiligstelde.

We werden goede maatjes. We studeerden samen, deden samen boodschappen, kookten, keken televisie. 's Avonds gingen we samen naar de studentenvereniging, waar we vervolgens ieder onze eigen weg gingen. Hij zei dat ik alleen maar oog had voor de ouderejaars. Dat was ook zo. Ik kende er veel omdat het de vrienden van mijn broer waren, en op een van hen was ik verliefd.

Na mijn ontmoetingen met mijn aanbedene nam ik steevast met Pasje door hoe het ervoor stond. We bespraken alle plussen en minnen van de relatie, die eindigde met een breuk voordat ze daadwerkelijk iets voorstelde. Pasjes brede schouders waren er om op uit te huilen.

Later zeiden we allebei dat de ander de eerste stap had genomen, en in zekere zin hadden we allebei gelijk. Op een avond zaten we te praten in zijn kamer. Het gesprek ging over angst. Ik schepte op dat ik geen angst kende; dat ik alles durfde. Hij keek me recht in de ogen en opeens was er een spanning. 'Ik weet wel iets wat je niet zou durven,' zei hij, zijn donkere ogen glanzend. Hij daagde me uit... en ik zoende hem.

Later werd hij mijn eerste. Weinig mensen zouden dat indertijd hebben geloofd, omdat ik een grote mond had en me zelfverzekerd opstelde. 'Niet zelfbewust' zou ik het nu noemen. Ik concentreerde me op de buitenwereld en gaf me daaraan over, was niet bezig met mezelf. Dat wist Pasje, en nog meer. Nu ik erop terugkijk, zie ik hoe wijs hij was en wat een inzicht hij had.

We hadden de hoofdprijs gewonnen. Onze liefde was echt. In eerste instantie moesten we het geheimhouden omdat het tegen de huisregels was onderlinge relaties aan te gaan. Als we alleen wilden zijn slenterden we over de brug aan het Rapenburg naar het Academiegebouw en klommen met een fles wijn over de muur van de Hortus Botanicus. De weekenden waarin hij naar huis in Breda ging, duurden eindeloos. Op zondagavond liet hij me de gedichten zien die hij had geschreven tijdens onze korte scheiding.

Toen we in huis bekendmaakten dat we een stel waren moest Pasje verhuizen. Hij vertrok naar het ongemengde 'Wallon', het grootste jongenshuis van Leiden. Zo groot dat we op ons gemak vadertje en moedertje konden spelen, terwijl Pasje tegelijk een van 'de jongens' bleef.

We deelden een enorme intimiteit en een totaal gebrek aan wat voor schaamte ook. Hij noemde mij dolfijntje of Flipper, 'vanwege die lach met die kleine tandjes', zoals hij zei. Ik noemde hem 'zeehond', vanwege zijn lieve bruine ogen, die ik meteen kuste als we wakker werden, elke keer dat we samen waren, dertien jaar lang. De briefjes die ik hem schreef ondertekende ik met een mondje, een oog, en een pijltje.

Hoeveel ik ook van Pasje hield, ik verlangde ernaar de wijde wereld in te trekken. Met de diepgang waarmee andere meisjes naar de liefde kunnen verlangen. Of misschien, zoals schrijver Eugene O'Neill het ooit omschreef: naar hun 'idee van de liefde'. Het 'idee van de wereld' trok mij aan. Misschien omdat ik de liefde al kende, misschien omdat ik nu eenmaal zo geprogrammeerd was, of misschien was het mijn lot. Na een jaar, toen de meeste van onze vrienden probeerden een managementfunctie in onze studentenvereniging te bemachtigen, verlegde ik mijn aandacht naar een heel andere plaats: Zuid-Amerika.

Daar wilde ik heen. Het liefst samen met Pasje.

DE EERSTE DAG

Iedereen is dood. Ik zit hier. In de jungle. Alleen. Ik kijk om me heen, zie de lichamen, de losgescheurde onderdelen van het vliegtuig; de bladeren van de enorme planten. Ik luister naar mijn ademhaling. Die klinkt even moeizaam als ze voelt; mijn borstkas doet pijn. Heel erg! Maar ik adem wel. Luid en duidelijk.

Ik observeer: de geluiden, de jungle, de bladeren, het vliegtuig, de lichamen. En mezelf, liggend op een bed van takjes. Scherpe takjes. Ik beweeg een beetje. Dat doet pijn. Mijn heupen doen pijn. Alles doet pijn. O, God, help me. Help me!

Mijn voorhoofd voelt alsof iemand er met een mokerhamer op staat te beuken. Ik kan mijn benen nauwelijks bewegen, ze zijn verlamd en verkrampt. Ik blijf op mijn rug liggen en kijk naar mijn armen. Ze zitten onder het bloed. Bij mijn rechterelleboog zie ik twee gapende wonden. Als ik ze zachtjes aanraak met mijn vingers, gil ik het bijna uit.

Ik probeer niet meer op mezelf te letten en concentreer me op de bladeren. Op de onderdelen van het vliegtuig. Op de lichamen. Het Vietnamese meisje is gestorven met een gebalde vuist. De man naast me ziet er zowel vredig slapend als dood uit. Net zoals Pasje, met die lieve glimlach... Niet aan Pasje denken. Niet aan Pasje denken. Ik kijk nogmaals naar de man. Hij is niet eng, alleen maar dood. Ik weet hoe dode mensen eruitzien. Ik heb eerder dode mensen gezien. Ik denk aan ze. Meneer Bongaerts, mijn grootmoeder, Manuel in Chili. Je hoeft maar één keer een dode te zien om te weten dat dood echt dood is. En dat doden niet eng zijn, dat er niets is om bang voor te zijn. Ik kijk op het horloge van de man. Wat ironisch, dat de tijd gewoon doortikt. Tien uur.

Ik tuur door het bladerdak naar de lucht. Er hangen wolken, maar zo te zien zijn het geen regenwolken. Dit is toch het regenseizoen? Had ik me nou maar beter ingelezen voor de reis. Ik zie geen vliegtuigen. Waar blijft het volgende? Dat zal ons toch wel zien? Ik heb geen flauw idee waar ik ben. Ik weet alleen dat de oerwouden hier oneindig groot zijn. Volgens mij liggen we hoog op een berg. Wie weet hoe ver we van alles vandaan zijn? Ik heb niet eens op de landkaart gekeken! Ik weet niet eens in welke richting we vlogen. Pasje is mijn kompas. Niet aan Pasje denken!

Ik kijk naar de zon, die door de bladeren schijnt. Het palet van licht en schaduw is prachtig. De bladeren schitteren. Dat zou mijn moeder mooi vinden. Mijn moeder maakt zich nooit zorgen om me als ik met Pasje ben. Pasje, die... Niet nadenken. Niet aan Pasje denken! Denk maar aan mammie. Wat slim van haar dat ze heeft gezegd dat ik me moest laten inenten voor ik vertrok.

'Waarom?' vroeg ik haar. 'Ik ga toch niet naar de jungle?' Haha!

Ik kijk naar mijn voeten, die uit de geleende broek steken. Ze zijn heel opgezwollen. Mijn lievelingsschoenen, gevlochten krokodillenleren mocassins van de Corte Ingles, snijden zich een weg in blauwig vlees dat eruitziet of het van een ander is.

Ik pak mijn tasje. Wat gek dat ik dat nog heb. Ik kijk wat erin zit: heel basale reisspulletjes. Geen portemonnee. Pasje heeft het geld. Geen horloge. Pasje heeft het horloge. Niet aan Pasje denken. Geen telefoon. Ik heb altijd een telefoon bij me, alleen al om Jaime te bellen, mijn directe collega bij Banco Santander. We moeten elkaar voortdurend kunnen bereiken om beslissingen te nemen over de veranderingen op de obligatiemarkt. Ik bel hem altijd, waar ik ook ben. Door mijn trip met Pasje zou ik voor het eerst sinds we samenwerken twee werkdagen onbereikbaar zijn. Vietnam heeft nog geen gsm-netwerk. Woensdag pas verwacht Jaime weer een telefoontje. Tot die tijd zal niemand me missen. Als hij donderdag nog niets van me heeft gehoord. slaat hij alarm, dat weet ik zeker. Luidkeels, hem kennende. Het is nu zaterdag. Zaterdag, zondag, maandag, dinsdag. Nog vier dagen tot het woensdag is; nog vijf dagen tot het donderdag is. Ik denk aan Jaime. Wat zou hij zeggen als hij wist waar ik was?

Ik kijk wat er verder nog in mijn tasje zit. Een make-uptasje, een fototoestel, drie pakjes Philip Morris Super Light-sigaretten en een BIC-aansteker. Het make-uptasje is van Loewe. Prachtig zacht Spaans leer, bewijs van mijn recente promotie bij Banco Santander. Het fototoestel heb ik met Numachi in Tokio gekocht. De immer geduldige Numachi. Mijn dode buurman doet me aan hem denken: de manier waarop hij sprak, of eigenlijk juist niet sprak. En de zorgvuldige wijze waarop hij me zijn broek gaf. Godzijdank dat ik die heb: hij beschermt me een beetje tegen die afgrijselijke insecten hier! Ik hoop dat hij gelijk had en dat ze hem snel komen zoeken. Mij zal niemand gaan missen tot woensdag. Wat heb ik verder aan deze spullen? Ik overweeg een sigaret op te steken, maar zie daar van af. Misschien is dit een goed moment om eindelijk te stoppen met roken. Pasje zou trots op me zijn. Hij zou het niet geloven. Niet aan Pasje denken!

Ik heb eten en drinken nodig. Maar het komt niet in me op de koffer van die man te openen. En al helemaal niet om terug te keren naar de cabine van het vliegtuig, waar de lichamen zijn. Ik durf niet eens over mijn schouder te kijken. Ik blijf waar ik ben, kijk de berg af en zeg tegen mezelf dat dit echt is. Dat dit is waar ik ben. Dat ik geen water heb. Lieve God, help me dit te overleven. Mijn mond is droog. Zo droog.

Mooi hoe de zon door de bladeren schijnt. Ik heb het normaal gesproken niet zo op bossen, hou meer van water. Maar dit is prachtig!

De zon gaat onder. Ergens. Ik kan hem niet zien door het bladerdak heen. Het wordt snel donker. Ik kijk op het horloge. Zes uur. Tijd om te gaan slapen? Waarom niet. Ik ben niet bang. Ik vraag me af waarom niet. Ik ben nog nooit zo van God en alleman verlaten geweest.

CHILI, 1983

Terwijl veel van mijn vrienden zich volledig in het studentenleven stortten, bedacht ik dat ik stage wilde lopen in Chili. Dat land belichaamde alles wat me interesseerde, zowel in economisch als in politiek opzicht. De dictatuur daar bracht beide aspecten op een bijzondere manier elkaar: Augusto Pinochet regeerde met ijzeren vuist over de vrije markt. Met mijn politiek linkse oudere zus, op dat moment kamerlid voor de PvdA, op mijn ene schouder, en mijn politiek behoudende Leidse vrienden op de andere, vond ik het tijd mijn eigen standpunt te bepalen.

Het idee van Zuid-Amerika sprak me aan. Ik hield van de muziek en van de verhalen. Bovendien maakten mijn broers me vroeger vaak wijs dat ik als baby was verwisseld en dat de echte Annette nog in Venezuela woonde. In een sloppenwijk, voegde mijn strijdbare zus er dan aan toe. 'Waar Annette zich elke dag afvraagt waar ze vandaag haar eten moet gaan vinden.' Lang geloofde ik het verhaal, en voelde ik me schuldig omdat ik, in tegenstelling tot het meisje in die verhalen, een goede opleiding genoot, schoon water tot mijn beschikking had, en op wintersport ging.

Is het gek dat ik terug wilde naar mijn vermeende wortels?

Mijn hoofdvak was Internationaal Recht, met een specialisatie in economie. Ik wist een hoogleraar aan een internationaal instituut in Den Haag die me zou kunnen helpen stagiair te worden bij de Verenigde Naties in Chili: dr. Louis Emmerij. Emmerij had in een economisch tijdschrift gepleit voor een synthese van de economische herstelscenario's van economen als Friedman en Keynes. In de zomer van 1983 probeerde ik zijn voorstel in een scriptie uit te werken, waarna ik een afspraak met hem maakte. Tot mijn opluchting zag hij wel wat in mijn werkstuk, en regelde hij een stage voor me op het kantoor van de International Labor Organisation in Santiago, een instelling van de Verenigde Naties. Gelukkig besloot Pasje met me mee te gaan om onderzoek te doen voor zijn afstudeerscriptie over het Andes-pact.

Voor ons vertrek probeerden Pasje en ik contact te leggen met Chileense verzetsstrijders. We wilden inzicht in 'de andere kant' en leerden een Chileense banneling in Amsterdam kennen, Noemi Baeza, die na de militaire coup in 1973 met haar linkse vrienden bijeen was gedreven in het beruchte stadion in Santiago. Later was ze zo zwaar gemarteld dat ze geen kinderen meer kon krijgen. Haar echtgenoot werd naar een ander land verbannen dan zij, waar hij trouwde met een vrouw die hem wel nageslacht bezorgde. Ondanks alles wat ze had meegemaakt was Noemi een warm en open persoon, en we mochten haar heel graag. Tegen de tijd dat Pasje en ik naar Chili gingen, vertrouwde ze ons de adressen van een aantal relaties in Chili toe.

In september 1983 vertrokken we, na een uitgebreid afscheid van onze studievrienden. Mijn huisgenoten verkleedden zich als 'geheim agenten', een schertsende verwijzing naar het feit dat ik naar een politiestaat vertrok. Verre reizen waren in die tijd nog heel bijzonder. Mijn jaarclub schreef zelfs een lied voor de gelegenheid, dat 'Vermiste Herf' heette. Ze zouden het zich negen jaar later herinneren.

In Santiago huurden we een klein appartementje precies tussen zowel de klassen als de buurten in waartussen we onze tijd zouden gaan verdelen: de mooie buurt in het oosten van de stad waar we zouden gaan werken en waar onze collega's woonden en de armere wijken waar de vrienden van Noemi woonden. Een van die vrienden gaf ons een paar weken intensief Spaanse les. Daarna begon mijn stage met een cursus over werkgelegenheid. De cursus vond plaats in het prachtige pand van de VN Economische Commissie voor Latijns-Amerika en het Caribisch gebied (ECLAC), hetzelfde gebouw waar Pasje zijn afstudeerscriptie schreef in de bibliotheek. Het lag in een mooie wijk aan de voet van La Cordillera de los Andes, de bergketen die over het hele continent van Venezuela naar het zuiden van Chili loopt.

Mijn klasgenoten waren een stuk of twintig economen van het hele continent, allemaal ambtenaren.

De docenten betoogden dat de regering een grote rol moest spelen bij het creëren van banen. Bij mij misten ze hun doel: ik vond dat het creëren van werkgelegenheid nu net het enige was wat de regering moet overlaten aan de private sector.

Maar ik was heel blij met de kans die ik kreeg om mensen uit heel

Zuid-Amerika te leren kennen. We gingen 's avonds naar de Peñas, de muziekcafés in het centrum van Santiago. Iedereen uit mijn klas koos liedjes uit zijn thuisland uit, die we samen zongen.

In december reisden we door de woestijn naar Peru om het Inca-pad te lopen. We moesten de tocht inkorten omdat ik ziek werd van een omelet die een plaatselijk opgedane kennis voor ons had gebakken. Maar we klommen wel tot de top van de Machu Picchu, de Inca-stad die nooit is ontdekt door de Spaanse kolonisten en daardoor ongeschonden bleef. Het was er prachtig, majestueus en overweldigend vredig. We waren diep onder de indruk van de rauwe spiritualiteit.

Teruggekomen in Chili besloot Pasje dat het tijd was om naar huis te gaan en af te studeren. Ik zou nog zes maanden volwassen worden in Santiago. In mijn eentje.

Ik kreeg mijn eigen kantoor in het pand van de Verenigde Naties om in het kader van mijn stage een rapport te schrijven, dat tevens mijn afstudeerscriptie zou zijn.

De *funcionarios*, de topambtenaren, dronken elke ochtend om half elf samen koffie en bespraken dan de toestand in de wereld. De meeste gesprekken gingen over de hoge koers van de dollar. Die was natuurlijk van grote invloed op de Zuid-Amerikaanse landen, die te maken hadden met rentebetalingen over hun hoge, aan de Amerikaanse dollar gekoppelde schulden. Een hogere koers voor de dollar betekende ook meer koopkracht in de plaatselijke peso voor mijn collega's wier salaris werd vastgesteld in dollars; een revolutionaire droom verdronken in een zwembad van belastingvrije BMW's. Ik ging na mijn werk regelmatig tennissen met mijn collega's, en daarna borrelen en dineren in een chic restaurant, maar vaker ging ik met de metro de stad in. Ik was bevriend geraakt met de vrienden van Noemi, die me meenamen naar protesten tegen Pinochet. Ik vond de sfeer geweldig.

El pueblo unido jamas sera vencido, el pueblo unido jamas sera vencido. 'Een verenigd volk zal nooit verslagen kunnen worden!' zongen we dan met de hele menigte bij een universiteit in het centrum van de stad. Ik keek vol verwondering naar de verhitte gezichten om me heen. Ik had nog nooit ergens zulke uitgesproken gevoelens over gehad. Hun zaak voelde zo veel urgenter dan de woningnood in Amsterdam of de aanwezigheid van Amerikaanse kernwapens in Europa. Tussen de bezielende toespraken door zongen ze liederen die me recht in het hart raakten.

Na zo'n demonstratie gingen we eten in het huis en atelier Taller Amistad' van Pablo Madera, een hartelijke communistische schilder met een rond gezicht. *Taller* is Spaans voor 'atelier', *amistad* voor 'vriendschap'.

Hij schilderde in de stijl van Picasso, met felle tinten blauw, rood en geel. Hij had een gouden hart, hoewel hij niet schroomde zijn linkse Nederlandse kennissen te gebruiken om subsidies los te peuteren. Mij leek hij anders te behandelen. Als een van de zijnen. Misschien dat hij de opportunist in mij herkende. Hij zei altijd dat ik meer een latina dan een Nederlandse was. Hij had gelijk als hij daarmee bedoelde dat ik gemakkelijk de tijd vergat. En mezelf. Ik genoot van de demonstraties, het late dineren, het zingen en praten; de discussies over politiek en economie met Manuel, Pablo's zwager, die doceerde aan de middelbare school Colegio Latinoamerica de Integración. Vaak overnachtte ik op het bankje in de gang van Taller Amistad, nam de volgende ochtend een ijskoude douche en ging weer naar mijn werk. Ik was enorm gesteld op mijn gastheren. Als individuen. En hoe kon ik me niet inleven in hun zaak als ik hun verhalen over het leven in de sloppenwijken hoorde?

Mijn scriptie en rapport gingen over de Chileense bosbouw. De regering-Pinochet was trots op haar liberale laissez faire-politiek. Toch subsidieerde ze tegen haar eigen principes in de bosbouwsector, en die bloeide uitbundig. Die tegenstrijdigheid wilde ik gebruiken om de regering in een kwaad daglicht te stellen, niet alleen wat betreft de mensenrechtensituatie, maar ook wat betreft het economisch beleid. Dus plande ik voor mijn onderzoek een reis diep in de bossen in het zuiden.

Ik wist dat arbeiders met kortetermijncontracten werden ingehuurd om zo te zorgen dat vraag en aanbod perfect op elkaar aansloten. Ik wilde die arbeiders interviewen. Daarvoor reed ik soms eerst tien uur naar het zuiden, en dan nog twee uur over een paadje door de dichtbegroeide bossen. Ik wilde het liftend doen. Mijn collega's vroegen zich af waarom ik geen auto huurde. Feit was dat ik geen rijbewijs had.

Het eerste deel van de reis, naar Valparaiso, reisde ik achter in een kleine Fiat met drie 'linkse' ingenieurs. We overnachtten in een straatarm mijnwerkersstadje. Er was geen elektriciteit en iedereen had een miserabel verhaal te vertellen. De rest van de tocht reisde ik alleen, liftend met vrachtwagenchauffeurs die op weg waren naar plaatsen waar hout opgehaald moest worden. Ik wist dat ik risico liep, in mijn eentje in de bossen, maar ik vertrouwde op mijn instinct. En er was niets om me zorgen over te maken. De chauffeurs en hun maten waren vriendelijk en wilden me graag vertellen hoe moeilijk hun leven was onder het economische beleid van Pinochet.

Een arbeider nam me op de tractor mee naar huis om met zijn vrouw te praten. Trots liet hij me zijn twee kippen, zijn geit en zijn vijf lieve kinderen zien. Hij legde uit hoe hij houtskool delfde om zijn lemen huis mee te verwarmen. Desondanks was het er ijskoud. Hij had maar drie maanden per jaar betaald werk. De overige negen maanden moest hij leven van zijn kippen, zijn geit, en van wat hij in de bossen kon vinden. Zijn vrouw vertelde me hoe hij alcoholist was geworden vanwege de gratis wijn die de kolenmaatschappij in de mijnen schonk om de arbeiders te verdoven. Godzijdank sloeg hij haar niet. Veel arbeiders waren hun vrouw gaan mishandelen tijdens de lange periodes dat ze werkloos thuis zaten.

Eenmaal terug in mijn chique VN-kantoor lukte het me niet me te concentreren op een geschreven verslag. Ik was te veel betrokken geraakt bij de plaatselijke realiteit. Dus nam ik uiteindelijk al mijn materiaal mee terug naar Nederland, waar ik binnen de klamme eeuwenoude universiteitsmuren van Leiden tot een aantal conclusies kwam. Hoewel de subsidie voor de Chileense bosbouwsector in mijn ogen haar doel had bereikt, was de Chileense economie als geheel gevoeliger geworden voor de op- en neerwaartse bewegingen in de wereldeconomie. Maar dat leek een goede zaak, aangezien de wereldeconomie in die periode een opwaartse beweging maakte. Na deze niet al te opzienbarende conclusies besloot ik mijn carrière niet voort te zetten bij de Verenigde Naties.

In Chili heb ik geleerd hoe onvoorwaardelijk Chilenen kunnen zijn in hun vriendschap, zowel de armen als de rijken. Ze gaven elkaar dingen en deden dingen voor elkaar zonder bij te houden wat de stand was.

DAG TWEE

Wanneer ik wakker word, schijnt de zon. Overal om me heen zie ik planten en begroeiing. Enge, kruipende insecten. Geluiden. En ik heb dorst! Een allesverzengende, allesoverweldigende dorst. Ik zie de dode 'Numachi' naast me, zijn ogen halfopen. Ik beweeg. Het doet pijn. Ik probeer te gaan zitten, maar dat lukt niet. Mijn heupen staan in brand. En die takjes! Ik kijk op 'Numachi's' horloge. Half zeven.

Rechts van me zie ik het lichaam van het Vietnamese meisje. Haar haar glanst in de zon. Verderop ligt een vleugel van het vliegtuig. Ineens weet ik het weer: ik ben in Vietnam, op vakantie met Pasje. Waar is Pasje? Nee, niet aan Pasje denken. Pasje is dood. Mijn Pasje is dood! Ik heb hem gezien. Dood... En toen? Wat heb ik gedaan? Hoe ben ik buiten gekomen? Ik kan het me niet herinneren. Maar ik herinner me Pasje, dood. In zijn gordel in zijn stoel. Met een glimlach. Als een lieve mummie. Ik raak in paniek. Help! Help me!

De pijn in mijn borst houdt me tegen. Ik kan nauwelijks ademen. Ik moet mezelf weer kalmeren. Niet aan Pasje denken. Rustig ademen. Niet aan Pasje denken. Niet huilen. Van huilen krijg je dorst. Niet over je schouder kijken. Kijk naar de bladeren.

Ik leun met mijn hoofd naar achter en kijk naar de bladeren. Ik voel hoe de pijn me in golven overspoelt. Ik knijp mijn ogen halfdicht, speel met het zonlicht op mijn wimpers. Wat mooi, het gefilterde zonlicht op de dauw, dat op de bladeren schittert.

Intussen hoor ik een kakofonie van geluiden. Geluiden van de jungle. Ik probeer ze van elkaar te onderscheiden. Zijn dat gillende apen? Wat...?

Ik blijf tegen mezelf herhalen dat dit echt gebeurt. Dit is geen geluidsopname. En geen film. Geen film over de oorlog in Vietnam. Ik heb er zo veel gezien. De laatste was *Platoon*. Waar heb ik die gezien? Lang geleden. Toen ik in New York woonde. In de club van de universiteit van Yale, met die Yalie die achter me aan zat. Stel je voor: al die jonge Amerikanen die hier rond hebben geslopen, volgepakt met artillerie, wachtend op het moment dat ze besprongen zouden worden door een Vietnamees die zich achter een boom schuilhield. Al die bomen.

Achter mij zit niemand aan. Ik ben nog steeds alleen. Belachelijk alleen. Ik denk terug aan hoe Pasje en ik over de muur van Hortus Botanicus in Leiden klommen. Om alleen te zijn. We zijn een keer betrapt door mijn vriendin Jet, maar die had geen idee wat we aan het doen waren. 'Ik weet wel wat jullie gaan doen, hoor!' riep ze. 'Jullie gaan hasj roken!' Ha, ha. Dat hebben we nooit gedaan. We verstopten alleen die fles wijn. Ze wist nog niet dat we een stel waren. We. Er is geen 'we' meer. Geen Pasje meer. Alleen, alleen. Niet nadenken! Ik leef nog. Ik ben hier. In de jungle. Een echte jungle. Hoort het hier niet heel warm en vochtig te zijn? Waarom heb ik het zo koud?

Ik kijk naar mijn handen. Wat zijn die zwarte ronde dingen? Korsten? O mijn god, het zijn bloedzuigers! Ik wrijf de ruggen van mijn handen tegen elkaar om ze los te krijgen. Het lukt niet. Niet naar kijken.

Ik kijk weer naar de bladeren. Ik kan ze bijna voelen. Ik denk aan hoe fijn ik het altijd vond om naar bladeren te staren. Maar dan wel in de stad, door een raam. Niet zo. Zo heel anders dan de bladeren die ik nu zie.

Bladeren doen me denken aan wandelen, en wandelen doet me denken aan eten. Nu niet. Ik heb zo'n dorst, zo'n vreselijke dorst.

Opeens begint het te regenen. En hoe! Van die regen die je in het gezicht slaat. De regen slaat tegen mijn wonden en doet mijn gezicht pijn als ik dat omhoog draai en mijn mond opendoe. Ik kokhals bijna van geluk: hele slokken water! Plotseling breekt ook de zon door.

Wat een opluchting! Ik probeer mezelf te warmen aan de zwakke zonnestralen die me door het bladerdak bereiken. Ik heb het koud. Zo koud. Mijn T-shirt is doorweekt. Ik zuig er wat water uit.

Ik kijk naar mijn schamele bezittingen. Netjes op een rijtje naast me. Doordrenkt. Het fototoestel. Het make-uptasje. De BIC-aansteker. Aansteker? Natuurlijk! De aansteker! Ik kan vuur maken! Net als Robinson Crusoe. Ik probeer een vlammetje te maken. Er gebeurt niets. Nog geen vonkje. Hij gaat het niet doen. Hij is te nat. Net als de bladeren. Ik heb genoeg vuurtjes gestookt om dat te weten. En waar heb ik eigenlijk vuur voor nodig? Om eten te roosteren? Er is hier geen eten. Ik kan niet lopen. Ik kan niet eens zitten. Het enige wat ik zie, is gras, struiken en planten. Om rooksignalen mee te maken? Zoals Hiawatha, het indiaanse jongetje uit de *Donald Duck*? 'Mijn Zilverslang' noemde Pasje me toen we die groene laarsjes kochten. Niet aan Pasje denken.

Ik denk aan de tweedehands schulden. Hoe zou de MYDFA in Brazilië er nu voor staan? Maar het is weekend. De markt is gesloten. Ik denk aan Jaime. Wat is die nu aan het doen? Hij is vast bij zijn zoontjes aan het gamen in de speelhal. Of hij doet dat spelletje met ze: 'Wie kan er het verst plassen?' De gedachte brengt een glimlach op mijn gezicht. Gekke Jaime. Als hij woensdagmiddag nog niets van me heeft gehoord, gaat hij zich gegarandeerd zorgen maken. Donderdagochtend schopt hij een scène. Ik ontspan. Jaime.

Ik kijk steeds op het horloge. Ik wacht en wacht. Ik concentreer me op de bladeren.

Er steekt een briefje van vijftig dollar uit de borstzak van mijn buurman. Misschien heb ik dat wel nodig. Om iemand om te kopen om me te helpen. Maar nu nog niet. Hoewel ik aanneem dat het al snel heel onaangenaam zal worden om naast hem te zitten. Dat ik een manier zal moeten vinden om me te verplaatsen. Het gaat door me heen dat hij mijn eetlust zeker niet zal opwekken, niet zoals bij dat rugbyteam dat in de Andes is neergestort en elkaar heeft opgegeten. Ik heb dorst, maar geen dorst naar bloed.

Ik geef ze een week. Tegen die tijd zal ik echt water nodig hebben. En eten. Anders ga ik dood. Net als de anderen, net als Pasje. Niet aan Pasje denken. Denk maar aan alle andere mensen die van ons houden. Wat gek. Zo veel mensen houden van ons, en toch weet niemand wat er is gebeurd.

Ik denk aan mijn broer Bernard. Wat is die nu aan het doen? Hij zit vast in een vliegtuig, ergens op weg naartoe. Ik probeer me hem voor te stellen in zijn luchtmachtuniform. Ik moet glimlachen. Waar hij ook gaat, hij is altijd de gangmaker. Wat zou hij zeggen als hij hier was? Zou hij me dan advies geven waar ik iets aan heb? Hij heeft me al zo vaak met sociale jungles geholpen. Dan zegt hij altijd dat ik mijn mond moet houden, of in ieder geval mijn hersens moet gebruiken voordat ik wat zeg. 'Je moet het niet over je reizen hebben als je thuiskomt. Mensen zijn daar niet in geïnteresseerd; ze willen het niet weten.' Ik hoop maar dat ik ook deze keer thuis zal komen.

Als er zaterdag nog niemand is, ga ik kruipend op zoek naar hulp. Dat is mijn plan. Het overleven tot zaterdag. Nog zes dagen.

LEIDEN EN CHILI, 1984

Toen ik terugkwam uit Chili voelde het alsof ik nooit weg was geweest. Ik was zo blij dat ik weer terug was bij Pasje. Intussen was ik geruisloos 'huis-oudste' geworden in mijn studentenhuis, zodat ik de grootste kamer kreeg. Recht tegenover het Academiegebouw van de universiteit van Leiden aan het Rapenburg, geschonken door de dankbare prins van Oranje. Maar de Nederlandse geschiedenis interesseerde mij op dat moment niet.

Sinds mijn terugkeer uit Chili klonk constant Chileense protestmuziek uit mijn stereo. Ik had heimwee naar Chili.

Het leek wel of die heimwee zich fysiek vertaalde: na mijn terugkomst kreeg ik hoge koorts. Zo hoog dat ik thuisbleef en ik het feest van het 170-jarig bestaan van onze studentenvereniging aan me voorbij moest laten gaan.

De koorts werd steeds erger, en toen ik naar de keuken liep voor een glas water, werd ik zo duizelig dat ik flauwviel. Het volgende wat ik me herinner is dat Pasje me optilde en in een auto legde. Hij bracht me naar het huis van mijn ouders, legde me daar in bed en haalde een Big Mac voor me bij McDonald's. Die kotste ik er vervolgens uit in een ambulance. Daarna werd ik wakker in een ziekenhuiskamer met drie andere patiënten; oude dames die vertelden dat ik ze de hele nacht de stuipen op het lijf had gejaagd.

'Kind, je riep steeds maar: "Ik zeg niets, ik zeg niets, al trek je mijn nagels eruit."'

Uiteindelijk kwam ik op de intensive care terecht. Ik bleek een cocktail van ziektes te hebben die ik op de een of andere manier maanden had onderdrukt: tyfus, amoebiasis en hepatitis. Ik kreeg een eigen kamer. Dagelijks kwamen vrienden uit Leiden op bezoek en mijn moeder bracht zelfgemaakt eten. Langzaam sterkte ik aan. Pasje week niet van mijn zijde. Wat hield ik veel van hem.

Drie weken later mocht ik eindelijk het ziekenhuis uit, waarna ik drie weken bij mijn ouders bleef om verder te herstellen. Maar ik bleef kwetsbaar. Studeren lukte niet. De letters dansten voor mijn ogen. Bij stress viel ik op de grond, en rolden mijn ogen een paar minuten lang naar achteren in een soort niemandsland.

Toen vond ik een vliegticket in mijn brievenbus van mijn vrienden in Chili. Enkele vrienden daar hadden een collecte gehouden om me terug te halen omdat het Chileense klimaat beter zou zijn voor een zieke dan in het natte koude Holland.

Dankbaar keerde ik terug naar Santiago.

Het politieke klimaat was juist sterk verkild, merkte ik gauw. Dictator Pinochet was teruggekomen op zijn eerdere beloften democratische hervormingen te zullen invoeren. Na een periode waarin hij zich tolerant had opgesteld was hij er bij nader inzien toch niet klaar voor zijn absolute macht op te geven. Dat zou nog zes jaar duren. De politieke bewegingen die het meest hadden geijverd voor een nieuw bewind onderdrukte hij nu meedogenloos.

Tijdens de korte ontspanning van het regime had mijn vriendin Noemi toestemming gekregen om terug te keren naar haar moederland, na dertien jaar ballingschap in Nederland.

Eenmaal in Santiago bleek het voor Noemi niet eenvoudig haar band met haar oude vrienden nieuw leven in te blazen. Sommigen verweten haar de economische overvloed die ze in Nederland had genoten, terwijl zij hadden gestreden om Pinochets economische maatregelen te overleven, die de rijken rijker maakten en hen armer dan ooit.

Intussen was de onderdrukking terug. Noemi was bang. Bang dat ze weer zou worden meegenomen door de politie, zoals dertien jaar tevoren. Ze keek vaak over haar schouder en praatte soms ineens heel zacht. waarschuwde me dat veel van de mensen met wie ik bevriend was geraakt ook in gevaar waren. Onder hen was een leraar, Manuel Guerrero, de zwager van Pablo Madera, met wie ik zo intens had gediscussieerd in Taller Amistad. We konden hem 's avonds niet ontmoeten, omdat hij steeds van schuilplek veranderde.

Toen hij spreker was tijdens een illegaal protest had hij even tijd voor een omhelzing en een kort gesprekje. Het was de laatste keer dat we hem hebben gezien.

Een paar dagen later belde Noemi totaal overstuur. *'They took Manuel!'* De politie, de *pacos* hadden hem op een afschuwelijke manier gearresteerd: in het bijzijn van al zijn leerlingen en andere docenten en ouders die er op dat moment hun kinderen brachten. Ze hadden hem ontvoerd. Niemand wist waar hij was. Noemi durfde niet meer thuis te blijven uit angst dat ook zij werd gearresteerd. Ze vroeg of ze bij mij mocht logeren, maar mijn Chileense hospes durfde het niet aan. Een oud-collega van de Verenigde Naties bood zijn logeerkamer aan. We trokken er samen in.

Een week later werden de lichamen van Manuel en twee andere *subversivos* ('verdachten') aangetroffen langs de weg naar het vliegveld. Hun keel was doorgesneden.

Noemi en ik bezochten Manuels ouderlijke huis in een volksbuurt in het zuidelijke deel van Santiago om hem de laatste eer te bewijzen.

We troffen hem aan in een doodskist met een wit verband om zijn hals en een dikke laag make-up op zijn gezicht. Zijn handen lagen gekruist over zijn borst, zijn vingertoppen waren bloederig en blauw: ze hadden zijn nagels eruit getrokken! Manuels familieleden waren blij met mijn aanwezigheid, als buitenlandse getuige. Ze vroegen me om een videoband over de moord op Manuel naar de Chili-beweging in Amsterdam smokkelen. Ik stemde toe; het was het minste wat ik voor hen kon doen. Ze wilden dat ik tijdens de begrafenisprocessie naast hen zou lopen, direct achter de kist. Ik torende boven iedereen uit. Zo zag ik dat de bijeenkomst veranderde van een begrafenisprocessie in een mars en van een mars in een massaprotest. Tegen de tijd dat we bij het kerkhof kwamen, aan de andere kant van de stad, liepen er duizenden mensen mee.

Ik beleefde het in een waas. Ik kon niet geloven dat een regering iemand deze pijn opzettelijk had aangedaan! Een militaire regering die zichzelf zo geciviliseerd vond.

Door een poort liep de massa het kerkhof op. Overal waren mensen. Ik verwachtte graven te zien, maar we liepen naar een muur met een opening.

Daarin kwam Manuel te liggen. Vele handen duwden zijn kist de muur in. Mensen huilden, schreeuwden, scandeerden: 'Manuel! Manuel!' Het begon donker te worden. Opeens doemden overal bussen met soldaten op. De menigte stoof uiteen terwijl het kerkhof werd omsingeld. Noemi greep mijn hand en nam me mee naar het dichtstbijzijnde metrostation.

Manuels zus ging in een kerk in het centrum van Santiago in hongerstaking. Ik bezocht haar met twee andere sympathisanten om mijn solidariteit te tonen; gaf haar wat water en omhelsde de familieleden. Er hingen jongemannen rond in de kerk, medestanders. Ze zagen er stuk voor stuk uit als Che Guevara: met een baard en lang haar, het bourgeois idee van een 'slechterik'. Buiten liepen er nog meer, met spandoeken, ze maakten herrie en scandeerden leuzen. De sfeer was gespannen. Al die goed opgeleide, geciviliseerde mensen, in de gaten gehouden door een stel politieagenten, pacos. Wanneer zouden ze besluiten in te grijpen? Daar zou ik snel achter komen.

Toen ik over het kerkhof naar de uitgang liep, stopte er een militaire bus bij het hek. Vijf pacos met ploertendoders sprongen eruit en omsingelden de demonstranten. Ze begonnen ze richting de bus te duwen. De demonstranten schreeuwden, maar ze gehoorzaamden allemaal. Ze lieten zich als vee in de bus drijven.

Ik keek als aan de grond genageld toe. Toen een paco me zag, mijn arm greep en me naar de bus trok was ik te verbluft om tegen te stribbelen. Pas toen ik al op de eerste trede stond vroeg ik in het Spaans: 'Ziet u niet dat ik een buitenlander ben?'

'Señorita, we weten precies wie u bent,' antwoordde hij, en toen gaf hij me een nog hardere duw. Ik zag in zijn ogen dat er geen ruimte voor onderhandeling was. Ik volgde mijn instinct en duwde hem zo hard als ik kon opzij en zette het op een lopen. Ik zag zijn verbijsterde gezicht toen ik over mijn schouder keek. Nog nooit had ik zo lang zo hard gerend, minstens een kwartier door het drukste deel van de stad. Naar de Vicaria, de katholieke kerk, die de democratische zaak gunstig was gezind. Ik vertelde de priester wat ik had gezien.

Na een paar veelbewogen maanden reisde ik terug naar Nederland. Met de videoband voor de Chili-beweging. Mijn hart bonkte in mijn keel toen ik de geüniformeerde douanebeambten passeerde, maar ik werd doorgelaten.

DAG DRIE

Wanneer ik wakker word is het weer ochtend. Het regent! Ik heb zo'n dorst. Ik doe mijn mond open en steek mijn tong uit. Dat helpt een beetje. Ik open mijn mond zo ver mogelijk. Ik geniet van elk druppeltje dat ik weet op te vangen. Dan breekt de zon door. Dat is goed nieuws voor een Nederlander, onder welke omstandigheden dan ook.

Ik kijk steeds weer om me heen. Alles is groen. Zo groen dat ik er bijna door word geabsorbeerd. Naaldbomen, dik gras, mos, overal vegetatie.

Het is maandag. Jaime is uit New York op weg terug naar Madrid. Hij zal laat aankomen op kantoor, direct van het vliegveld. Hoe zou de markt ervoor staan? Dat zou me niets moeten schelen, niet tot woensdag in ieder geval. En woensdag, uiterlijk donderdag, gaat Jaime bergen verzetten. Dat weet ik zeker. Ik vertrouw er volledig op dat hij dat gaat doen.

Ik kijk op het horloge. Het is zeven uur. Ik kijk naar de man. Niet bewust; hij is er gewoon, vlak naast me. Hé! Wat is dat witte draadje dat uit zijn ooghoek komt? Een witte worm! Natuurlijk! Hij begint al te ontbinden! Lichamen ontbinden sneller in dit hete, vochtige klimaat. Ontbinding? O, mijn god. Ik kijk voorzichtig en zie ze ineens: maden. Op zijn hele lichaam! Dat is wat ik ruik. Ontbinding! Die gruwelijke stank waar ik me ineens bewust van word. Die zieke, rotte stank! Ik beweeg met een plotselinge ruk van hem vandaan. Pijn golft door mijn heupen.

Ik kijk naar mijn handen: geen maden. Alleen bloedzuigers die een feestmaal hebben aan mijn bloed. Rustig blijven. Niet kijken.

Ik haal diep adem. Dit is logisch. Ik bevind me in een plantenkas. Als een reusachtige baarmoeder voor alle vormen van leven. Dit is de natuur. De natuur. Geboorte en wedergeboorte. De cyclus van het leven. De schoonheid van het leven. Niet naar de maden kijken. Kijk naar de schoonheid! Ik kijk naar de bomen, de planten en de bladeren. Alsof ik die kan inhaleren, in plaats van die afgrijselijke stank. Het helpt. Ik word kalmer.

Ik besluit dat het tijd is me ver van die man vandaan te bewegen. Ik gris gauw het biljet van vijftig dollar uit zijn borstzak. Ik kijk naar het horloge. Kan ik het pakken? Dan zou ik zijn koude arm moeten vastpakken, met maden en al, en het los moeten gespen. Dat kan ik niet. Ik heb als tiener eens een Nederlands boek van Jan Pieter de Boer gelezen over een boerenjongen die een lichaam in de rivier ziet drijven. Hij kijkt naar het horloge van het lijk en zegt: 'Ga je weg, anders pak ik je weg!' en dan pakt hij het. Ik niet. Ik herinner me ook een scène uit *Les Misérables* waarin de herbergier zich uiteindelijk bezondigt aan het beroven van lijken in de catacomben van Parijs. Ik heb die musical twee keer gezien, op Broadway en in Covent Garden. Wat een andere wereld.

Ik beweeg met behulp van mijn ellebogen. Het doet immens veel pijn. Ik heb een grote gapende wond op mijn rechterelleboog. Ik voel bij elke beweging takjes en zand over mijn vlees schuren. Ik heb geen keuze: het voelt alsof mijn heupen los in mijn lichaam hangen. En mijn benen zijn gebroken. Ik moet mijn lichaam met mijn ellebogen voorttrekken. Ik beweeg langs een dode man. Ik sleur mezelf langs het dode meisje, haar vuisten nu niet meer gebald. Ze heeft een linnen tas vast. Blijkbaar bestaan er geen omstandigheden die angstaanjagend genoeg zijn om je tas voor los te laten. We hebben onze tas allemaal vastgehouden: ikzelf, dat meisje, en de man naast me. Ik besluit de tas te pakken. Dat lukt, zonder al te veel naar het meisje te kijken. Ik hang hem om een schouder en beweeg de heuvel af, richting de losse vleugel van het vliegtuig. Alles doet onbeschrijflijk veel pijn. Alsof ik in de hel ben beland. Niet achteromkijken. Niet aan Pasje denken. Niet huilen. Ik nestel me naast de vleugel. Dat is mijn nieuwe plek.

Ik kijk om me heen. Hier heb ik een vrijer uitzicht. Veel nieuwe dingen om naar te kijken. Aan mijn rechterkant zie ik een berg. Het vliegtuig heeft een pad van omvergesleurde bomen gebaand, en een open plek veroorzaakt. De zon kan hier helemaal tot op de grond schijnen. Ik verwarm mezelf in de stralen, heel aangenaam.

Ik open de tas van het meisje, zo'n linnen tas die je van een boekwinkel krijgt. Er zitten een Vietnamees grammaticaboek en een blauwe regencape in, met een puntige capuchon en een lange voorkant. Ik herken het ontwerp. In Nederland dragen de krantenbezorgers ze. Vaak. Ik trek de cape over mijn hoofd. Ik heb het nog steeds koud. Zo koud. Uitgeput laat ik mijn hoofd ergens tegenaan rusten.

Naast de berg komt de maan op. Hij is bijna vol. Er hangen wat wolken in de lucht. Het lijkt net een Disneyfilm. Alleen maar natuur, met maanlicht. Ik ben zo'n stadsmuis! Het is bedtijd, ga slapen. Ik droom over kantoor. Over Ana Botin, Helen, Jaime, de financiële markten...

AMSTERDAM, 1986

Pasje en ik zijn na ons afstuderen naar Amsterdam verhuisd. Mijn zwager was er net burgemeester geworden. Mijn zus zat in Den Haag in de Tweede Kamer. Ze had niet de tijd of het enthousiasme om de rol van burgemeestersvrouw te spelen. Ik wel, dus soms vergezelde ik mijn zwager naar een receptie, concert, voetbalwedstrijd of prijsuitreiking. Willem ging vaak mee. We hadden alle tijd: ons enige werk was naar werk te zoeken.

Net als mijn zus en haar echtgenoot hadden Pasje en ik een latrelatie. Willem deelde een huis met een stel van onze goede vrienden en ik woonde met twee vriendinnen in een antikraakwoning. Lege huizen liepen in de jaren 1980 zo'n groot risico gekraakt te worden, dat eigenaren van leegstaande panden de noodzaak zagen tijdelijke bewoners te zoeken. Het waren schitterende huizen op toplocaties. Als een huis eenmaal was verkocht, verhuisden we naar het volgende. Ik heb een halfjaar door puur toeval naast de burgemeester – en af en toe mijn zus – gewoond.

We verbleven meestal in Willems huis aan de Kloveniersburgwal; hij was niet steeds aan het verhuizen. Het huis lag aan de rand van de rosse buurt. We deden boodschappen bij dezelfde supermarkt als de dames van lichte zeden. We kletsten en grapten met ze, allemaal heel Amsterdams.

Toen Amsterdam probeerde de Olympische Spelen binnen te halen hebben we mijn zwager geholpen bij de ontvangst van het Internationaal Olympisch Comité. Tijdens een rondvaarttocht met de officiële stadsboot, voeren we door Pasjes buurt. Een van onze nieuwe vriendinnen deed er net haar roodverlichte voordeur dicht. Toen ze Pasje zag zitten op de officiële boot, lichtte haar gezicht op en riep ze: 'Hé, Willem!' De IOC-leden staarden mij medelijdend aan.

Ik hoopte op een baan bij de NMB, die bekendstond om Asset Trading: Latin American Debt Swaps. Dit was een marktgerichte oplossing voor de Latijns-Amerikaanse schuldencrisis die mij lokte. Pasje en ik kwamen allebei bij de NMB terecht, maar op verschillende afdelingen. Ze vonden Pasje te oud voor een managementopleiding op de afdeling Buitenland. Maar hij bleek de echte bankier te zijn. Hij paste helemaal in het wereldje; ik niet.

Misschien kwam het dedain waar ik tijdens mijn eerste jaar in het bankwezen tegenaan liep bij mijn collega's – allemaal mannen – niet alleen voort uit het feit dat ik de eerste vrouw was die werd opgeleid om leidinggevende te worden. Misschien zei hun intuïtie – die het bij het juiste eind had – dat ik er niet op mijn plaats was. Om er als vrouw te kunnen overleven had ik daarnaast andere vaardigheden nodig. De eerste zes maanden van mijn opleiding werkte ik bij een plaatselijk filiaal van de bank in Beverwijk. Pasje was geplaatst in Haarlem. We namen dezelfde trein vanaf Amsterdam Centraal. De cultuurschok was bijna groter dan degene die ik in Chili had ervaren. De Beverwijkers leken me een rare snuiter uit de grote stad te vinden. Te werelds, te oneerbiedig, te... iets.

Ik moest een periode op elke afdeling werken, beginnend achter de kas en eindigend op de afdeling Kredietanalyse, het hart van het bedrijf. Op mijn eerste dag daar zei het afdelingshoofd ronduit tegen me dat hij zijn best zou doen me bij te brengen hoe het er in het kredietenwereldje aan toeging, maar dat hij weinig hoop had dat het mogelijk zou zijn een vrouw te leren ook maar iets te analyseren.

Ik deed de hele dag niets anders dan getallen kraken, die samenvatten in een of twee pagina's en het bijbehorende formulier invullen. Dat laatste ging me slecht af; ik was te slordig.

Contact met klanten was niet toegestaan. Dat was het privilege van de seniorleidinggevenden en de filiaalmanager zelf. Ik mocht wel de telefoon opnemen. En toen gebeurde er iets ongebruikelijks. De grootste cliënt van het filiaal wilde zijn account niet alleen met mijn superieuren bespreken, maar ook met mij. Hij had mij leren kennen door mijn goedbedoelde pogingen om hem bezig te houden als de directeur niet meteen tijd voor hem had. Hoewel sociaal onhandig was hij het soort man dat Nederland tot een handelsmacht heeft gemaakt: ijverig, nuchter, ongevoelig voor schijnvertoningen en een en al gezond verstand. Op de een of andere manier lukte het hem keer op keer grote bedragen te investeren in precies het juiste veelbelovende bedrijf. Mijn collega's waren verbaasd toen hij me uitnodigde met hem mee te gaan naar een receptie waar de plaatselijke zakenvrouw van het jaar uitgeroepen zou worden. 'Dat komt vast doordat je een lekker ding bent,' grapten ze zuur. Een dubieus compliment, dat volgens mij niet opging. De man deed geen pogingen met me te flirten; hij was dertig jaar ouder dan ik en woonde nog bij zijn moeder. Hij gaf me een advies dat ik mijn hele leven in de praktijk heb gebracht: 'Volg altijd je instinct.'

Toen mijn periode bij het Beverwijkse filiaal erop zat werd ik overgeplaatst naar de grotere kredietafdeling van het hoofdkantoor in Amsterdam. Ik werd op de balie Constructie-Industrie gezet. Deden ze dat bewust, om te kijken of ik al dat testosteron aankon? Aan de met blokken tegen elkaar geschoven bureaus zaten uitsluitend mannen. Mijn enige afleiding was de wandeling naar de koffieautomaat. De blikken van de mannen brandden in mijn rug. Het voelde alsof ik hún afleiding was.

Het analyseren van het ene jaarverslag na het andere was saai. De enige bewegingsruimte die ik had was het wel of niet geven van een positief advies voor een lening. Er waren geen grijze gebieden. En het was de bedoeling dat de adviezen positief waren, aangezien het voornamelijk om het vernieuwen van al bestaande leningen ging. Op een dag bekeek ik de kredietaanvraag en wat persberichten van een bepaald bedrijf toen iets niet goed voelde. Ik wist niet waarom, maar de directeur van dat bedrijf had iets wat ik niet vertrouwde. Het was een bedrijf uit Eindhoven, dus belde ik een neef van me die bij Philips werkte en een groot netwerk in de stad had. Iedereen luisterde mee met mijn gesprek.

'Werk je nu voor een detectivebureau?' vroegen mijn collega's toen ik had opgehangen.

Mijn neef belde me terug en vertelde dat die directeur zwaar op paarden gokte. Ik gaf de aanvraag een negatief advies. Later kwam de algemeen manager naar mijn bureau en vroeg me het negatieve advies wat uitgebreider toe te lichten. Hij ging het verdedigen bij de raad van bestuur.

Pasje en ik gingen die dag na ons werk naar Hoppe, een populair bankierscafé in Amsterdam, om mijn eerste succes op de kredietafdeling te vieren. Later werd Pasje gebeld door de vriendelijke barman van

Hoppe. Ik had de tas met het zeer vertrouwelijke dossier in de kroeg laten staan.

Degenen die een managementopleiding volgden – zeven mannen en ik – kwamen eens per maand bij elkaar op het hoofdkantoor om onze vooruitgang te bespreken. Daarna nam mijn collega John, die op de HR-afdeling werkte en niets anders deed dan ons begeleiden, ons altijd mee voor een borrel bij Hoppe. Hij was steeds op zoek naar manieren om het programma verder te ontwikkelen, wilde zijn nieuwste ideeën met ons bespreken. Wij waren zijn proefkonijnen, het eerste klasje 'Buitenland'.

John vertelde ons in het café dat de AMRO Bank haar trainees op survival naar de Ardennen stuurde. 'Raften en nachtelijke droppings. Wat denken jullie, zouden we jullie daar ook naartoe moeten sturen?'

De mannen waren meteen weg van het idee. Een geweldige manier om te ontdekken wat je kunt, vonden ze. Goed om karakter mee op te bouwen. Maar John, die genoot van verdeel-en-heerstechnieken, zei dat het doel van de tocht was om te ontdekken wie van ons de natuurlijke leiders waren. Toen keek hij mij boosaardig spottend aan en vroeg: 'En wat denkt mevrouw daarvan?'

Ik haalde doelbewust mijn schouders op. 'Geen probleem. Misschien zullen jullie nog versteld staan. Misschien doe ik het juist heel goed. Maar dat hoeft niet te betekenen dat ik dan automatisch een goede bankier ben.'

We gingen uiteindelijk niet raften, maar onze opleiding werd wel steeds competitiever. Op twee derde van het programma zouden we te horen krijgen wat onze eerste buitenlandse baan zou zijn, en iedereen haastte zich om vooraan te staan. Velen van ons wilden naar New York. Ik was me er terdege van bewust dat ik, als ik het einde van het programma zou halen, de eerste vrouwelijke stagiair zou zijn die door een Nederlandse bank naar het buitenland zou worden gestuurd. *De Volkskrant* had John – tevergeefs – toestemming gevraagd me daarover te interviewen.

Ik weet niet of ik het verdiende, maar ik 'kreeg' New York.

DAG VIER

Ik word wakker op mijn nieuwe plek. Geen dode buren meer. En geen horloge, maar zo te zien is het nog vroeg. Ik kijk naar de zon. De berg aan mijn rechterkant steekt omhoog als een gigantische omgekeerde ijshoorn. Het ravijn dat mij van die berg scheidt staat vol wilde vegetatie. Het is net of ik in de jungle van Tarzan ben. *Me, Jane.* Ja, vast.

Ongeveer drie meter van mijn voeten vandaan eindigt het pad dat het vliegtuig heeft gemaakt en wordt het oerwoud weer het oerwoud. Ik moet behoorlijk hoog op de berg zitten. Als ik hier zelf moet wegkomen, wordt het een flinke tocht. Ik hoop vurig dat dat niet zal hoeven. Eerst nog vier dagen wachten. Ik blader door het Vietnamees-Duitse grammaticaboek van het meisje en lees een pagina over vervoegingen. Ik heb Duits altijd vervelend gevonden. Misschien kan ik wat met Vietnamees? Ik kan me niet concentreren. Ik voel me licht in mijn hoofd. Het is of mijn hoofd vol watten zit. Laat maar zitten! Ik keer weer in mezelf. Ik wacht.

Ik geniet van het weidse uitzicht op mijn nieuwe plek. Ik mis de details van de bladeren, maar ik kan hier veel verder het ravijn aan mijn rechterkant in kijken, waar de jungle zo dicht begroeid is dat het wel een reusachtige groene muur lijkt. Als de vliegtuigen die me zoeken komen, kan ik ze vanaf hier zien. En zij mij!

Het dringt ineens tot me door hoe belangrijk het is hier te zijn, in leven en bij bewustzijn. Mijn geest wordt zowel wazig als vastberaden. Ik raak gefocust. Water! Ik heb water nodig. Ik kijk naar de kapotte vliegtuigvleugel en zie dat het isolatiemateriaal uit een soort schuim bestaat. Misschien werkt het als een spons, dan kan ik er regen mee opvangen! Ik moet er zien te komen! Het lukt me op de een of andere manier mezelf te dwingen op te staan op mijn gebroken benen. Ik beweeg naar de vleugel. Ik voel een allesverzengende pijn in mijn heupen. Ik kan er niet bij. Ik sleur mezelf een stukje verder, met een steek in mijn borstkas. Ik richt al mijn energie op het bereiken van het isolatiemateriaal. Het lukt. Ik trek er stukjes uit en laat die op de grond naast me vallen. Als ik denk dat ik genoeg heb, probeer ik weer te gaan zitten. 'Aaaah!' gil ik. Ik val flauw van de pijn. Zodra ik weer wakker word, pak ik de stukjes schuim. Ik kneed er zeven balletjes van. Ik leg ze naast elkaar en wacht. Ik wacht tot het gaat regenen. Ik heb zo'n dorst, o, ik heb zo'n dorst. En ik ben zo moe. Het staan heeft me uitgeput. Ik laat mijn hoofd rusten.

Ik word wakker van de regen. Het stortregent! Zo hard dat ik de regencape met twee armen ophoud om het water op te vangen, dat ik letterlijk opslurp. O, beter dan Veuve Clicquot!

Ik kijk tevreden toe hoe de isolatieballetjes zich vullen met water. Ik feliciteer mezelf: zo krijg ik genoeg water binnen om de resterende dagen door te komen!

De zon gaat onder. 'Ga slapen,' zeg ik tegen mezelf, 'niet nadenken, gewoon gaan slapen.' Ik slaap licht, omdat het minder donker is op mijn nieuwe plek. Opeens zie ik mijn vriendin Helen van de berg naar me toe komen. Helen is Koreaans, opgegroeid in New Jersey als oudste van vier kinderen en stopte me altijd vol in Madrid. Ze biedt me een Lipton-icetea aan, een van die Amerikaanse drankjes van haar. Maar voor ik hem aan kan pakken loopt ze van me vandaan.

'Hé! Niet weggaan!' schreeuw ik. Ik weet dat ik slaap en ik weet dat ze daar helemaal niet kan lopen, maar ik wil dat Helen terugkomt. Ik schreeuw en schreeuw haar naam. Ik wil mijn ijsthee!

NEW YORK, AMSTERDAM, LONDEN, 1987-1989

'Ik weet dat je gaat huilen,' zei het hoofd van LDC Trading (Less Developed Countries Trading, ofwel de handel in schulden van derdewereldlanden) tegen me toen ik naar zijn afdeling in New York werd overgeplaatst. 'Ik maak iedereen aan het huilen. Lap huilde net ook tranen met tuiten.' Hij had het over een van de juniorhandelaren, een slimme Chinese Amerikaan.

Ik keek hem ongelovig aan. Ik was al twee jaar in opleiding zonder ooit te hebben gehuild, terwijl daar af en toe wel reden toe was. Dit kon niet erger worden dan wat ik al had doorgemaakt. Ik was eindelijk waar ik wilde zijn. In de tempel van LDC Trading. Dit was de reden waarom ik voor de NMB had gekozen. Het was klein, maar het stond midden in het hart van deze jonge markt.

Het hoofd van de afdeling beet niet, maar hij blafte wel heel hard. En dat mocht hij. Hij was briljant in zijn enthousiasme. De afdeling van LDC Trading werd gerund door jonge, slimme mensen die werden gedreven door de lol die ze erin zagen om oplossingen te zoeken voor de schuldencrisis; het geld kwam op de tweede plaats.

In de jaren 1970 was de wereld overspoeld door oliedollars. Bankiers joegen hun overschot na en leenden hun overtollige dollars gretig aan de minder ontwikkelde landen, die we tegenwoordig opkomende markten noemen. Na de oliecrisis in het begin van de jaren 1980 werd de rente meer dan twee keer zo hoog. Daardoor hadden de minder ontwikkelde landen geen dollars meer om hun leningen mee terug te betalen. Er ontstond een secundaire markt, een exotische, gloednieuwe, aanlokkelijke markt.

Wij kochten met korting een lening in dollars aan Brazilië die niet werd terugbetaald aan bijvoorbeeld een bank in Duitsland. Vervolgens verkochten wij die lening door aan een bedrijf dat behoefte had aan de plaatselijke Braziliaanse munt voor een investering. De Centrale Bank in Brazilië – de debiteur – verschafte dan, ook weer met korting, de plaatselijke valuta aan het bedrijf. Het was een win-winsituatie. We hadden er allemaal profijt van. De Duitse bank was voorzien voor meer dan de korting bedroeg en kreeg een vrijval; het bedrijf deed een goedkopere investering; de buitenlandse schuld van Brazilië was kleiner geworden – en wij hielden er een leuke commissie aan over.

Met al die transacties op stapel begonnen wij dergelijke schulden voor onze eigen rekening aan te kopen. We waren nu echte handelaren en namen onze posities in de derdewereldschulden in.

Ik vond het geweldig. Mijn interesses in de wereldeconomie en het oplossen van de derdewereldschuld vielen bij dit werk samen met mijn hobby's: eindeloos telefoneren en risico's nemen.

Ik barstte zo zelden in tranen uit dat ik terug mocht naar mijn geliefde in Amsterdam om te gaan werken op het Europese handelsbureau voor derdewereldschulden.

Onze markt was het kindje van de charismatische en visionaire vicevoorzitter meneer T, zoals we hem noemden. Iedereen op het hoofdkantoor wilde niets liever dan hem behagen en er werd altijd gezocht naar briljante ideeën om schulden tegen elkaar weg te kunnen strepen.

Schulden tegen hotels, schulden tegen schepen, schulden tegen wat dan ook. De creatiefste schuldenwisseltrucs haalden zelfs het nieuws, zoals de transfer van de Braziliaanse voetballer Romario naar PSV in ruil voor het vereffenen van een schuld.

We voelden ons een eliteteam binnen de bank. We waren een bedrijf op zich; we zagen er 'corporate' uit en gedroegen ons als 'corporate' leden van dat bedrijf. Al waren we handelaren, we zaten niet met bretels aan op de handelsvloer. We hadden een gewoon bureau in een echt kantoor; we droegen pakken – hoewel ik nog steeds de enige in een rok was. We waren zichtbaar voor de raad van bestuur.

De prijzen werden nog telefonisch genoteerd; er waren nog geen handelsschermen. We moesten aan de lopende band mensen bellen om erachter te komen wie wat deed en voor welke prijs, maar we hadden nog geen mobieltjes. Om te handelen met New York moesten we langer op ons werk blijven of ons naar huis haasten om daar verder te bellen.

We deden alles zelf. We belden met de banken om ze over te halen hun leningen te ruilen of verkopen. We reikten ideeën aan hoe ze zowel de deals als hun portefeuilles konden structureren. We structureerden elke transactie en bereidden de enorme hoeveelheid leningsovereenkomsten voor. We haalden hele nachten door om naast het trage faxapparaat te blijven zitten en lange rollen faxpapier tot normale pagina's te knippen. En dan gingen we naar de 'closings' in de advocatenkantoren, waarbij vele handtekeningen op heel dikke overeenkomsten werden gezet.

Ik voelde me als een kind in een snoepwinkel. Dit was me op het lijf geschreven. En als kers op de taart kon ik met Pasje in Amsterdam wonen.

Jammer genoeg besloot de bank datzelfde jaar om onze afdeling naar Londen te verhuizen. Ondanks alles waar ik in Amsterdam van genoot wilde ik mee, maar ik kreeg te horen dat dat uitgesloten was. Het management wilde niet dat ik me op één enkele expertise zou richten; het was de bedoeling dat ik een allround bankier zou worden. Ze hadden niet in mijn opleiding geïnvesteerd om me in de marge te laten handelen.

Maar dat was nu net mijn roeping. Daarom besloot ik met pijn in mijn hart weg te gaan bij de NMB. Ik was al in gesprek met andere banken toen onze LDC-handelaar in Londen, Hernan Caferone, op 21 december 1988 verongelukte bij de beruchte vliegtuigcrash boven de Schotse plaats Lockerbie, als gevolg van een terroristische aanslag. Ironisch genoeg kwam de kans van mijn leven voort uit een vliegramp.

Hernan was een veelbelovende jonge Argentijn met een beeldschone echtgenote, Fabiana. 'Een mooier koppel kon je je niet voorstellen,' zei Hernans secretaresse na het ongeluk. Hernan was vijf maanden eerder met Fabiana uit Buenos Aires naar Londen verhuisd om daar het nieuwe handelsbureau voor derdewereldschulden op te zetten, samen met zijn collega Willem Naves. Het paar had op het laatste moment besloten om via New York naar hun familie in Argentinië te vliegen voor het kerstfeest.

Een maand later kreeg ik promotie en mocht naar Londen. De uiteindelijke deal vergde een heleboel besprekingen en onderhandelingen; NMB Amsterdam wilde me niet laten gaan. Ik was opgeleid om manager in een buitenlandse vestiging te worden, geen handelaar in schuldpapieren.

In afwachting van het uiteindelijke besluit pakte ik mijn koffers dan weer in, dan weer uit. Pasje keek toe, goedgeluimd als altijd, en paste zijn eigen plannen aan op die van mij. Uiteindelijk werd ik naar Londen gestuurd met een speciaal kort contract met zo'n hoge toelage dat ik in één keer mijn studieschuld kon afbetalen. Beter nog: Pasje en ik mochten om de week bij elkaar op bezoek op kosten van 'de zaak'.

Ik kreeg niet alleen Hernans baan en netwerk, maar ook zijn mooie huis, op de kruising van het chique Knightsbridge, Chelsea en South Kensington. Daar reden Britten met bolhoed langs in hun Aston Martin en Zuid-Amerikaanse playboys in hun Porsche, op weg naar de brasserie om te brunchen. Maar in het volkse kruidenierswinkeltje in Walton Street vroegen ze nog gewoon: 'Wat heb je vandaag nodig, *luv*?'

Om ons kantoor in het zakencentrum van de stad te bereiken moest ik reizen met de overvolle metro, de oudste ter wereld. Claustrofobisch aangelegd als ik ben en behoorlijk angstig omdat ik zo ver onder de grond moest, was ik diep onder de indruk van de rustige houding van de Britten. Ze vouwden hun *Financial Times* tot een minuscuul reepje en respecteerden de tien vierkante centimeter eigen ruimte van hun buurman. Ze vertrokken geen spier – en hielden hun mond – als de metro vertraging opliep, al stond hij een halfuur stil. In de zomer droop het zweet van hun stoïcijnse gezichten. Desondanks hielden ze liever hun jasje aan dan de transpiratievlekken in hun op maat gemaakte overhemd bloot te geven.

Onze algemeen directeur was een karikatuur; een Britse Oxford-alumnus in een op maat gemaakt krijtstreeppak. Wanneer hij met mij praatte, deed hij dat vaak met een opgetrokken wenkbrauw. Ik ben een keer vreselijk gestrest zijn kantoor binnengerend om hem om een onmiddellijke verhoging van mijn tradingline te vragen.

Ik verontschuldigde me dat ik niet had aangeklopt en zei dat ik zijn toestemming nodig had. Ik voegde er onzeker aan toe: 'Ik weet dat ik ladders in mijn panty heb, maar ik heb geen tijd gehad een andere aan te trekken', in steenkolenengels: *'I know I've got runs in my panty, but I didn't have time to change.'* Later ontdekte ik dat ik hem in het Brits-Engels had verteld: 'Ik weet dat ik diarree in mijn onderbroek heb, maar ik had geen tijd om een andere aan te trekken.' Die opmerking leverde me twee opgetrokken wenkbrauwen op.

Ik was dol op mijn baan en mijn onafhankelijke leven in Londen. Na het werk ging ik met de andere handelaren, concurrenten, naar de pub. We dronken er bier, hadden lol en wisselden informatie uit.

Mijn kracht lag in het handelen met Oost-Europese debiteuren. Ze vertrouwden me. Ze waren nieuwelingen op de obligatiemarkt en voelden dat ik het beste met ze voorhad; meer dan onze handelaren in New York, die met hun grote mond alleen op zoek waren naar grotere marges. Ik maakte redelijke winst, in mijn ogen, en dat was in het jonge bestaan van deze markt meer dan genoeg.

Toen onze markt eenmaal ging groeien, deden onze bonussen dat ook. We kregen het gevoel dat we recht hadden op de beste restaurants, wijnen en hotels. Onze feesten werden steeds overvloediger. We werden allemaal exquise wijnkenners in de zin dat we wisten hoe we Pomerol of Chateau d'Yquem van vijfhonderd pond moesten bestellen.

PERSPECTIEF

MARK, MIJN COLLEGA-HANDELAAR

We hadden het geweldig als collega's in de nog onschuldige markt. Ik vond het zo leuk. Pas later in de grote boze wereld dringt tot je door hoe walgelijk mensen kunnen zijn.

Op onze afdeling steunden we elkaar en gingen we vriendschappelijk met elkaar om. Ik weet nog goed hoe Annette en een andere collega me hielpen als ik te laat was. Als mijn baas een vergadering had, vertrok hij vaak van kantoor voordat ik er was. Als ik er nog steeds niet was als hij terugkwam, vulde Annette mijn asbak met peuken om de indruk te wekken dat ik alleen even van mijn bureau weg was gelopen.

Hoewel we heel wat rondlummelden en vast ook wel een beetje gek deden, werkten we ook echt hard en bouwden we een goede reputatie op met onze vakkennis. Ik denk dat het ons erg heeft geholpen dat we niet bewust ons best deden om heel professioneel te zijn. We deden gewoon wat goed voelde, en over het algemeen werkte dat uitstekend. Ik zie het nu ook in mijn werk: hoe meer je je best doet om alles goed te doen, hoe minder je bereikt. In de financiële wereld, en met name als je speculeert, werkt een mechanische aanpak niet. Godzijdank. Anders zou de wereld in handen van bedrijfseconomen met een MBA zijn.

DAG VIJF

Ik kijk naar de positie van de zon. Hoe laat is het? Mijn padvinderskennis is onbetrouwbaar, maar ik kan wel uitknobbelen wanneer er genoeg uren zijn verstreken om een slokje water te mogen. Middels een beet in een van mijn sponsjes. Elke drie uur, heb ik mezelf beloofd. Ik heb een goede intuïtie als het aankomt op cijfers, dus vooruit dan maar. Ik zuig het water eruit en geniet van elke druppel. Er verstrijken twee of drie uren, denk ik. Ik knijp nog een balletje leeg. Het water smaakt geweldig, het wachten waard. Ik geniet van de routine. Nu wel!

Ik kijk naar mijn handen. Mijn mooie handen, het enige aan mijn lichaam waar ik echt trots op ben. Ze zijn gigantisch. Zo bol en opgezwollen dat Pasjes ring in mijn vlees snijdt. We hebben het gouden ringetje dertien jaar geleden voor vijfentwintig gulden in de Haarlemmerstraat in Leiden gekocht. Het stelt me gerust.

Ik bestudeer mijn vingers. Die bloedzuigers hebben er een feestmaal aan! Mijn voeten zijn ook dubbel zo dik als normaal. Opeens zie ik dat ik maar één schoen aanheb. De andere voet zit vol verwondingen. Mijn tenen zijn zwart, alsof ze dood zijn gevroren. Zoals bij die rugbyers die in de Andes strandden en de lijken van de overledenen begonnen op te eten. Ik herinner me dat ik de foto's van hun zwarte tenen bekeek in de *Panorama*, terwijl ik een koffie verkeerd dronk in Barera, een café naast mijn studentenhuis in Leiden. Was Pasje daarbij? Niet aan Pasje denken. Niet naar mijn ringetje kijken.

Ik wacht. Ik bereken hoeveel tijd er verstrijkt en wacht. Ik wacht al zo lang! Wat een geduld! Ik moet om mezelf lachen. Dat dit uitgerekend mij overkomt, met m'n claustrofobie en chronische gebrek aan geduld! Ik heb nergens geduld voor. Ik denk aan de zonnebedjes in Madrid en hoe het me nooit lukt er langer dan een halfuur op te blijven liggen. Na twintig minuten spring ik eraf, en dat is me dan al veel te lang. Als ik met Helen naar Jacques Desanges ga om mijn haar te laten knippen, laat ik het nooit föhnen. Dat kost te veel tijd. Ik heb geen geduld. En nu zit ik hier, veroordeeld om te wachten en me rustig te houden. Heel rustig.

Mijn claustrofobie komt voort uit mijn drang in beweging te blijven. Ik haat vliegtuigen vooral als ze niet doen wat ze moeten doen: vliegen. Als ze eindeloos op de landingsbaan blijven staan. Toen dat in Washington DC een keer gebeurde, moest Pasje de bemanning overhalen me in de cockpit te laten. Ik 'moest eruit'. Dat heb ik ook in de lift, op een boot of in een skilift. Als ze niet bewegen, raak ik in paniek. En nu zit ik hier. Gevangen op deze plek, maar niet in paniek. Ik wacht gewoon.

Ik concentreer me op de geluiden van de zoemende insecten, de tjirpende krekels, de kwetterende vogels. De kakofonie doet me denken aan de tv-serie *De stille kracht*. Hoe oud was ik toen ik die op televisie zag? Twaalf? Hij was gebaseerd op de gelijknamige roman van Louis Couperus die zich afspeelde in Indonesië, waar mijn vader opgroeide, toen het land nog een Nederlandse kolonie was en Nederlands-Indië heette. De donkere, mysterieuze ondertoon van de serie begrijp ik nu. Hij hangt hier in de lucht, je hoort hem in de jungle-geluiden.

De Nederlandse mannen en vrouwen die indertijd naar Nederlands-Indië gingen moeten een flinke cultuurshock hebben gehad. Een van hen was mijn grootmoeder, toen ze net getrouwd was. 'Met de handschoen', zoals dat heette, oftewel in afwezigheid van haar man, die al in Indië zat. Ze kende mijn grootvader alleen van dansles en stak de Atlantische en de Stille Oceaan en het vasteland van de Verenigde Staten over om zich in Indië bij hem te voegen.

Mijn vader vertelde ons vroeger griezelverhalen over de geesten waarover hij in zijn jeugd had gehoord; de witte Hadji en het Boze Oog, die ongeluk brachten. Voor de grap, maar de ondertoon was serieus. Als mijn nichtje kwam logeren, vertelde ik haar die verhalen. Gemeen eigenlijk. Ze raakte er overstuur van. Ik niet. Ik was helemaal niet bang. En nu ben ik dat ook niet. Wat als er echt meer is dan wat je met het blote oog kunt zien? Dan ben ik juist minder eenzaam.

CHILI, LONDEN, MADRID, 1989

'Ik heb een verrassing voor je,' zei Pasje. Het was vrijdagavond en ik was overgekomen uit Londen om het weekend in Amsterdam door te brengen. We zaten te borrelen op ons favoriete terrasje op het Spui. In onze kantoorkleding. Met ons attachékoffertje naast ons. We waren nu allebei bankier bij de NMB.

'Ik heb geregeld dat ik expat word.'

Ik keek hem wezenloos aan.

'Ik denk al een tijdje na over verhuizen. Als we echt een toekomst samen willen hebben, moet ik internationaler worden. Dus heb ik een deal gesloten met NMB Buitenland.'

'Wat?'

'Ik ga voor NMB werken in Chili,' vervolgde Pasje.

Ik kon mijn oren niet geloven. Pasje ging verhuizen. Naar de andere kant van de wereld. Naar Chili. Mijn Chili. Ons Chili. 'Het wordt geweldig,' zei hij. 'Geloof me maar.'

In september vertrok hij en in december ging ik voor drie weken naar hem toe.

Chili was veranderd sinds Pinochet in 1988 was verslagen tijdens een referendum. Het land was 'geciviliseerd'. Tot vreugde van onze vrienden; zoals Noemi, met wie het goed ging. Ze werkte met arme kinderen in de sloppenwijken en organiseerde workshops voor een radioprogramma over het werk van de VN voor de Internationale Rechten van het Kind.

Pasje had mijn broer Bernhard ook uitgenodigd – evenals mijn zusje en zwager – Bernhard had net een serie behandelingen tegen kanker overleefd. Er was weinig van hem over, mentaal noch fysiek. We namen hem mee op onze romantische reis langs de kust, die hem zichtbaar goed deed. Ik hoorde later dat Pasje hem tijdens die reis heeft gevraagd zijn getuige te zijn bij ons huwelijk, wanneer dat ook zou plaats vinden. Het was heerlijk om weer in Chili te zijn; onze liefde voor elkaar werd daar opnieuw bezegeld. Door de muziek, de taal, de gastvrijheid, de rauwe natuur.

Terug in Londen werd ik gebeld door de assistent van Jaime Lupa, de Mexicaanse hoofdhandelaar van Citibank New York. Jaime zou de week erna in Londen zijn en wilde met me dineren. Met mij alleen, zei de assistent. Ik was verbaasd; Jaime bevond zich, als belangrijke speler in New York, op het niveau van mijn baas in Londen, boven dat van mij. Ik wist dat hij een hekel had aan mijn baas, maar dit was niet hoe het in ons wereldje werkte. Bazen hoorden af te spreken met bazen.

Ik kende Jaime alleen telefonisch. Hij belde aan het begin van elke werkdag in New York om te horen hoe de Europese banken ervoor stonden en wat ik de avond ervoor met de andere handelaren in de kroeg had besproken. Kennis betekende macht, en macht betekende kennis. Ik vond zijn stem prettig en genoot van zijn gevoel voor humor. En van zijn macht. We deden veel transacties samen en ik leerde veel van hem. Jaime was een van de allereerste spelers op onze markt. Als rechtgeaarde handelaar hield hij meer van liquiditeit dan van investeren en meer van voorzichtigheid dan van politiek. Dat had hem ver gebracht.

Ik nam zijn uitnodiging daarom vriendelijk aan. Tot mijn verbazing belde Jaime zelf op de andere lijn vlak nadat ik zijn assistent had opgehangen; om de markten met me te bespreken.

'Waarom zo formeel?' vroeg ik. 'Waarom laat je je assistent bellen voor een afspraak als je me zelf toch al zou gaan bellen?'

'Omdat dat is hoe we werken bij Citibank,' antwoordde hij trots.

Selectief conservatisme, dacht ik geamuseerd. Toch was ik ietwat nerveus voor onze afspraak. Het was altijd gek om mensen van de markt voor het eerst echt te ontmoeten nadat je maandenlang alles, tot en met je vakanties en je plannen voor het weekend, met ze aan de telefoon had besproken, en dat gold zeker in dit geval. De gesprekken met Jaime waren extra intiem, waarschijnlijk omdat ze verboden waren, iets waar we allebei van genoten. Als hij informatie nodig had, moest hij volgens de regels ons kantoor in New York bellen, maar dat vertikte hij. 'Waarom zou ik dat doen, als Annette degene is die over Oost-Europa beslist?' Volgens dezelfde regels moest ik mijn collega's in New York bellen voor informatie over Zuid-Amerikaanse schulden en Amerikaanse banken, maar die verhandelden mijn informatie om er zelf beter van te worden. We spraken Spaans met elkaar, wat niemand bij mij op kantoor verstond.

Mensen die je hebt gesproken maar nog nooit in het echt hebt gezien, zien er vaak heel anders uit dan je je had voorgesteld. Jaime dacht dat ik een dikke, kleine brunette was. Ik ben het tegenovergestelde. Hij had me laten weten dat hij lang haar had. Ik verwachtte een glad, keurig staartje. Maar de man die binnen kwam lopen droeg schouderlang haar in de stijl van Farah Fawcett. Daarnaast had hij een grote snor. En hij was harig, ontzettend harig. Mijn baas duwde hem snel een vergaderruimte in terwijl ik nog met open mond achter mijn bureau zat. 'Mooi dat ik daar niet mee uit eten ga!' riep ik tegen mijn geamuseerde collega's. Ik liep met tegenzin naar de vergaderruimte. Toen herkende ik zijn stem. Dat hielp. Tegen de tijd dat hij sigaretten uit mijn pakje jatte zat ik te grijnzen, en dat bleef ik de hele avond doen, ook tijdens het diner en de borrel daarna.

Jaime vertelde me dat hij net was gescheiden. 'Ik ben eruit getrapt,' zei hij. 'En terecht.' Hij zag er schuldbewust uit, maar voegde er snel aan toe: 'Ik ben nooit vreemdgegaan.'

'O,' zei ik. Wat wist ik nou van dit soort situaties? Nu gaat hij de foto's uit zijn portemonnee vissen, dacht ik. En ja hoor: hij had twee zoontjes, allebei superschattig.

Hij zag er kwetsbaar uit. Niet de macho Jaime die ik me had voorgesteld. Degene over wie iedereen het had en voor wie iedereen me waarschuwde. De meedogenloze, briljante hoofdhandelaar van Citibank die precies deed wat hij wilde en zich daarbij door niemand in de weg liet staan. The Legend, werd hij genoemd.

Hij stak de foto's terug, teder en zorgvuldig, achter zijn creditcards. 'Ze zijn het beste wat me is overkomen,' zei hij.

Een paar weken later belde Jaime me uit New York: 'Ben je wel eens in Madrid geweest?'

'Nee, hoezo?'

'Ken je Ana Botin, de dochter van de eigenaar van Banco Santander? Ze heeft me uitgenodigd voor een gesprek. Ze wil dat ik een serieuze speler van Santander ga maken.'

'Leuk,' zei ik afgeleid terwijl ik een formulier invulde.

'Ik heb gezegd dat ik niet alleen kom, dat ik iemand moet oppikken in Londen.'

Nu was ik ineens een en al oor. 'O, ja?'

Ik ging met hem mee naar Madrid, waar Ana Botin ons ter plekke aannam als duo. Haar aanbod was te goed om te weigeren. We kregen carte blanche te doen wat nodig was om haar Banco Santander in de top tien van opkomende markten te krijgen. Ik zou de nog niet bestaande Oost-Europese tak gaan opzetten, zowel de bedrijfskant als de handelskant. Jaime zou Ana's handelaren leren wat ze in Zuid-Amerika konden bereiken. We zouden min of meer als gelijken functioneren, wat voor mij een gigantische stap was.

Jaime en ik kenden elkaar goed. We hadden alles over de telefoon besproken; hij wist dat ik al heel lang een relatie had. Verder kende hij mijn sterk competitiegerichte kant, hoewel ik oprecht vriendelijk tegen hem was. We waren partners geweest bij grote deals; als een pakket leningen te groot was, deelden we het op. Ik had meer dan eens gedreigd een pakket zelf aan te kopen als hij niet met een scherpere prijs kwam.

We verbleven in Madrid elk in een ander hotel: dat van hem met vijf sterren en dat van mij met vier. De symboliek daarvan vond ik zorgelijk, en dat zei ik ook: 'We zouden toch op hetzelfde niveau gaan werken?'

'Maak je niet druk, het is gewoon Spaans machismo bij de HR-afdeling,' zei hij. 'Ze weten daar niet beter.' Hij nodigde me uit om in zijn suite voetbal te komen kijken: de legendarische WK-wedstrijd Nederland-Duitsland. Toen de televisie niet bleek te werken, speelde mijn temperament op, wat hem nerveus maakte.

Onze nieuwe collega's nodigden ons uit om te komen tennissen. Wanneer ik keihard serveerde, hield Jaime zijn racket zenuwachtig voor zijn kruis. Met al zijn Mexicaanse machismo keek hij wel vaker op van mijn jongensachtige levensstijl, maar onze verschillen leverden uiteindelijk een prachtig pact op.

Ons kantoorleven was opwindend en allesverslindend. We hadden vanuit onze basis in Madrid de markten in Londen en New York in onze portefeuille. We werkten keihard van tien uur 's ochtends tot elf uur 's avonds, en we deden het goed. We hoefden niet alle administratieve rompslomp door te werken om te krijgen wat we nodig hadden, en na een luttele zes maanden handelen hadden we Santander in meerdere top vijfs van het financiële tijdschrift *Euromoney* gelanceerd. De bankiers van de Oost-Europese Centrale Bank waren gelukkig met me meegegaan naar mijn nieuwe bank en ik bleef hun schulden voor ze terugkopen.

De op autoriteit gestoelde Spaanse manier van werken was heel anders dan de Nederlandse, die uitging van het consensusmodel. Spanjaarden volgden gewoon orders op, ook van mij als vrouw; je hoefde ze nergens van te overtuigen en geen ego's te strelen om iets voor elkaar te krijgen.

Van machismo had ik, vreemd genoeg, toch al minder last dan in Nederland. Anders dan bij de NMB werkten er op onze afdeling een heleboel vrouwen op belangrijke posities. Onze baas Ana was de dochter van de bestuursvoorzitter en eigenaar. Haar echtgenoot stond in de hiërarchie onder haar en leek daar geen moeite mee te hebben. Hij werkte bij ons op de afdeling en als we in afwachting van een belangrijke deal gingen frisbeeën, darten of putten, deed hij enthousiast mee.

Na het werk gingen Jaime en ik om een uur of elf, twaalf uit eten in een restaurant. Dat was wel heel laat. Ik viel zo veel af dat ik Jaime voorstelde om negen uur 's avonds bij mij thuis te gaan eten en de handelaren in New York op de luidspreker te zetten. We werden op de hoogte gehouden door handelaren die een achtste van een succesvolle transactie van ons kregen, en dus goed hun best deden. Het eten-werken bleek een goed systeem te zijn. Ik had een frituur gekocht en ontdekte een nieuwe afdeling in de Spaanse supermarkt. We deden zaken terwijl we mayonaise stonden te maken. Jaime roerde in de pan, waar ik olie in schonk; de handelaren aan de andere kant van de lijn gaven hun commentaar op de ingrediënten die we gebruikten.

Het kantoorleven en mijn privéleven waren één geheel. Onze hele vriendenkring bestond uit mensen van het werk. We organiseerden barbecues op mijn terras, keken samen televisie en vertaalden films die Jaime uit New York had meegenomen. We speelden Super Mario Brothers op de Nintendo en redden pas in de vroege ochtenduurtjes de prinses.

DAG ZES

Ik moet naar de wc. Niet voor een plas.

'Getver!' zou Helen roepen. Zij gaat nooit naar de wc als haar vriend in de buurt is. Ik wel.

Hoe ga ik dit voor elkaar krijgen? Ik moet eerst weg zien te komen van mijn plekje, om het niet te bevuilen. Weg van mijn gezegende balletjes. Met mijn ellebogen sleep ik mezelf op mijn rug een stukje de heuvel op. Au, au, au. En nu maar hopen dat de weg naar beneden straks minder pijnlijk is. Nu moet ik die geleende broek laten zakken. Ik rits hem open. Ik trek hem een stukje naar beneden. Het doet pijn! Zo'n pijn! De pijn in mijn heupen is onbeschrijflijk. Ik wil stoppen, maar wordt daarvan weerhouden door een gevoel van fatsoen, zelfs nu er geen levend mens in mijn buurt is. Ik kan het toch niet zomaar in mijn broek doen? Ik trek de broek langzaam naar beneden en duw mijn bekken een stukje omhoog. Die pijn! Ik zie in mijn onderbroek dat ik nog ongesteld ben geworden ook. Natuurlijk! Een ongeluk komt zelden alleen.

Ik doe wat er moet gebeuren, ondanks de ondraaglijke pijn. Die takjes! Ik veeg mijn billen af met bladeren, geciviliseerd tot op het bot. Goed gedaan! Ik schuif terug naar mijn plekje. Op mijn rug, met mijn ellebogen. Nu ben ik echt uitgeput.

Ik vraag me af wat mijn ouders aan het doen zijn. Mijn broers, zus, mijn vrienden. Liggen ze te slapen in hun warme bed? Staan ze onder de douche? Zitten ze te eten aan een tafel? Wat is het voor hen eenvoudig om water te drinken, gewoon de kraan open te zetten.

Er kruipt een schorpioen over mijn been. Ik blijf gewoon liggen. We delen deze ruimte. Hij is onderdeel van de jungle. Ik ook.

De rest van de dag gaat in een waas voorbij. Mijn geest staat stil. Ik denk niet meer dat ik niet aan Pasje mag denken. Ik ben alleen nog maar; ik ben één geworden met mijn omgeving. Het is alsof ik leef via de bomen, alsof ik ze inhaleer. Hoe meer ik ernaar kijk, hoe mooier ze worden. Mijn moeizame ademhaling lijkt mijn pijnlijke borstkas te laten uitzetten met een energie waar ik licht in mijn hoofd van word. Op een fijne manier. Een bevrijdende manier. Het helpt me ontsnappen aan de pijn. Alsof ik uit mijn lichaam ben getreden. In eerste instantie dwong ik mezelf me te concentreren op de schoonheid; nu zit ik er middenin. Ik ben één geworden met alles om me heen. Met de schoonheid. Met de dood. Met het proces van vergaan, sterven en opnieuw geboren worden. Het is prachtig. In eerste instantie moest ik de namen van familieleden en vrienden opsommen om aan hun liefde voor mij te denken, aan mijn liefde voor hen. Het is nu net of ik in een bed van liefde lig. Of alsof er een of andere liefdesfrequentie in de lucht hangt. Of alsof ik zelf in die frequentie zit, op de golflengte drijf, ermee verweven ben. Heen en weer naar een nog hogere zijnstoestand, in perfecte harmonie met mijn omgeving. Het is een prachtige, aangename frequentie; ik zou er best voor altijd in willen blijven hangen.

MADRID, CHILI, VIETNAM, 1987-1992

Pasje vond het geweldig dat ik naar Madrid ging. Hij vond het leuk dat ik handelaar was. Hij begreep het als ik zei: 'Ik ben druk, ik bel je zo terug', en dat vervolgens vergat. Dan belde hij zelf gewoon nog een keer. Altijd. 'Je bent net Joof,' zei hij lachend, een verwijzing naar zijn beste vriend, die in aandelen handelde. Het klonk of hij trots op me was.

Hij was ook dol op het geld en de vrijheid die bij onze nieuwe banen hoorden. Ik kon moeiteloos mijn zakenreizen combineren met bezoekjes aan Chili. Soms ontmoetten we elkaar halverwege, in New York.

We waren er heel goed in geworden ons leven over de telefoon te delen.

Minimaal twee keer per dag spraken we elkaar uitgebreid. Er was een tijdverschil van vijf uur tussen waar we woonden, dus maakte ik hem wakker door hem van achter mijn bureau – in het Nederlands – lieve woordjes in te fluisteren; of ik sprak ze wat harder uit, als het me lukte een lege vergaderruimte te vinden. Hij praatte mij op zijn beurt in slaap vanuit zijn kantoor. We kletsten ook vaak tussen zes en zeven uur 's avonds, als hij achter zijn bureau zat te lunchen terwijl ik achter mijn eigen bureau mijn avondeten at. En we brachten al onze vakanties samen door. Ik kende zijn leven. Hij kende het mijne.

Het was de bedoeling dat Pasje nog twee jaar in Chili zou blijven. Daarna zouden we serieus gaan proberen in dezelfde stad te gaan werken. Londen of New York leek het meest voor de hand te liggen. Mijn baas Ana Botin werkte mee; ze zei me dat ze me tegen die tijd kon overplaatsen naar waar ik maar wilde.

We hadden geen haast. Het was enkel een kwestie van tijd voor we samen een leven zouden gaan leiden. We hadden toch nog ons hele leven voor ons?

Op een dag zei Pasje aan de telefoon: 'Flipper, ik heb een baan in Vietnam aangeboden gekregen. Ik ga er twee filialen opzetten. Vanaf de grond. Als ik het goed doe, word ik misschien wel algemeen directeur.'

Hij klonk opgewonden. 'Het is een gigantische promotie. Vietnam is nog onontgonnen gebied. Het is een enorme uitdaging. Ik heb er altijd naartoe gewild.'

En zo werd ons leven samen nog wat langer in de wacht gezet.

DAG ZEVEN

Dagen zijn verstreken. Volgens mij ben ik de tel niet kwijt, ik moet gewoon de nachten bij elkaar optellen! Is dit dan de zesde of de zevende dag?

Ik voel me licht in mijn hoofd. De planten om me heen schitteren. Ik voel de pijn niet meer. Ik ben tegelijk uit mijn lichaam en dicht bij mijn lichaam. Ik ben weg, maar ik ben er nog. Als ik mijn ogen open, zie ik de planten in het zonlicht schitteren. Als ik ze sluit, zie ik gouden licht en een gouden kern; een grote gloeiende bal, als een ondergaande zon in de namiddag. Maar deze bal gaat niet onder. Hij is alomvattend. Zowel donker als licht, en alle kleuren. Een grote mengelmoes van kleuren. Toch kan ik elke kleur onderscheiden. Ze hebben een gouden boventoon. Duisternis is vermengd met helderheid, dag met nacht, alles met niets. Ik voel me zo beschermd als ik maar kan zijn. Ik heb mezelf er volledig aan overgegeven. Aan de bomen, de bladeren, de krekels, de mieren, de duizendpoten: aan het Leven. Of heb ik me aan de Dood overgegeven?

De kakofonie van het oerwoud is een symfonie geworden. Van stilte. Ik hoor hier zonder verleden en zonder toekomst thuis. Ik ben één met het moment. Een tijdloos moment van extatische vrijheid. Een moment dat me vrede, eenheid en vreugde geeft; een moment waarin ik me bevind in iets wat groter is dan mijn eigen leven. Ik ben het moment. Ik behoor toe aan het Leven zelf! Aan het universum. Aan God. Ik voel me op een wonderbaarlijke en prachtige manier verbonden. Geen afscheidingen, grenzen of isolatie, enkel vanzelfsprekende eenheid. Ik zie het geheim. Ik ben het geheim.

Maar dan hoor ik plotseling het geluid van krakend hout. Ik zie in mijn ooghoeken iets bewegen. Ik draai mijn hoofd een beetje en probeer me te concentreren op wat ik zie. Het is een man. Een man? Ben ik dood? Is het een geest? Nee, hij is echt! Hij is hier! Ik doe nog harder mijn best mijn blik te focussen. Het is echt een man! Aan de andere kant van het ravijn. Ik kan zijn gezicht zien. Hij draagt een zuidwester.

Een oranje zuidwester. Hij is helemaal gekleed in het oranje. Hij kijkt naar me. Ik schud mijn nieuwe geestestoestand voor zover het me lukt van me af en probeer terug te keren naar een praktisch, rationeel bewustzijn. Ik zoek mijn stem. Die klinkt zacht, en hij kraakt. 'Hallo? Kunt u me helpen?' Ik probeer het nog eens. Nu klinkt hij sterker. 'HALLO? Kunt u me helpen?' Hij beweegt niet, hij staart alleen maar naar me. Nog harder. 'Hé! Help me! HELP ME!' Ik schreeuw harder en harder, maar hij blijft onbeweeglijk. 'Zie je niet dat ik hulp nodig heb?' Ik begin nu kwaad te worden. 'Doe dan wat, idioot!' Ik val hard uit mijn aangename golflengte, regelrecht terug naar de aarde. Letterlijk: ik word me gewaar van de grond waarop ik zit, de pijnlijke takjes. Ik moet hier weg! Die man kan me helpen. Hij moet me helpen. Ik schreeuw en schreeuw. Ik begin in alle talen die ik ken te vloeken: *pendejo, Schweinhund, eikel, salaud!* Hij vertrekt geen spier. Hij staat maar naar me te staren, zonder ook maar met zijn ogen te knipperen. Voor mijn gevoel duurt het uren.

Wie is hij? Wat wil hij? Kijken hoe ik doodga?

Ineens is hij weg. Net zo spookachtig als hij ineens verscheen. Was hij een geest? Heb ik hem verzonnen? Maar waarom zou ik dat doen? Ik was tevreden voordat ik hem zag. Misschien wel iets té tevreden. Ik dreef langzaam weg naar een andere wereld. Nu voel ik overal weer die pijn. En het ongemak. En mijn god, wat is het ongemakkelijk! Ik concentreer me weer op de jungle. Als het donker wordt, dwing ik mezelf te gaan slapen. Ik maak mijn hoofd vrij van de gedachten aan die man. Misschien was ik aan het hallucineren.

VIETNAM, ZOMER 1992

Pasje vertrok in april 1992 naar Ho Chi Minhstad. Hij was een pionier: een van de eersten die een filiaal van een buitenlandse bank in Vietnam opzette, een communistisch land dat nog druk bezig was een weg uit een eindeloze oorlog te vinden. Nog maar een jaar eerder was er aan de grens met Cambodja een gewapend conflict geweest.

De regering wees hem een assistent toe die hem wegwijs moest maken in Vietnam: meneer Hung, oftewel 'meneer Fix-it', chauffeur, adviseur en verbindingsofficier, alles in één. Maar hij was ook een waakhond van de regering, en daar lag zijn loyaliteit eerst en vooral. Hung zelf stond op de tweede plaats, en Pasje kwam op de derde. Pasje wist dat dit de enige manier was om zaken te doen in Vietnam, en hij bleef vriendelijk tegen Hung. Zelfs toen dat betekende dat hij een kantoor moest huren dat ver buiten het centrum van de stad lag, een pand dat eigendom was van een familielid van Hung. Niettemin lukte het hem in oktober beide filialen op te zetten en draaiende te krijgen, een in Ho Chi Minhstad en een in Hanoi. Met hulp van Carola, een jonge assistent-manager. Net op tijd, voordat er een belangrijke delegatie van het hoofdkantoor op bezoek zou komen.

Zijn dagen waren chaotisch en de telefoon deed het vaak niet. Dan stuurde hij me faxen. Lieve en liefdevolle faxen, waarin hij me vroeg geduld te hebben. Hij vertelde me dat hij druk tegen de bureaucratie aan het knokken was, zowel in Vietnam als bij zijn eigen bank.

Eind juni waren we een weekje samen in Nederland. We brachten het grootste deel van de tijd door met onze vrienden en moedigden het Nederlandse elftal aan tijdens het EK. Onze zomervakantie zou nog wel komen, dachten we.

Daarover was Pasje nog in onderhandeling met het hoofdkantoor in Amsterdam. Ze deden daar ineens moeilijk. De bank zou alleen betalen voor kosten van onze vliegtickets als we officieel waren getrouwd. Geen probleem, dan zouden we dat regelen. We moesten alleen wel eerst fysiek samen zijn om die stap te kunnen zetten. Pasje moest vanwege de ondertrouw, die persoonlijk door het bruidspaar bij de ambtenaar van de burgerlijke stand moest worden geregeld, eigenlijk zelfs twee keer overkomen. Maar hij zat in Vietnam tot over zijn oren in het werk. Het was misschien makkelijker geweest als hij had mogen deelnemen aan een bijeenkomst die in augustus in Nederland zou worden gehouden voor alle algemeen-directeuren. Maar dat mocht niet. Daarop besloten we dat hij in Vietnam zou blijven en dat ik daar in september naartoe zou gaan, dan maar als zijn verloofde in plaats van zijn vrouw.

Toen besloot een van mijn beste vriendinnen in Nederland plotseling te gaan trouwen eind september. Ze was zwanger en dolgelukkig; ik kon niet wegblijven. En in oktober zou Pasje veel te druk zijn als gastheer van de delegatie van het hoofdkantoor. Het zou dus november worden. Vijf maanden later. Zo lang waren we in onze dertien jaar als stel alleen van elkaar gescheiden geweest toen ik in Chili zat. En wat heb ik hem gemist die lange zomer, die ook weer in herfst overging. Zijn afwezigheid was voelbaar tijdens de bruiloft van mijn vriendin. Toen het moment aanbrak waarop de bruid het boeket zou gooien, liep ze spontaan naar me toe en drukte mij de bloemen in handen. Er werd luid geapplaudisseerd. Iedereen was het erover eens dat ik de volgende moest zijn.

DAG ACHT

Ik word wakker van de zon op mijn gezicht. Is het dag zeven of acht? Misschien dat ik toch de tel kwijt ben geraakt. Is het zaterdag? Volgens mij was het de bedoeling dat ik vandaag de jungle in zou trekken. Ik ben afgeleid door de verschijning van die man in het oranje. Ik kijk rechts van me, in de richting waar hij heeft gestaan. Hé, daar is hij weer! Hij staat een meter of vijftig van me vandaan, het silhouet van de begroeiing om hem heen. Of zit hij gehurkt?

Ik besluit hem eerst eens goed te bestuderen voordat ik weer ga schreeuwen in de leegte. Ik probeer zijn gezicht te onderscheiden. Het is een prachtig gezicht. Ik weet zeker dat het menselijk is. Hij lijkt indiaans. Middenbruine huid, bruine ogen, steil zwart haar. Hij staart naar me, schijnbaar emotieloos. Hij is weer gekleed in het oranje. Officieel oranje, zoals dat van de pylonen die wegwerkers gebruiken. Zijn hoed is puntig. Als die van Beertje Paddington. Een oranje Beertje Paddington. Pasje heeft in Londen een keer zo'n beertje voor me gekocht, een kleintje. Vijf jaar geleden... Pasje? Mijn hele geest is nu wazig. Ik concludeer dat ik wel weer zal hallucineren. Maar toch schreeuw ik wat tegen mijn nieuwe vriend. 'Hallo!' Het helpt. Of ik nou hallucineer of niet. Hij trekt me terug naar de echte wereld, uit mijn droomtoestand.

Volgens mij zijn er een paar uren verstreken als me opvalt dat hij weer is verdwenen, net zoals de dag ervoor. Weg. In rook opgegaan. Dikke rook! Ik trek me terug in mijn rustige geestestoestand. Mijn mooie golflengte. Het lijkt wel of er een gouden sluier over mijn hersenen hangt. Ik voel me overweldigd door warme energie. Elke cel van mijn lichaam lijkt ervan doordrongen, maar tegelijkertijd hebben mijn cellen geen grenzen meer. Ik ben me zowel bewust van elke afzonderlijke cel als van zijn oneindigheid. Het is net of mijn ogen naar de achterkant van mijn brein zijn verplaatst. Mijn brein lijkt niet meer relevant als een op zichzelf staand ding. Het is verbonden. Aangesloten op die gigantische gloeiende bal energie. En liefde. Enorme, moeiteloze liefde, zonder enige doelmatigheid.

DEN HAAG, TOKIO, HONGKONG, VIETNAM, 1992

Zaterdag 9 november 1992. Jaime en ik zaten bij mijn ouders in Den Haag aan het ontbijt. De dag tevoren waren we samen van Madrid naar Amsterdam gevlogen. 's Avonds waren we in Den Haag gaan stappen met mijn broer Bernard. Daarna had Jaime in de oude zolderkamer van mijn ouderlijk huis geslapen, die niet meer was gebruikt sinds mijn broers, zusje en ik het huis uit waren. Ik sliep op de eerste verdieping, in een kamer naast die van mijn ouders. Ik vond het gezellig om zo dicht bij hen te zijn.

We bereidden ons voor om naar Schiphol te vertrekken. Jaime ging naar New York om zijn zoons te zien, zoals hij altijd om het weekend deed. Ik ging naar Tokio voor een bezoekje aan onze Japanse cliënten, om daarna door te vliegen naar Pasje in Vietnam. Voor de eerste keer sinds april zou ik hem weer zien. Eindelijk.

Aan het ontbijt merkte mijn moeder op dat ze niet helemaal op Pasjes advies vertrouwde dat ik geen vaccinaties nodig zou hebben voor Vietnam. Ze had het er met onze huisarts over gehad en die had geregeld dat ik op het vliegveld kon worden gevaccineerd. 'Je hoeft alleen maar even naar de EHBO. Ze weten dat je komt.'

'Hoe bedoel je: "Ze weten dat ik kom?" Ik hoef helemaal geen vaccinaties! We gaan alleen maar naar de stad en naar het strand!'

'Het is een cocktail, inclusief tetanus,' zei mijn moeder geduldig. Aha, tetanus, het stokpaardje van mijn moeder. 'Wij brengen je morgenvroeg naar het vliegveld, dan kun je in ieder geval niet de smoes gebruiken dat je te laat was.'

Ik protesteerde: 'Maar Pasje heeft gezegd dat het niet nodig is! We gaan naar het strand! We gaan niet op trektocht door de jungle!'

Mijn moeder kreeg haar zin.

Ik was vaker in Tokio geweest, maar ik voel me er nog steeds niet thuis. Buitengesloten, zoals donkere mensen ervaren als ze in een geheel blanke omgeving rondlopen. Ook al stonden er deze keer meer borden in het Engels, iets aan de collectiviteit van de Japanners gaf me een buitengesloten gevoel.

Mijn gevoel van vervreemding was in ieder geval niet te wijten aan Tomyuki Numachi, hoofd van onze Japanse investeringsbank. Tommy, zoals ik hem noemde, deed er alles aan om het me naar de zin te maken. Hij vroeg me steeds wat ik wilde zien, wat ik wilde eten, wat ik wilde kopen.

We hadden in de drie jaar dat we samenwerkten een grappige band ontwikkeld. Hij belde me regelmatig om twee of drie uur 's nachts wakker om me naar de prijs te vragen voor een pakket leningen dat de Japanse banken verkochten. Mijn accent was vast net zo onverstaanbaar voor hem als het zijne voor mij. We hebben heel wat misverstanden moeten ophelderen. Vergeleken bij mijn luchthartige, vrijdenkende levenshouding was die van Tommy serieus en gesloten, maar we hadden met elkaar gemeen dat we allebei hadden geleerd in het Spaans te overleven, in een cultuur die heel anders was dan onze eigen. Tijdens onze gesprekken ging Tommy's typerende grinnikje vaak over in een schaterlach.

Ik kende niemand die zo hard werkte als Tommy. Terwijl dat niet echt nodig was, want hij kwam uit een welgestelde familie. 'Wij Japanse boeddhisten geloven in hard werken,' zei hij altijd, 'in tegenstelling tot andere Aziatische boeddhisten. In Japan werken we ons een weg naar onze verlichting in plaats van onder een boom te gaan zitten.'

Ik probeerde me in mijn hotel wat in te lezen in het boeddhisme. Op mijn nachtkastje lag een exemplaar van *De leer van het Boeddhisme*. Onder de Bijbel. Het was een versie met steeds een Japanse en een Engelse pagina. Ik vond het er erg interessant uitzien. Dit bewaar ik voor later, dacht ik, en ik deed het boek in mijn koffer, waarmee ik het verbod uit het bovenste boek in de wind sloeg.

Tommy regelde mijn hele reisschema, van ochtend tot avond. Minuut tot minuut. 'Wat wil je doen, Annette?' vroeg hij me na ons laatste bezoek aan een bank.

'Wat wil jij?'

'Nee, wat wil jij?'

Later, toen ik vermist was, heeft Tommy Jaime een fax gestuurd waarin hij mijn laatste bezigheden voordat ik uit Japan vertrok heeft beschreven. Stap voor stap. Zeven pagina's lang. Alsof hij mijn dood op afstand hield door elke stap die ik had gezet toen ik nog leefde na te vertellen.

Vanuit Tokio vloog ik voor twee dagen naar Hongkong om een paar banken te bezoeken. Ik ging er uit eten met een oud-collega van de ING. We hadden heel wat om over te praten: we hadden allebei in Leiden gestudeerd; hij had in het studentenhuis van Willem gewoond en hij had dezelfde managementopleiding gedaan als ik.

De volgende dag, donderdag 12 november, zou ik om vijf uur 's middags naar Ho Chi Minhstad vliegen. Ik had alleen een ontbijtafspraak, dus ik zou de rest van de dag in Hongkong voor mezelf hebben. Om te winkelen... Wat anders?

Ik nam de volle veerboot naar Stanley Market. Het viel me op hoeveel mobieltjes de Chinezen hadden. En hoe hard ze erin praatten, zelfs in stille ruimtes. In Spanje was mijn mobiele telefoon nog een rariteit; mensen bestudeerden hem vol bewondering. Nederlanders keurden het luidkeels af als ik hem gebruikte en riepen tegen me op straat: 'Moet je zo nodig opscheppen?' Ze zouden deze mensen eens door elkaar moeten horen schreeuwen.

De vorige keren dat ik naar Stanley Market was geweest had ik enorm genoten. Nu ging ik er alleen naartoe om een stel van de witte zijden shirts te kopen die ik dagelijks naar kantoor droeg. Daarna wilde ik terug naar het hotel om mijn koffers te halen en meteen naar het vliegveld te vertrekken. Ik wilde naar Pasje. Dus nam ik de veerboot terug en checkte drie uur te vroeg uit bij het Mandarin Oriental. Te vroeg uitchecken, dat had ik mijn hele leven nog nooit gedaan. Normaal gesproken winkelde ik tot het allerlaatste moment; ik was regelmatig zo laat dat ik naar de gate moest rennen om mijn vliegtuig nog te halen. Maar nu was ik te vroeg. Ik zou Pasje na vijf maanden weer zien. Ik kon niet meer wachten.

Toen ik bij de incheckbalie mijn ticket aan de medewerkster gaf, reageerde ze nerveus. 'We proberen u al de hele dag te bereiken! Uw vlucht vertrekt vier uur eerder,' zei ze terwijl ze op haar horloge keek. 'Nu, eerlijk gezegd.'

Opgewonden begon ze te bellen. Nadat ze had opgehangen, zei ze: 'U hebt geluk. Ze wachten op u.' Ze gaf me mijn boardingpass. 'Snel! Morgen gaat er geen vlucht.'

Ik haastte me de douane door en rende naar de gate. Vanuit mijn ooghoek zag ik spijtig de winkeltjes op het vliegveld van Hongkong.

Ik plofte neer in mijn luxe vliegtuigstoel. De stewardess gaf me een vochtig handdoekje en een glas champagne. Ik hief mijn glas, want ik was op weg naar de liefde van mijn leven.

Toen ik in Vietnam landde, was het nacht. Pasje stond te wachten op het vliegveld. Zoals altijd. Sterk, solide, open, warm. Ik vloog hem in zijn armen.

De volgende ochtend stond ik mijn koffer in en uit te pakken in de hotelsuite die Willem, voor zolang het duurde, zijn thuis noemde. We zouden de ochtend erna om zeven uur vertrekken voor onze korte strandvakantie.

'Waarom doe je me dit toch altijd aan?' vroeg ik.

'Wat?' vroeg Pasje.

'Een dag nadat ik ben aangekomen de vroegst mogelijke vlucht boeken. Ik ben hier net!'

Ik stapelde mijn strandkleding op en propte de kleding die ik niet mee zou nemen in de lades, mijn horloge, ketting en armband onderin. Ik liet Pasje de mooie haarclip uit Tokio zien.

Hij glimlachte. 'Je weet dat je die nooit gaat dragen, hè?'

Dat wist ik inderdaad, en ik legde hem ook in de lade.

'Neem ook maar een chique jurk mee, voor in het hotel,' zei Pasje, die over mijn schouder meekeek. 'Het is oud en voornaam. Meer kan ik er niet over zeggen. Het is een verrassing.'

Ik verzachtte en zette me over mijn ergernis heen. Hij wilde me zo graag zijn nieuwe leven laten zien. Wat hij in maar zes maanden had opgebouwd door non-stop door te werken: twee filialen, een nieuwe vriendenkring en belangrijke opstapjes voor onze toekomst. Ik draaide me om en sloeg mijn armen om zijn nek. Ik kuste hem op de mond: vertrouwd, vastberaden, fijn. We stopten met inpakken.

Later die dag wandelden we naar zijn club aan de rivier. We baanden ons een weg door de zwerm van fietsers, langs meerdere markten. De handelslieden namen aan dat we Amerikaans waren en boden ons militaire naamplaatjes aan, afkomstig van Amerikaanse soldaten die waren gesneuveld in de Vietnamoorlog. Met echte namen van echte mensen. Ik bleef aarzelend staan. Moesten we die niet naar de nabestaanden opsturen? Pasje trok me mee. 'Dit is maar het topje van de ijsberg,' zei hij.

We waren op onze hoede voor zakkenrollers, Pasje zei me dat je hier niemand kon vertrouwen. Hij was een maand daarvoor door twee oude dametjes beroofd zonder dat hij het aanvankelijk merkte, vertelde hij een beetje beschaamd. Ik was verbaasd. Sterke Pasje, overvallen door twee oude vrouwtjes? Het maakte me extra alert.

We brachten de dag door in het zwembad van de club, dat was gevuld met roze verkleurde expats. Het was Pasjes eerste vrije dag in maanden. Hij verbrandde zo hevig dat hij tijdens ons romantische etentje die avond nauwelijks kon zitten.

De nacht was veel te kort, aangezien we de volgende ochtend om vijf uur moesten opstaan voor onze vlucht naar de kust. Het was vrijdag 14 november.

2

Gevonden

DE REDDING

Dan doemt er laat in de middag ineens een groep Vietnamese mannen op. Ze hebben grote zwarte zakken bij zich en komen doelgericht mijn kant uit. Ik kan mijn ogen niet geloven. Een jongeman van een jaar of twintig komt naar me toe met een vel papier in zijn hand. Het is een passagierslijst; de passagierslijst van de Jak. Met gebaren maakt hij me duidelijk dat ik mijn naam moet aanwijzen. Ik wijs naar 'Annette Henriët'. Hij glimlacht en beloont me met een slokje water. Uit een vierkant, lichtblauw plastic flesje. Er zijn geen woorden om het genot van dat ene slokje te beschrijven. Geen champagne op de wereld haalt het erbij. Dat ene flesje zal voor altijd in mijn geheugen gegrift staan.

Er naderen meer mannen. Bij elkaar zijn het er nu zes. Ze leggen me op een draagdoek. Dan binden ze de uiteinden aan een grote stok. Twee mannen dragen me, elk met een einde van die stok over de schouder. Ik kan niet geloven dat dit gebeurt. De mannen zijn in beweging; ik hang tussen hen in. We passeren het dode meisje en 'Numachi'. Hun lichamen zijn in vergaande staat van ontbinding. De mannen rollen ze in de zwarte zakken en ritsen die dicht. Ineens slaat de angst me om het hart. En Pasje dan? En mijn man dan? Ik wil hem hier niet achterlaten!

Het is de eerste keer dat ik echt in paniek raak. Ze halen me hier weg! Weg van mijn Pasje! Weg van mijn berg, weg van de jungle, weg van mijn veilige haven! Ik smeek om water. Ze geven me een slokje. Het heeft het effect van valium.

De mannen lopen recht de jungle in, met mij in de draagdoek tussen de schouders van de mannen in. Hun tred is licht, bijna als een langzame looppas, heuvels op en af. Ik zie de bladeren weer van dichtbij; het middaglicht schijnt op de regendruppels. Ik ontspan. Mijn gevoel voor humor keert terug: waar heb ik het aan verdiend dat ik zo koninklijk word gedragen? We komen bij een diepe bergspleet, die we moeten oversteken. De mannen vormen een lijn en geven me aan elkaar over. Ze doen ontzettend hun best om me geen pijn te doen, maar ik schreeuw het uit. Om hun tred lichter te maken trekken ze hun schoenen uit, een voor een. Ik glimlach dankbaar naar hen. De zon gaat onder. De mannen stoppen. Om te overnachten? Ze maken een vuur. Ze plaatsen me erbij, hangen mijn draagdoek tussen de twee stokken. Ik smeek om water, maar ze schudden hun hoofd. Ik smeek nogmaals, voel me razend. Ik lijk wel verslaafd: 'Ik moet dat kristalspul hebben!' Ze koken ondertussen iets boven het vuur. Het is rijst. Ze laten me na een tijdje warm rijstwater drinken. Eindelijk! Het smaakt goed. Veel beter dan niets, maar ik snak zo naar dat pure, koude water!

Ik drijf heen en weer tussen waken en slapen. De mannen, alle zes, zitten rond het vuur te praten. Hard, Vietnamees. Heel erg hard. Sommige van hen roken. Elke keer dat er een bij me in de buurt komt, gebaar ik om meer drinken. Soms staan ze me toe een paar slokjes rijstwater te drinken. Maar als ik met mijn twee vingers op mijn lippen gebaar dat ik wil roken, beginnen ze te lachen. Alsof ik een hilarische grap maak. Dat is niet zo, maar ik glimlach terug en haal mijn schouders op. Ze zullen wel gelijk hebben. Ik mag ze wel. Dan komen ze in beweging en verdwijnen in hun tent. Ik raak in paniek en smeek hen: 'Laat alsjeblieft een lichtje aan.' Na al die dagen dat ik zonder enig gevoel van angst in het oerwoud heb doorgebracht raak ik nu van alles in paniek. Ze binden hun lantaarn aan een stok en gooien nog wat hout op het vuur. Dan trekken ze zich terug in hun tent. Ik slaap buiten, hangend tussen die twee stokken. Als een varken aan het spit.

PERSPECTIEVEN

MIJN MOEDER

Ik schrok die zaterdagnacht wakker van een nachtmerrie. Er was iets met een van mijn dochters gebeurd! Ik wist niet welke van de twee. De volgende ochtend vertelde ik het aan mijn man tijdens een boswandeling. We brachten het weekend in een huisje op het platteland door.

In die droom moest ik een appartement schoonmaken. Het was verschrikkelijk verdrietig. Ik zat omringd door cd's op de grond. Het waren er ontzettend veel en ik moest ze uitzoeken. 'Nou, dat is wel duidelijk,' zei mijn man. 'Al die cd's, dat moet Annetje wel zijn geweest. Het was maar een droom,' voegde hij eraan toe toen hij mijn bezorgde gezicht zag.

Het vliegtuig is rond één uur Nederlandse tijd die nacht neergestort.

MIJN ZUS EVELINE

Ik werd die zondagochtend vroeg wakker in Washington DC. De dag ervoor had ik gewandeld en gebarbecued in Blue Ridge National Park. Ik keek uit naar een rustig dagje stukken lezen. Ik was lid van de raad van bestuur van de Wereldbank. Toen ging de telefoon. Zo vroeg, dat moest Europa zijn. Een mannelijke stem. In het Nederlands. Iemand van de ING. Behartiging van Nederlandse belangen was onderdeel van mijn werk, maar me op zondag storen, en zo vroeg?

Het had niets met mijn werk te maken. Hij verontschuldigde zich dat hij me belde, maar hij had contactgegevens voor de ouders van Willem nodig. De ING had ze nergens. Hij was even stil en vertelde het toen. Willem had in Vietnam een binnenlandse vlucht genomen. Er was storm losgebarsten of iets dergelijks en het vliegtuig werd vermist. Ja, mijn zusje was ook aan boord. En nu moesten ze contact opnemen met Willems familie. Nee, verder had hij geen informatie, maar wanneer kon ik terugbellen met die telefoonnummers? Ik zei dat ze in het telefoonboek van Breda moesten zoeken... Ik hing op.

Dit kon niet. Mijn kleine zusje! En lieve Pasje. Allebei mensen die de wereld aan het veroveren waren, zo'n prachtig stel. Een vliegtuigongeluk? Dat had mij moeten overkomen! Al die dubieuze Zuid-Amerikaanse luchtvaartmaatschappijen waarmee ik vroeger had gevlogen. En de laatste tijd met allerlei Jaks, afdankertjes van Aeroflot die toegevallen waren aan de nieuwe onafhankelijke landen die waren ontstaan uit de voormalige Sovjet-Unie. Die verongelukten aan de lopende band. Maar er was geen tijd om iets te voelen of denken. Mijn ouders moesten het weten, en mijn broers. Ik boekte de eerstvolgende vlucht naar Amsterdam. Maar die zou pas maandagochtend landen. Dat was te laat. Freek, mijn oudste broer, moest het nu weten, en hij moest het aan onze ouders vertellen. Freeks vrouw Marije nam de telefoon aan. Zodra ik haar stem hoorde barstte ik in tranen uit.

MIJN BROER FREEK

Ik ben meteen in de auto gestapt. Het was de tweede keer dat ik slecht nieuws moest brengen, nadat ik hun twee jaar tevoren had moeten vertellen dat mijn broertje kanker had. Als oudste kind en arts was ik de boodschapper van slecht nieuws in onze door kanker getergde familie. Maar dit was bijna nog erger. Allebei dood! Annette, mijn ouders' jongste kind, was hun oogappeltje. Ze waren meer bij haar leven en haar vrienden betrokken dan bij dat van ons. En bij dat van Pasje, van wie ze hielden als van een zoon.

Toen ik arriveerde, was het vroeg in de avond. Mijn ouders waren net klaar met eten. Ze voelden direct dat er iets mis was. Ik kwam nooit onaangekondigd. Ik zei dat ze moesten gaan zitten. 'Ik heb afschuwelijk nieuws,' zei ik.

JAIME

Ik arriveerde maandagochtend laat op kantoor, direct van het vliegveld. Toen ik binnenkwam sprong iedereen op, alsof ze op me hadden zitten wachten. Anita, onze secretaresse, zei dat ik direct naar het kantoor van de baas door moest lopen. Het viel me op dat ze bleek zag.

Toen Ana me het nieuws vertelde, kon ik het niet geloven. Ik liep meteen naar de beeldschermen op mijn bureaus en keek op Reuters of het op het nieuws was. Dat was het. Iets met de strekking dat het vliegtuig de eindbestemming niet had gehaald. Ik ging zitten. Ik opende op de automatische piloot mijn bureau, pakte mijn handset uit de lade, maakte hem schoon, plugde hem in en staarde naar het scherm, wachtend. Al mijn collega's kwamen op hun tenen naar me toe, om hun ontsteltenis te delen, me te condoleren. Maar elke keer dat iemand in de verleden tijd naar Annette verwees, blafte ik: 'Ze ís. Ze hééft. Ze is niet dood.'

Die avond ging ik met haar vriendin Helen naar Annettes appartement om te kijken of alles daar in orde was en om wat dingen te halen die haar familie graag wilde hebben. Fotoalbums en waardevolle zaken. Helen zocht wat sieraden uit. Ik was te bang, te overstuur om haar dingen aan te kunnen raken. Ik pakte alleen haar borstel uit de badkamer. 'Die heeft ze vast nodig,' zei ik.

Toen pakte ik een foto van Annette en liep het balkon op. Daar had ik een privégesprek met God. Ik keek naar de foto. 'Ik zorg dat je terugkomt,' zei ik hardop.

MIJN MOEDER

Toen Freek was vertrokken zette mijn man het op een drinken. Na een heleboel jenever lukte het hem zelfs om in slaap te vallen. Ik vroeg me af hoe hij daarin slaagde. Ik ben die nacht niet eens naar bed gegaan. Freek heeft ons de volgende dag naar ons huis in Den Haag gereden, waar het bezoek het overnam. Mijn familie, onze vrienden, Annetjes vrienden en neven en nichten, iedereen was er om zijn medeleven te betuigen. Iedere keer dat de telefoon ging, sprongen we op. Om nieuws te horen dat maar niet kwam.

Annetjes baas belde. Ze was lief en meelevend. Ze zei dat er geen kosten gespaard zouden worden in de zoektocht naar Annette. Ze zou alles betalen. Vliegtickets naar Vietnam, hotels. Wat we maar nodig hadden. Ik bedankte haar beleefd.

Ik bleef in beweging. Van de woonkamer naar de keuken en de hal. Alsof ik wachtte op een koerier. Volgens mij heb ik gedaan wat een gastvrouw doet. Mijn zus heeft bakken vol broodjes gesmeerd. De telefoon ging aan één stuk door. Mensen die hun condoleances overbrachten. Er stonden overal bloemen. Ik wilde ze het huis uit smijten!

Toen het me allemaal te veel werd ben ik naar boven gegaan. Ik was koud tot op het bot. Psychisch, neem ik aan. Het troostte me om Annetjes jas aan te trekken. De jas van schapenleer die ze in Hongarije had gekocht. Ze nam altijd cadeaus voor ons mee, uit al die plaatsen waar ze voor haar werk naartoe ging. Zo attent. O, die bezoekjes als ze onderweg was! We vonden het zo heerlijk als ze er was, al was het maar een dagje of twee. En wat vonden we het vreselijk om haar naar het vliegveld te brengen. Elke keer weer. En nu... Ik ging op haar bed zitten. Nu zal ik nooit een kleindochter hebben, dacht ik.

HET DORP

Ik word wakker van de pijn. Gruwelijke pijn. Ik heb nog nooit zo'n pijn gehad. Alles doet pijn, overal. Alsof ik word vermorzeld door mijn geïmproviseerde hangmat. Het is nog vroeg; de plek waar we hebben overnacht wordt paars verlicht in de zonsopkomst. De mannen zijn zo te zien klaar voor vertrek. Als ze opmerken dat ik wakker ben, beginnen ze hard in het Vietnamees te praten, net als de dag ervoor. Ze geven me een slokje rijstwater en hangen me weer tussen hun schouders. Ook nu gaan ze weer uiterst behoedzaam met me om. Ook nu trekken ze weer hun schoenen uit, om vloeiender te kunnen lopen. Ze kijken constant of het nog goed met me gaat. Ik probeer dapper te zijn. Ik probeer niet te laten zien hoeveel pijn ik heb. Ik kan alleen maar hopen dat mijn getergde glimlach laat zien hoe dankbaar ik ben.

We gaan bergafwaarts; het is hier dichtbegroeid. Er staan duizenden bomen. Het pad is vreselijk steil. Er slaan takjes in mijn gezicht. Ik sluit mijn ogen. Duizelig. Ik denk: ik kan door de bomen het bos niet zien. We bewegen uren en uren bergafwaarts. Dan stuiten we plotseling op een vorm van beschaving. Ik zie her en der verspreid wat houten hutten. Een autoritair uitziende man neemt de leiding over. Hij draagt een legeruniform. Ik voel direct enorme antipathie jegens hem. Hij spreekt Engels, maar toont geen enkele interesse iets tegen mij te zeggen en deelt alleen mede: 'Ik moet telefoneren.' Hé! Ik ook! De mannen leggen me achter in een busje; slechts één van hen stapt ook in en komt naast me zitten. Ik zwaai naar de rest van de mannen. Bijna met een gevoel van nostalgie. Ik leg mijn handen op mijn borst en buig mijn hoofd. De manier waarop ik altijd bedank als ik met Japanners werk. Ze grijnzen breeduit en ik zie hun scheve gebitten. Mijn redders.

We rijden ongeveer een halfuur. Ik probeer te communiceren met de militair, die naast de chauffeur zit, maar hij negeert me. Hij lijkt me niet als mens te zien. De man naast me reageert daarentegen steeds met een glimlach als hij naar me kijkt.

We stoppen in een dorp. 'Ziekenhuis,' zegt hij. Ze tillen me op en brengen me naar een klein gebouwtje aan een pleintje. Ze laten me achter in een kamer zonder ramen, op een stenen plateau dat in de muur is gemaakt, als een bedstee. Twee vriendelijke Vietnamese meisjes blijven bij me om voor me te zorgen. Ze glimlachen veel. Ze deppen met een doek voorzichtig mijn wonden. Alleen mijn armen en voeten. Ze trekken mijn kleren niet uit, werken eromheen. Er is geen licht, geen elektriciteit. Ik ben verbijsterd hoe primitief het hier is. 'Hoe is het jullie ooit gelukt om de Amerikanen te verslaan?' vraag ik. Ze glimlachen alleen maar. Verstaan ze geen Engels, of ben ik onverstaanbaar door mijn gebroken kaak? Maar ik mag ze wel.

Ik sluimer op mijn stenen bed, dan weer in slaap en dan weer wakker, zonder er ook maar energie in te steken te duiden wat dit allemaal voor me betekent. Ik neem alles rustig zoals het komt.

PERSPECTIEVEN

MIJN VADER

Dinsdag domineerde het verhaal over het ongeluk het nieuws. In de krant en op de televisie. Maar er was in feite helemaal geen nieuws. Er kwam geen nieuwe informatie en er was geen verbinding. De telefoon rinkelde onafgebroken, maar het waren allemaal vrienden en journalisten. Met vragen. Geen antwoorden. Vietnam zat potdicht. Ondoordringbaar. Geen telefoon en geen internet. Alleen maar geruchten, heel veel geruchten. Dat ze boven zee waren neergestort. Dat ze tegen een berg waren gevlogen. We konden alleen maar speculeren. Het was regenseizoen in Vietnam; het weer kon een rol hebben gespeeld. De enige feiten waren de vliegroute en het type vliegtuig: een Jak 40. Iedereen die ook maar iets over vliegtuigen wist, kon vertellen hoe slecht die bekendstonden. Dat ze geen radar hadden. Dat de Russen geen onderhoudsmonteurs meer stuurden.

Wat was er nog voor hoop? Ik schatte de kans dat iemand dit zou hebben overleefd met mijn achtergrond in operationeel onderzoek op nul komma nul. Mijn vrouw is realistisch aangelegd. We wachtten enkel op de officiële bevestiging.

We stonden constant in contact met de familie van Willem. Zijn ouders kwamen naar Den Haag en we planden voor een week daarna een gezamenlijke herdenkingsdienst, in de Pieterskerk in Leiden, vlak achter het huis waar Willem en Annette hun eerste jaren samen hadden doorgebracht. We besloten ook dat we een bericht in de krant moesten plaatsen. Er moesten mensen op de hoogte worden gebracht. *Aan het begin van hun vakantie zijn op 14 november 1992 na een vliegtuigongeluk in Vietnam vermist: onze lieve Annette Herfkens, 31 jaar, en Willem van der Pas, 36 jaar. Zij hebben dertien jaar van elkaar gehouden.*

Willems ooms en tantes plaatsten ook een advertentie. Een echte rouwadvertentie: *Onze lieve neef, Willem van der Pas, die zo van het leven hield en van mensen en van de wereld, is samen met zijn vriendin omgekomen bij een vliegtuigongeluk in Vietnam.*

Maandagochtend vroeg arriveerde ik zoals gebruikelijk bij de Banco do Brasil om me vast op de markt te oriënteren voordat die oververhit zou raken. Halverwege de ochtend belde Ria van de ING. Wat gek, dacht ik. Toen vertelde ze me het nieuws: Annette was niet op haar vakantiebestemming in Vietnam aangekomen. Ze wisten niet waar het vliegtuig was; misschien was het in zee gestort. Ze hadden geen idee.

Ik kon het niet geloven. Ik kon het gewoon niet geloven. We hadden zo'n heerlijk lang weekend samen in Madrid doorgebracht voordat Annette naar Hongkong was afgereisd, op weg naar een korte vakantie met Willem. We hadden genoten van de felle zon, hadden gepraat en gepraat, zoals zo vaak als we samen waren, en hadden als zorgeloze, vrije geesten van onze vrije tijd genoten. Annette had zelfs een rubberen zwembadje op het terras gezet. Ik was geschokt. Ik kon gewoonweg niet accepteren dat Annette dood was. Niemand kon dat.

Het nieuws ging als een lopend vuurtje. Iedereen op de markt hoopte dat Annette er nog was, ergens, in leven en strijdlustig. 'Ze onderhandelt zich wel een weg uit de jungle,' zei iemand.

Ik probeerde te bedenken wat ik tegen Jaime moest zeggen; en tegen Annettes ouders, maar ik kon het niet. Niet die maandag. Dinsdag pakte ik uiteindelijk de telefoon en belde met een zwaar hart haar ouders. We kenden elkaar en ik was dol op hen. Annettes moeder nam op. We hadden zo'n gek gesprek. Ik praatte alsof Annette nog leefde, en haar moeder alsof ze dood was. Zo moeilijk. Ik wilde haar niet nog meer pijn doen door te zeggen dat ik nog hoop had. Ik begreep dat zij sinds ze het nieuws zondagochtend hadden gehoord hadden geaccepteerd dat zich het ergste scenario had afgespeeld.

Even later heb ik Jaime gebeld om te vragen wat ik kon doen. Hij zei dat hij maar één ding nodig had: een visum voor Vietnam om Annette te kunnen zoeken. Hij was ervan overtuigd dat ze nog leefde. Het probleem was dat het voor een Mexicaans staatsburger met een Amerikaanse werkvergunning niet eenvoudig was om aan een visum te komen. Ik heb tegen Jaime gezegd dat ik mijn best voor hem zou gaan doen. Vervolgens heb ik de Braziliaanse ambassadeur in Londen gebeld en hem om een gunst gevraagd.

'Is Annette Braziliaanse?' vroeg hij.

'Nee, ambassadeur, maar ze is een van de belangrijkste handelaren in buitenlandse schulden van Brazilië, en iedereen kent haar.'

'Geen probleem, ik kijk even wat ik kan regelen en dan bel ik je terug.'

En dat deed hij. Jaime kon in Zwitserland zijn visum gaan halen. De Vietnamese ambassadeur in Genève had het voor hem geregeld. Ik was dolblij dat ik Jaime met het goede nieuws kon bellen. Hij kon zijn reis nu gaan boeken. De reis om Annette te gaan halen.

JAIME

Donderdagochtend heb ik een taxi naar Annettes ouderlijk huis genomen. Ik was de avond ervoor vanuit Genève, waar ik mijn visum naar Vietnam had opgehaald, in Den Haag aangekomen. Ana had ruimhartig gezegd: 'Je moet kosten noch moeite sparen. Doe wat je moet doen.' Op kantoor waren ze blij me te zien vertrekken. Ze wisten niet of ze me moesten bewonderen om mijn vastberadenheid, of alarm moesten slaan omdat ik niet goed bij mijn hoofd was. Maar ik was niet te houden. Onze secretaresse had de gebitsgegevens van Annette bemachtigd en op mijn bureau gelegd. Ik had ze gepakt, had naar de envelop gekeken en ze aan haar teruggegeven. 'Die heb ik niet nodig.'

Ik was van Genève naar Nederland gevlogen, had een kamer in Hotel des Indes in Den Haag geboekt, een oud, koloniaal hotel dat uitkijkt over het Lange Voorhout, de Hofvijver en de regeringsgebouwen in de stad, en was in een taxi gestapt.

Annettes familieleden en vrienden stonden bij het raam toen ik kwam aanrijden met de taxi. Ik was zenuwachtig en nam de tijd voor het betalen van de chauffeur. Ik wachtte op het bonnetje, deed het in mijn portemonnee, stopte die in mijn rugzak en sloeg de rugzak om mijn schouder.

Ik werd warm ontvangen. Iedereen snakte naar nieuws; naar wat voor informatie dan ook. Nadat ik Annettes familie zo goed mogelijk had bijgepraat namen haar oude Minerva-vrienden me mee uit eten.

MIJN VRIENDIN JET

Jaime wilde ons ontmoeten om over Annette te praten. Wij, een aantal hechte vrienden van Annette en Willem, hadden met hem afgesproken in een restaurantje in Amsterdam.

Daar kwam hij binnen. Niet echt het bankierstype dat je zou verwachten. Lang haar, grote snor en een leren rugzakje. Maar enorm begaan met Herf, zoals wij haar altijd noemden. Het ijs was meteen gebroken en binnen een paar minuten was hij een van ons, degenen bij wie Annette een speciale plaats innam. Geestig, slim, voor niets en niemand bang en ongelooflijk loyaal. Wij wilden en konden niet aan haar denken in de verleden tijd en wisten niet goed om te gaan met ons verdriet om haar en Willem. Maar Jaime was zeer vastberaden. Hij zou Annette terughalen. Hij was ervan overtuigd dat ze nog in leven was. Ook wij konden ons niet anders voorstellen, maar dat was wellicht meer ijdele hoop. Om de een of andere reden kon Herf niet dood zijn.

Het verschil met Jaime was alleen dat hij niet lijdzaam wilde afwachten. Hij ging haar zoeken. Wij hadden bloemen en brieven naar haar ouders gestuurd en kwamen bij elkaar om de laatste ontwikkelingen te bespreken en herinneringen op te halen. Maar Jaime ging tot actie over. Moesten wij dat niet doen, vroegen we ons af.

Tijdens het eten liet Jaime ons een fax lezen van zeven pagina's waarin Numachi de laatste stappen van Annette beschreef. Een van onze vrienden liet daar vrij onhandig een plons bier op vallen. Jaime pakte de brief direct resoluut af en streek het papier liefdevol droog. Hij koesterde die brief alsof het zijn levenslijn was met Annette. Dit liefdevolle gebaar ontroerde mij zeer.

MIJN ZUS EVELINE

Niets had me ooit zo diep geraakt. Mijn kleine zusje. Ik had negen jaar moeten wachten voordat ze eindelijk werd geboren: een zusje om mee naar de speeltuin te nemen, eendjes mee te voeren, voor te lezen. Toen ik eenmaal het huis uit was, kwam ze regelmatig bij me logeren in mijn studentenhuis. Toen ze zelf ging studeren, bracht ze haar vakanties door in mijn huisje in de Gelderse bossen. Daar werkte ze aan haar tentamens en schreef haar afstudeerscriptie.

En Pasje... Ze deed alles samen met Pasje. Wij maakten lange fietstochten met hen en speelden eindeloos Acquire. Het was zo'n fantastisch stel. Niet alleen om te zien, hoewel ik het ontzettend leuk vond om hen samen te fotograferen. Ze waren echt voor elkaar gemaakt. Mijn zusje had er wat langer over gedaan om dat te beseffen. We hadden zo'n fantastische tijd met elkaar; ik heb hen twee keer bezocht in Chili; en een maand daarvoor was ze nog samen met Pasje bij mij in Washington DC komen logeren. Mijn kleine zusje. Ze ging met me mee naar de recepties van de Wereldbank. Aantrekkelijk, slim, goed gekleed. Ik was zo trots. Ik liep altijd met haar te pronken.

In Den Haag sliep ik in het kamertje dat toen ik nog thuis woonde van Annette was geweest. Waar ik haar had voorgelezen en had ingestopt. Toen ze klein was heb ik eens haar nageltjes gelakt terwijl ze lag te slapen, om haar te verrassen. Dat kamertje, met die kast. Destijds joegen onze broers Annette de stuipen op het lijf met die kast. 'Er woont een leeuw in de kast.' Ik had de hoop opgegeven dat ze het zou hebben overleefd, maar als dat het geval was: wat voor wilde dieren leefden in het oerwoud in Vietnam?

Ja, we hadden allemaal de hoop opgegeven. Voor honderd procent. Mijn vader op basis van statistische feiten. En wij? Misschien was de onzekerheid, de emotionele achtbaan van het niet-weten moeilijker te verdragen dan het leren aanvaarden van het definitieve verlies...

Het huis van mijn ouders was gevuld met vrienden en familie, die voor afleiding zorgden en ons dwongen onze gevoelens in bedwang te houden. Maar als iedereen 's avonds laat weg was, sloeg de realiteit weer toe. En dan deed het zo'n pijn. Mijn moeder huilde en huilde, heel stilletjes. Mijn jongste broer, Bernard, was buiten zinnen. Annette en hij scheelden weinig in leeftijd. Ze hadden hun kindertijd, vrienden en geheimen met elkaar gedeeld. En mijn vader bleef maar herhalen, als een soort mantra: 'Ik heb mijn enige kleine meisje verloren.' Annette was in heel veel opzichten de betere dochter: veel liever, met een nauwere band met hen; ze belde hen – vaak en lang. Maar was ik niet degene die haar 'enige' zusje was kwijtgeraakt?

Ik had mijn hele leven het gevoel gehad overal controle over te hebben. Ik was zo iemand die alles gedaan krijgt. Tot op dat moment.

De secretaris-generaal van Buitenlandse Zaken belde namens de minister. Ze deden alles wat mogelijk was om te helpen. Maar aangezien de Nederlandse ambassade in Hanoi was gesloten, moest alles via de Belgische regering worden geregeld. Een vicepresident van de Wereldbank had ook contact opgenomen met de Vietnamese autoriteiten. Hij stond erop dat hij de spil in de reddingsoperatie van Annette zou zijn.

Wie weet? Ik had persoonlijk het idee dat het de Vietnamezen misschien beter uit zou komen als er geen overlevenden waren. Zodat ze een verhaal dat mogelijk schadelijk zou kunnen zijn voor hun opkomende toerismesector makkelijk de kop in konden drukken. En dan was er nog de ING, Willems werkgever. Ik kende de directeur persoonlijk, maar de ING beperkte het contact angstvallig tot Willems familie. En ze leken weinig te kunnen doen en lieten alles over aan Willems jonge assistente, Carola Adler.

Daar was ik, met al mijn contacten in de centra van de macht in Nederland en Washington, en ik was machteloos iets te doen aan een vliegtuig dat was neergestort in de Vietnamese jungle. Met mijn enige zusje aan boord.

JAIME

Ik ben zaterdagochtend weer vertrokken bij de diepbedroefde familie Herfkens. Er was een week voorbijgegaan en mijn vastberadenheid leek met de minuut meer misplaatst. Annettes vader werd kwaad op me toen ik hem bij mijn vertrek beloofde: 'Ik zal uw dochter levend terugbrengen.' 'Wat ben jij een idioot,' snauwde hij, 'wees toch realistisch!' Maar hij was ook dankbaar. Dat ik in ieder geval had aangeboden te gaan. In zijn hoofd was ik degene die zijn ellendige taak ging opknappen.

Ik ging met Jasper en Miebeth, Willems broer en zus, naar het vliegveld. Ze dachten net als iedereen dat ze ernaartoe gingen voor de gruwelijke opdracht de lichamen te identificeren als die zouden zijn gevonden. Zij hadden wel gebitsgegevens bij zich. Ik had Annettes borstel in mijn tas.

Ik heb goed voor Jasper en Miebeth gezorgd. Ze waren blij met me. KLM heeft me als een vorst behandeld en heeft hun tickets opgewaardeerd. Ik vond ze aardig; het klikte tussen ons.

In Singapore zijn we overgestapt op een vlucht van Garuda Indonesia naar Ho Chi Minhstad. De Indonesische stewardess bood ons ieder een porseleinen beeldje aan als aandenken aan de eersteklasreis. Jasper en Miebeth kozen er een voor zichzelf uit. Ik nam er twee mee. Eentje voor Annette.

GEKOOIDE AAP

De volgende dag leggen ze me weer in dat oude busje, mijn ambulance. In mijn eentje deze keer, zonder mijn vriendelijke metgezel. Die militair is er nog wel, naast de chauffeur. Hij neemt niet de moeite me te vertellen waar we naartoe gaan. Elke beweging doet verschrikkelijk veel pijn. Ik voel me ellendig en claustrofobisch. Ik smeek constant om water. De mannen zitten te kletsen. Ze lijken me niet te horen, of het kan ze niet schelen.

We rijden door een oneindig groen heuvellandschap. Dan stoppen we ineens, zonder verklaring. Minstens twintig kinderen gluren door de raampjes van het busje naar binnen. Ze hebben allemaal zo'n karakteristieke Vietnamese hoed op. Ze klauteren over elkaar heen om een glimp van me op te vangen. Ik kan me niet bewegen en voel me een gekooide aap.

We rijden verder, door een niemandsland dat zich overal had kunnen bevinden. Ik moet in slaap zijn gevallen, want het volgende wat ik me herinner is dat ik naar een gezicht kijk. Een blank gezicht met lichte ogen. Een jonge vrouw met blond haar buigt zich over me heen. Ze ziet er vreselijk bezorgd uit. En ze spreekt Nederlands!

PERSPECTIEVEN

CAROLA

Ik was in de twintig toen ik voor de ING aan het werk ging in Vietnam, voor mij een wildvreemd land met een totaal andere cultuur. Gelukkig trof ik in Willem een ideale baas. Toen hij op de fatale vakantie vertrok met Annette werkte ik pas twee maanden voor hem, maar ik had het elke seconde naar mijn zin gehad. Ik genoot van zijn warmte en zijn gevoel voor humor, de rustige manier waarop hij de leiding nam in de omgang met de Vietnamezen bij het zakendoen in Vietnam.

Op de dag van het ongeluk, zaterdagochtend 14 november, vloog ik van Hanoi naar Ho Chi Minhstad. Boven Nha Trang dacht ik opeens heel intens aan Willem en Annette. Het was een gek gevoel dat ik niet kon plaatsen. De volgende ochtend sloeg het hotel in Nha Trang waar Willem en Annette zouden logeren alarm: De twee waren niet gearriveerd. Geschrokken belden we Vietnam Airlines. Een woordvoerder vertelde dat er iets was misgegaan met de vlucht en verzocht ons dringend naar de luchthaven te komen om de passagierslijst te controleren, die vrij onduidelijk was, waardoor er een kans was dat Willem en Annette zich niet aan boord bevonden.

Eenmaal op het kantoor van de vliegtuigmaatschappij werd die hoop de bodem in geslagen toen we de passagierslijst lazen. Daarop prijkten onmiskenbaar de namen van het paar, al waren ze onvolledig en verkeerd gespeld. We kregen te horen dat hun vliegtuig boven de zee vermist was geraakt, ofwel: was neergestort. De kans dat iemand dat had overleefd was nihil.

Het eerste wat ik deed was ING Hongkong bellen om te overleggen wat er nu moest gebeuren. Mijn collega's daar hadden nauwe banden met ING Vietnam, en met Willem. Zij lichtten de families van Willem en Annette in, die daarna contact opnamen met mij. We voerden hartverscheurende telefoongesprekken. De families waren zo verdrietig. Het viel me op hoe bezorgd ze over mij waren. Ze hebben diepe indruk op me gemaakt.

Zodra het nieuws in bredere kring doordrong kwam er een stroom van telefoontjes op gang vanuit de hele wereld: vrienden en kennissen van Willem en Annette, andere familieleden, collega's van ING en Banco Santander. Ze wilden helpen, overkomen naar Vietnam, geld inzamelen voor de zoektocht, zelf komen zoeken. Een van die mensen belde dagelijks twee keer vanuit Spanje, een keer 's ochtends en een keer 's avonds, om te vragen of Annette al was gevonden. Dat was Jaime. Hij vertelde dat hij nauw samenwerkte met Annette. Ik herinnerde me dat Willem me over hem had verteld. Jaime was ervan overtuigd dat Annette nog leefde; dat ze door de jungle dwaalde, op zoek naar een telefooncel, en zich zorgen maakte om de portefeuilles van Santander. Hij was vastbesloten naar Vietnam te komen om haar te gaan zoeken.

Intussen was de zoektocht naar het verongelukte vliegtuig door Vietnam Airlines en de overheid in volle gang. Maar de eerste week verstreek zonder succes. Het hotel waar Willem tijdelijk woonde verzocht me na een paar dagen om zijn kamer leeg te komen ruimen. Ik had Annette nog nooit gezien, maar het beeld dat ik van haar had, door Willems verhalen, mijn telefoontjes met haar familie en de dagelijkse gesprekken die ik nu met Jaime had, was dat van een ontzettend sterke vrouw. Succesvol, met een astronomisch inkomen, iemand die in het vliegtuig altijd eersteklas vloog. En heel onafhankelijk was. Willem had me verteld dat hij haar al heel vaak een huwelijksaanzoek had gedaan. 'Volgens mij heb ik haar eindelijk weten te strikken,' had hij vlak voor ze naar Vietnam kwam tegen me gezegd, met een twinkeling in zijn ogen. Haar spullen op de hotelkamer bevestigden alles wat ik over haar had gehoord: stijlvolle kleding van merken van over de hele wereld, in een klein maatje.

Op zaterdagochtend 21 november, een week na de crash, kwam het telefoontje van Vietnam Airlines waar iedereen op wachtte: het vliegtuig was gevonden. Tegen de voorspellingen in lag het niet in zee, maar in het oerwoud, in de regio Khan Son. En er was nog een voorspelling niet uitgekomen: niet iedereen was dood. Er was een overlevende. Die overlevende was Annette.

Volgens Vietnam Airlines ging het fysiek ontzettend goed met haar, op wat schrammen en een gebroken tand na. Een helikopter met artsen uit Nha Trang stond klaar om haar op te halen in het oerwoud. Op mijn dringende verzoek mocht ik mee met die helikopter als ik op tijd in Nha Trang kon zijn. Een uur later zou er een vliegtuig vertrekken.

Nu belde ik Chris, een 'lokale' Nederlander, die al jaren in Vietnam woonde. Chris kende iedereen en iedereen kende Chris. Willem ook. Chris had al meermalen aangeboden te helpen, en dat aanbod nam ik nu graag aan. Ik vroeg hem de families te informeren, de ING op de hoogte brengen, voorbereidingen te treffen om Annette het land uit te krijgen – en maandag ons kantoor te openen als ik niet op tijd terug zou zijn.

Toen haastte ik me naar het vliegveld. Mijn vlucht naar Nha Trang had geen vertraging, maar bij mijn aankomst werd me verteld dat de helikopter toch zonder mij was vertrokken. Ik was razend. Die woede sloeg om in ontzetting – en opluchting – toen het bericht kwam dat ook de helikopter was neergestort. Alle zes de hulpverleners aan boord waren verongelukt.

De ramp met de helikopter is destijds niet bekendgemaakt. De Vietnamese autoriteiten hielden het nieuws uit de pers.

Omdat er, zoals we te horen kregen, echt geen andere helikopter beschikbaar was, zou Annette nu met een jeep vanuit de jungle naar Nha Trang worden vervoerd. De enige overgebleven helikopter in Vietnam moest uit het noorden komen en het zou te lang gaan duren voor die ter plekke was.

Maar Annette kon rustig per jeep reizen, werd me verzekerd door een woordvoerder van Vietnam Airlines, omdat ze, nogmaals, in prima conditie was. Ik ging ervan uit dat ze die dag nog zou aankomen en boekte in afwachting daarvan een hotelkamer in Nha Trang om haar op te vangen. Maar die avond werd ik opeens gebeld door iemand van het reddingsteam van Annette. Hij vertelde me dat Annette bij nader inzien toch te zwak was om vervoerd te worden. Ze moest in een ziekenhuis in de jungle blijven. Wat? Te zwak? Ze had toch alleen een paar schrammen? Ik raakte in paniek. Wat gebeurde daar? Ze kon nu niet doodgaan! Waarom vertelde niemand mij iets? Ik werd razend. De Vietnamezen bleven heel kalm. Ik protesteerde, maar daar was niemand van onder de indruk.

De volgende ochtend hoorde ik dat Annette toch onderweg was in de jeep. Wegens haar verzwakte toestand reed de chauffeur langzaam, werd me verzekerd. Ik draaide door. Mijn god! Wat gebeurde daar? Waren ze gek geworden? De Franse consul arriveerde, om het lichaam van de Franse passagier te identificeren. Ook hij was woedend; hij werd niet op de hoogte gebracht van de status van de berging. We sloegen de handen ineen, dreigden de internationale pers te bellen als Vietnam Airlines deze kwestie niet professioneler zou aanpakken. De sfeer sloeg om; vanaf dat moment werden we constant op de hoogte gehouden. Maar aan het feit dat de doodzieke Annette stapvoets in een hobbelende jeep naar Nha Trang werd vervoerd was volgens de autoriteiten niets te doen.

Het drong tot ons door dat het er nu om ging spannen of we haar op tijd levend in een ziekenhuis zouden krijgen. Toen ik de jeep eindelijk, eindelijk zag aankomen had ik geen idee wat ik moest verwachten. In welke staat zou Annette verkeren, na acht dagen in de jungle? Nu Willem dood was? Ik kende haar alleen van de verhalen die ik had gehoord, en, bizar genoeg, van de inhoud van haar koffer. Een vrouw van de wereld, noemde Pasje haar altijd.

Toen ik haar uiteindelijk leerde kennen was ze natuurlijk geen vrouw van de wereld, maar een kwetsbaar vogeltje, in alles afhankelijk van anderen. Haar kaak hing helemaal scheef en ze kon nauwelijks praten. Haar gezicht en armen zaten vol verwondingen en insectenbeten. Sommige delen van haar lichaam waren opgezwollen. Ze was bijna dood. En ze had gruwelijk veel pijn. Er werd een brancard geregeld om haar in het vliegtuig te leggen. Toen ze probeerden haar erop te leggen, gilde ze het uit. O god, ze breekt, dacht ik. Ik was niet de enige die dat dacht. In allerijl werd iemand naar de markt gestuurd om een matrasje voor op de brancard te kopen. Nu ging het beter. Later bleek dat ze echt in stukken was gebroken. Intussen registreerden haar felle blauwe ogen alles om haar heen. Constant. Mij ook. 'Wie ben jij? Wat doe je hier?' vroeg ze. Toen ik zei dat ik met haar mee terug naar Ho Chi Minhstad zou vliegen, werd haar blik strijdbaar. 'Vergeet het maar,' zei ze. 'Ik ga niet in dat vliegtuig. Niet nog een keer.' Dat bleef ze herhalen. Maar ik zei dat ze wel zou moeten. Om in leven te blijven. Dat ze geen keuze had. Uiteindelijk gaf ze toe. Ik zag hoe ze zichzelf met haar laatste krachten tot de orde riep. Eenmaal in het vliegtuig knoopte ze zelfs een gesprekje met me aan. Hoewel ze een gebroken kaak had, was wat ze zei heel coherent. Ze zei, vermoeid, dat dit haar huwelijksreis had moeten zijn. Ze klaagde dat de insectenbeten jeukten. Ze vertelde me dat ze een week geleden was gestopt met roken.

Na de landing op het vliegveld van Ho Chi Minhstad werd Annette direct naar een ziekenhuis gebracht. Chris was er ook, en hij ging mee in de ambulance. Ik bleef op het vliegveld om op de ouders van Annette te wachten. De eerste die ik zag, was Jaime. Hij omhelsde me en zei alleen maar: 'Ik zei toch dat ze nog leefde?' Daarna sprong hij in een taxi naar het ziekenhuis. Hij had niet het geduld om op de rest te wachten.

Toen ik Annette jaren later weer zag was ze weer de vrouw van de wereld. Ze leek in niets op de Annette die ik had ontmoet. Tenminste: in bijna niets. De blik in haar ogen was hetzelfde gebleven.

JAIME

Zondagavond kwam ik eindelijk in Vietnam aan. Chris had twee auto's naar het vliegveld gestuurd: een voor Jasper en Miebeth en een voor mij. Toen ik eenmaal in mijn eentje in de auto zat zei de chauffeur in gebrekkig Engels tegen me: 'Ik mag niets zeggen, maar u gaat heel goed nieuws te horen krijgen.' Ik voelde me gesterkt in mijn vertrouwen. Ik concentreerde me op mijn omgeving; ik was niet meer in een ontwikkelingsland geweest sinds ik mijn eigen land, Mexico, had verlaten. Ik reisde liever door eerstewereldlanden.

Chris wachtte op me in het restaurant van het hotel. Hij stelde zich snel aan me voor en vroeg ons alle drie te gaan zitten. Hij wond er geen doekjes om. 'Willem is dood,' zei hij tegen Jasper en Miebeth. Toen wendde hij zich tot mij en zei: 'Annette leeft nog.' Het voelde alsof ik een morbide hoofdprijs had gewonnen. Jasper en ik keken elkaar geschokt aan. Miebeth glimlachte door haar tranen heen naar me.

Ik wendde me tot Chris. 'Waar is ze? Ik moet haar zien.'

'Ik wist dat je dat zou gaan zeggen,' antwoordde Chris. 'Je reputatie is je vooruitgesneld!' Toen werd zijn toon indringender. 'Je kunt haar nu niet zien, en ik adviseer je met klem je daarbij neer te leggen. We zijn in een communistisch land. Je zult hier moeten blijven tot ze naar Ho Chi Minhstad komt. Ze wordt hier morgenochtend met de eerste vlucht uit Nha Trang naartoe gevlogen. Dan kun je haar zien.'

Ik was van mijn stuk gebracht. 'Hoe is het met haar?' wilde ik weten.

'Er doen verschillende verhalen de ronde,' antwoordde Chris, 'variërend van dat ze een paar schrammetjes heeft tot ernstige verwondingen. We zullen moeten afwachten tot we haar zelf kunnen zien.'

Ik ben die hele nacht opgebleven met Jasper. Ik heb hem op het hart gedrukt dat nachten doorhalen mijn specialiteit is, en hij heeft me over zijn verdriet verteld. Zijn waarheid. Zijn versie van zijn broer. En ik heb geluisterd.

HET ZIEKENHUIS IN HO CHI MINHSTAD

Ik ben in het ziekenhuis in Ho Chi Minhstad. Ze leggen me op de vloer tussen de slachtoffers van wat een busongeluk blijkt te zijn. Ze liggen allemaal luidruchtig te kreunen. Er komen twee Europese mannen naar me toe. Een van hen praat hard in zijn mobiele telefoon, in het Frans. Hij klinkt geagiteerd. Hij stelt zich aan me voor als arts en telefoneert meteen verder. De andere man is Chris, een vriend van Pasje, zegt hij. Hij is de kalmte zelve, vertelt me dat Willems broer en zus in Vietnam zijn en dat mijn ouders onderweg zijn. Ik kan het nauwelijks geloven. 'We zorgen dat je hier weg komt,' zegt Chris geruststellend. 'Je moet nog heel even volhouden.' Twee verplegers tillen me van de vloer. Ik registreer vaag de chaos en herrie, zie dat er overal mensen in de gangen liggen. De verplegers dragen me de trap op naar een rustigere kamer.

Ik kan mijn ogen niet geloven wie ik daar aan tref: Jaime. Zoals altijd in een wit T-shirt met spijkerbroek. Hij kijkt opgelucht, angstig, verwachtingsvol naar me. Het eerste wat ik zeg is: 'Wat doe jij hier? Wie let er op de zaak? Hoe staat MYDFA in Brazilië ervoor?' Hij kijkt me verbijsterd aan. Dan vertelt hij zijn kant van het verhaal. Hoe hij twee dagen daarvoor met Willems broer en zus uit Nederland is vertrokken, zonder te weten wat er met het vliegtuig was gebeurd. Hoe hij bij aankomst hoorde dat Willem dood was en ik nog in leven.

Chris had hem, Miebeth en Jasper overgehaald te blijven en niet te proberen naar Nha Trang te gaan. Ik ben dolblij Jaime te zien, maar ik weet dat Jasper en Miebeth wachten op de gang. Ik wil ze vertellen hoe Pasje is gestorven. Miebeth komt alleen binnen. We kijken elkaar aan. 'Willem is dood,' zeg ik. 'Hij is gestorven met een glimlach op zijn gezicht.' Ze buigt over me heen en omhelst me.

We worden gestoord door twee verpleegsters, die me meenemen voor röntgenfoto's. Het is een martelgang. Ze leggen mijn gebroken heupen op dikke metalen platen. Als ze de ruimte verlaten om de foto's te maken gil ik het uit van de pijn en angst. Angst om alleen achtergelaten te worden, zonder water. Ik ben mentaal veel kwetsbaarder dan ik in de jungle was.

Dan komt mijn moeder de kamer binnen. Na het bericht dat ik nog leefde zijn zij, mijn vader en mijn zusje ook naar Vietnam gereisd. Als ik mijn moeders gezicht zie, laat ik opeens alles los. Voor het eerst sinds het ongeluk begin ik te huilen. Ik zeg: 'Zijn jullie speciaal voor mij helemaal hiernaartoe gekomen? Pasje is dood.' Van daarna herinner ik me niets meer.

PERSPECTIEVEN

MIJN BROER FREEK

Ik werd om vier uur 's nachts wakker van de telefoon. Het was de directeur van ING Hongkong, die vertelde dat er aanwijzingen waren dat Annette mogelijk nog in leven was. Hij wachtte op de bevestiging. Ik wist niet hoe ik moest reageren. 'Bel maar terug als u het zeker weet,' stelde ik voor, en toen ben ik weer gaan slapen; ik durfde niet te geloven dat het waar was.

Om tien uur die ochtend kwam de bevestiging. Ik ben nogmaals naar mijn ouders gereden. Ik heb nogmaals gevraagd of ik hen alleen kon spreken. Het huis was vol bezoek, en ik heb mijn ouders gevraagd mee naar boven te komen.

'Nee!' zei mijn moeder. 'Ik blijf beneden. Nog meer slecht nieuws kan ik niet aan! Is er iets met Marije gebeurd? Of met de jongens? Ik wil het niet horen!'

'Nou, dan vertel ik je toch lekker niets!' zei ik geërgerd. De constante aanwezigheid van 'vreemden' in huis begon me te irriteren. Ik begon ze te beschouwen als ramptoeristen.

Maar mijn ouders liepen toch achter me aan de trap op en we gingen in hun slaapkamer zitten. Ze beefden. Toen ik het nieuws vertelde, stortte mijn vader in. Hij zakte in mijn moeders armen in elkaar en zei: 'Nu krijg je misschien toch nog je kleindochter.'

MIEBETH

Die dagen zijn voor mij in meerdere opzichten traumatisch geweest. In eerste instantie natuurlijk vanwege het plotselinge verlies van mijn oudste broer. We hadden het in onze kindertijd heel goed gehad samen, en hij had met zijn vriendelijke karakter een belangrijke rol gespeeld in ons gezin. Hoe centraal zijn rol was geweest, werd pas duidelijk toen hij er niet meer was. Mijn relatie met mijn moeder is altijd moeizaam geweest. Haar eigen moeder was naar haar zeggen extreem streng voor haar geweest, misschien lag het daaraan. Willem was haar lust en haar leven. Na zijn dood leefde ze alleen nog in de tempel die ze rond haar herinnering aan hem had gebouwd.

De reis naar Vietnam met Jasper en Jaime voelde surrealistisch. We liepen ineens rond in een wereld die in niets op ons dagelijks leven leek. Het begon al met de reis vanuit Amsterdam, met Jaime. Ik had nog nooit iemand zoals hij ontmoet: hij zag eruit als een rockster terwijl hij zich gedroeg als een zakenman. En daarbovenop was hij een en al charme en charisma.

Toen we eenmaal in Vietnam waren drong het langzaam tot me door dat Willem van dit vreemde land zijn thuis had gemaakt. Het kantoor dat hij had opgezet en het soort baas dat hij voor zijn personeel was geweest lieten ons een kant van hem zien die we niet kenden. De cultuurshock die ik ervoer werd er dubbel zo hevig door.

Toen Chris ons vertelde dat Annette nog leefde, voerde ik mijn eigen plan uit. Ik had overwogen wat ik zou doen als zij het zou blijken te hebben overleefd en Willem niet, en ik had besloten dat ik dan mijn hart voor haar zou openen. Omdat ik via haar het dichtst bij Willem kon komen. Hij was gek op haar en ze waren dertien jaar samen geweest. Ze waren een waanzinnig mooi stel. En ik was op haar gesteld, om haar tolerantie, haar non-conformisme; haar gevoel voor mode zelfs. En haar humor. Ze maakte me altijd aan het lachen.

Toen ik in het ziekenhuis aankwam, was ik bang dat ik in de praktijk toch niet zo'n groot hart zou blijken te hebben. Dat ik haar toch zou verwijten dat zij nog leefde en Willem niet. En dat zelfs een nog ergere gedachte in me op zou komen: waarom Willem wel en zij niet? Maar toen zag ik haar liggen, tussen de ratten en kakkerlakken, een ellendig bergje botten. Ondanks haar toestand wilde ze me vertellen hoe Willem was gestorven. 'Hij had een glimlach op zijn gezicht,' zei ze. Ik sloeg mijn armen rond haar magere schouders en toen zag ik iets bewegen in haar kin. Ze had een grote open wond waar een reusachtige made in rondkroop. Ik gilde het uit. 'Zuster!' De verpleegster werd er niet koud of warm van. Ze viste het beest eruit met een doek die zo smerig was dat ik er mijn keukenvloer nog niet mee zou schoonmaken.

Ik keek naar Annette en kon niet geloven hoe dapper ze was. Al die smerigheid, en dat ongedierte om haar heen. Dat was het moment dat ik haar voor altijd in mijn hart heb gesloten.

Nu stonden Jasper en ik voor een gruwelijke taak: de identificatie van Willem. We gingen met Carola naar een hangar in een buitenwijk van Ho Chi Minhstad, waar de lichamen van de slachtoffers van het ongeluk lagen. Een Vietnamese ambtenaar leidde ons naar binnen. De ruimte was niet gekoeld; ik stikte bijna van de stank. Carola gaf me een zakdoek waar ze wat parfum op had gespoten. De geur van Chanel No 5 zal ik nooit meer vergeten. Hij hielp maar een heel klein beetje.

Het was heel druk in de hangar, vol mensen, zowel Aziaten als Europeanen. Ik herkende de Zweden uit het hotel. Ze wachtten al de hele week in Vietnam op nieuws, hun geld was bijna op.

De lichamen waren niet afgedekt. Ik durfde niet te kijken, moest mezelf vermannen om te voorkomen dat ik mijn ogen zou dichtknijpen. Maar ook met mijn ogen open herkende ik niemand. Ze zagen er allemaal hetzelfde uit: gezichten zonder wenkbrauwen. Zelfs hun huidskleur was dezelfde teint grijs geworden. Het was niet eng, het was gewoon... niets.

Maar toen zag ik ineens die grote kuiten. Onmiskenbaar Willems 'voetbalkuiten', zoals hij ze altijd trots noemde. 'Dat is hem,' zei ik. Ik stond nog ruim twee meter van hem vandaan. 'Dat moet hem zijn.'

'Blijf jij maar hier,' zei Carola. Ze keek en knikte. 'Dat is wel Willems postuur,' zei ze. Ik draaide me om en rende kokhalzend naar de uitgang. Carola kwam achter me aan, en op weg naar buiten condoleerde ik de Zweedse en Engelse familieleden. We zaten samen in hetzelfde, ziekmakende schuitje.

MIJN MOEDER

Ik ben zodra we het ongelooflijke nieuws hadden gehoord onze koffers gaan pakken. 'Ze leeft nog, ze leeft nog, ze leeft nog,' bleef ik maar tegen mezelf zeggen.

Willems werkgever had voor mij en mijn man tickets voor het eerste vliegtuig naar Vietnam geregeld. We vonden dat onze andere dochter, Eveline, ook mee moest komen. Ze had veel ervaring met zakendoen in ontwikkelingslanden. Op het vliegveld en tijdens de vlucht deelde het luchtvaartpersoneel onze vreugde. Het was of het hele land blij voor ons was, want het kwam op het journaal dat Annette nog leefde. Mijn man genoot van de champagne en kaviaar die hij in overvloed kreeg aangeboden van de stewardessen.

Het laatste wat we hadden gehoord was dat er niets aan de hand was met Annette. Dat ze alleen een paar tanden miste. Ik had al een afspraak bij mijn tandarts voor haar gemaakt, maar ik kon nauwelijks geloven dat er verder niets met haar aan de hand zou zijn. Het leek te mooi om waar te zijn. En al mijn vreugdevolle gedachten werden hoe dan ook overschaduwd door het verlies van Willem. Zijn leven was zo vervlochten met dat van Annetje. Hij was als een zoon voor ons. Hoe moest zij zonder hem verder?

Carola wachtte ons op het vliegveld op. Het was zo fijn om haar eindelijk te zien. Via de telefoon was ze al de hele week zo lief voor ons geweest, en zo'n grote steun. Ze instrueerde de chauffeur ons direct naar het ziekenhuis in Ho Chi Minhstad te brengen. Toen we eenmaal op weg waren, keek ze ons met een heel ernstige blik in de ogen aan, en toen wist ik dat het inderdaad te mooi om waar te zijn was geweest. 'Het gaat helemaal niet goed met haar,' zei ze. 'Daar moeten jullie op voorbereid zijn.' De reis leek een eeuwigheid te duren. Al dat verkeer. Al die fietsen! Ik voelde de overweldigende drang uit de auto te springen en de auto door de drukte heen te duwen.

Toen we eindelijk arriveerden stond er een team artsen op ons te wachten. Ze wilden ons eerst meenemen naar een ruimte om ons Annettes röntgenfoto's te laten zien. Ik kon het niet geloven. 'Ik moet mijn dochter zien!' riep ik. 'Waar is ze?' Mijn man gebaarde dat hij zou wachten. Een timide uitziende verpleegster nam mij en Eveline mee naar Annettes kamer. Toen we door de gangen liepen, was ik geschokt al de troep te zien. Overal zaten en lagen mensen, de verf kwam van de muren, en er vlogen vleermuizen rond in een roestig trapgat. Kakkerlakken.

Toen zag ik haar. Ze leek zo piepklein! Dat kleine, uitgemergelde gezichtje. En ze had helemaal geen tanden meer! De gedachte aan een kunstgebit schoot door me heen. Haar ogen lichtten op toen ze me zag. 'Zijn jullie speciaal voor mij helemaal hiernaartoe gekomen?' vroeg ze. 'Pasje is dood.' Ik sloeg mijn armen om haar heen. Een bergje botten, heet van de koorts. Ik voelde dat haar lakens doorweekt waren. 'Wil je haar bed alsjeblieft verschonen?' vroeg ik in het Frans aan de verpleegster. Toen ik het laken van haar af sloeg, zag ik de afgrijselijke wonden. Gapende, zwarte wonden. Er staken botten uit. Ze was zo dapper! Alleen al de beweging van het laken deed haar verkrampen van de pijn. Mijn man kwam de kamer binnen. Hij was vreselijk geëmotioneerd. Ze hadden hem al Annettes röntgenfoto's laten zien: haar klaplong en alle breuken. Haar kaak, haar heupen, haar benen. 'Haar bekken is net een gebroken kerstkransje,' zei hij.

Ik maakte me veel meer zorgen om die wonden dan om de breuken. Ik wist dat ze zou sterven aan gangreen als die in een bloedvergiftiging zou uitmonden. Of aan een ontsteking. Had niemand die berg bevuilde po's zien staan in de badkamer, met die zwerm vliegen eromheen? Hoe kon een ziekenhuis zo smerig zijn? Er liepen ratten! We moesten hier zo snel mogelijk weg, en we moesten zo snel mogelijk uit Vietnam weg. We wisten dat hulpcentrale SOS International een vliegtuig op het vliegveld had staan wachten om haar naar Singapore te brengen, waar ze de best mogelijke verzorging zou kunnen krijgen. Maar dat stonden de Vietnamese autoriteiten niet toe. 'Ze kan hier uitstekend worden behandeld,' zeiden ze. 'Het is veel te gevaarlijk het land te verlaten met die klaplong.' Koppig patriottisme – en dan zeg ik het heel vriendelijk. Mijn dochter Eveline, die in eerste instantie had gezegd dat de medische voorzieningen in Vietnam beter waren dan in andere derdewereldlanden, begon steeds sterker de indruk te krijgen dat de Vietnamese autoriteiten hoopten dat Annette het niet zou overleven. Dat ze vanwege de opkomende toeristische sector in het land liever zagen dat ze het niet overleefde, zodat ze haar verhaal niet zou kunnen vertellen.

Mijn man, die is opgegroeid in Nederlands-Indië, was godzijdank gewend aan geduldig onderhandelen. Hij en Chris hebben urenlang zitten praten met de leidinggevenden, een stel kolonels. Het was net een eindeloze schaakpartij. Ze bedachten het ene prachtige argument na het andere. 'Annette spreekt nauwelijks Frans. Ze zou zich veel prettiger voelen in een omgeving waar ze Engels zou kunnen spreken, zoals in Singapore.' Uiteindelijk werd besloten dat Annette mocht vertrekken als ze eerst een operatie zou ondergaan waarbij er een slangetje in haar borstkas zou worden geplaatst om haar klaplong te stabiliseren. Maar dat moest wel eerst worden goedgekeurd door de staatssecretaris van Gezondheid, die onderweg was uit Hanoi.

Annette kon op weg naar de operatiekamer alleen maar kreunen. Ze werd weer wakker toen we al op de landingsbaan van het vliegveld waren. Haar ambulance werd naast een vliegtuigje geparkeerd waar twee artsen in zaten te wachten, klaar voor vertrek. Eindeloos wachtten we. We wisten niet waarop. Tot de staatssecretaris zou arriveren? Er had zich een menigte van hoogwaardigheidsbekleders, soldaten, verslaggevers en andere mensen verzameld. Ik begon bang te worden dat ze zich zouden bedenken. Hoe meer publiciteit, hoe belangrijker ze het zouden vinden om hun gezicht niet te verliezen.

Annette sliep in de ambulance, maar ze werd af en toe wakker. We mochten er niet in, maar we mochten wel via een raampje achterin met haar praten om haar te kalmeren. Als ze wakker was, was Annette angstig en claustrofobisch, en dan lag ze nog niet eens in dat piepkleine vliegtuigje! Het raampje was te hoog voor mij en het lukte me niet om lang op mijn tenen te blijven staan. Eveline nam het van me over. 'Je moet het nog even volhouden, zusje, nog heel eventjes maar.' Op een bepaald moment moest ik naar de wc. Twee soldaten escorteerden me naar het hoofdgebouw. Toen ik in de wc-ruimte was, stonden ze buiten op wacht. Wat dachten ze dat ik ging doen?

Uiteindelijk arriveerde de staatssecretaris van Gezondheid. Een oudere vrouw. Toen ze net toestemming voor ons vertrek wilde geven, leek Annettes long weer te zijn ingeklapt. Dat was tenminste wat ze tegen ons zeiden. Chris bewees nogmaals wat een uitstekende onderhandelaar hij was, dit keer samen met een arts van SOS. Het lukte ze, letterlijk midden op de landingsbaan, om ons daar weg te krijgen. Ik was de enige die met Annette mee mocht. Mijn man, Eveline en Jaime moesten met een commerciële vlucht. Toen ik aan boord wilde gaan, kwam de staatssecretaris naar me toe om afscheid te nemen. 'Ik hoop dat u op een dag zult terugkomen naar Vietnam en het land onder betere omstandigheden zult zien,' zei ze. Toen omhelsde ze me en fluisterde in mijn oor: 'Ik ben zelf ook moeder. Als het om mijn dochter zou gaan, zou ik ook willen dat ze hier wegging.'

En toen waren we eindelijk op weg. Ik zag Eveline op de landingsbaan steeds kleiner worden. Toen vroeg een van de artsen mijn aandacht. 'Annettes bloeddruk daalt gevaarlijk snel,' zei hij. 'U moet tegen haar blijven praten en haar wakker houden, anders raken we haar kwijt.'

Ik heb tegen haar gepraat en gepraat. Ik heb er mijn hele ziel en zaligheid in gestort. 'Alsjeblieft, Annetje, blijf bij me. Je mag nu niet doodgaan, niet na alles wat je hebt meegemaakt.' Ik heb de hele tweeënhalf uur dat de vlucht duurde gepraat en gesmeekt. En ze heeft het gehaald. Op het nippertje.

'Goed gedaan,' zei de dokter toen we landden in Singapore, waar een ambulance op ons stond te wachten. 'Zonder u zou ze het niet hebben gehaald. U hebt haar voor de tweede keer het leven gegeven.'

DE ECHTE WERELD

Ik ben in Singapore. De kamer voelt als een goed hotel. Groot, houten lambriseringen en een eigen koelkast. Er staan overal bloemen. Mijn moeder, vader, zus en Jaime zijn er constant. En ik huil. Ik huil om Pasje. Ik kan niet stoppen met huilen. Ik huil met schokkende bewegingen. Ik huil en vraag om water. Ik huil nog meer en vraag om nog meer water. Iedereen springt op als ik erom vraag.

Mijn vader blijft maar zeggen dat hij van me houdt. Lief, maar gek. Ik ben zo blij dat hij er is. Maar hij blijft maar tegen mijn tenen stoten. Ik gil het uit van de pijn. Hoe kunnen tenen zo gevoelig zijn? Mijn moeder. O, mijn moeder! Haar lieve gezicht is het ene moment een en al vreugde, dan weer een en al bezorgdheid, en dan een en al pijn. Ze voelt wat ik voel. Pasje...

Artsen lopen in en uit. Een triomfantelijke Indiër, die me aan mijn verwondingen heeft geopereerd, een toegewijde Joodse Amerikaan, die mijn breuken en longen heeft behandeld, en een allerliefste Chinese kaakchirurg, Myra. Zij heeft mijn kaak gefixeerd, met schroeven. Ze staat erop dat ik vloeibaar voedsel tot me neem. Heel veel vloeibaar voedsel. Ze doet me denken aan mijn half-Indonesische tante, die onlangs is overleden. Lief, rond en heel intelligent. Ze blijft me maar eten brengen. Het baart haar zorgen dat ik maar blijf afvallen, hoeveel ik ook eet. Hoeveel slagroom ik ook drink. Myra heeft voorgesteld wat elektronische gadgets aan te schaffen om me wat afleiding te geven. Er zullen nog zo veel medische ingrepen gaan volgen. Mijn zus koopt een Game Boy voor me. Met Tetris erop. Op kantoor was ik daar ongeslagen in. Ik speelde het spelletje tijdens het handelen. Toen de wereld nog aan mijn voeten lag. Toen ik nog zorgeloos was. Zo heerlijk zorgeloos.

En moet je zien wat een watje ik nu ben. Als ze me door de gang rijden, word ik bijkans hysterisch als ik geen water binnen handbereik heb. Hysterisch als ze me alleen in een kamertje achterlaten om nog een röntgenfoto te maken. Hoe lang laten ze me hier alleen? Ik houd mijn flesje water obsessief tegen me aan geklemd.

Maar ik gedraag me sociaal. Ik lach met mensen, maak grapjes, lees alle faxberichten en brieven hardop voor, geniet van het vele eten. En ik drink liters en liters zuivelproducten van Dutch Lady, de naam waaronder Friesland-Campina hier haar producten verkoopt. Maar mijn hart voelt zo zwaar. Of is het juist licht? Voel ik een gewicht of een gat? Mijn Pasje! Ik zie zijn lieve gezicht, zijn zachte bruine ogen, zijn sterke, gespierde lichaam. Ik zie hem glimlachen, ik hoor hem lachen, ik zie hem dood, ik zie hem levend, ik zie hem constant. Ik huil. Ik jammer. Niet aan Pasje denken. Niet aan de dode Pasje denken. Niet aan de toekomst denken, zeg ik tegen mezelf. Maar dat doe ik wel. Ik denk aan hem. Constant. Water drinken.

Ze lopen allemaal rond mijn bed. Mijn oudste broer is ook gekomen. Hij is de arts in onze familie, maar Eveline en Jaime voelen zich allebei op hun best als zij de controle hebben en de beslissingen nemen. Daar gaan ze weer: in discussie over de volgende beslissing die moet worden genomen. Over mij. Ze besluiten nu dat het nodig is dat er iemand bij me blijft slapen. Elke nacht. Ik denk aan de jungle. Aan hoe vredig het in mijn jungle was.

PERSPECTIEVEN, SINGAPORE, DECEMBER 1992

MIJN ZUS EVELINE

Ik heb vandaag een glimp van de oude Annette opgevangen. Ze smeekte me om een sigaret en toen ik die niet gaf bleef ze herhalen dat ik hem wel zou geven als ik écht van haar zou houden.

Mijn hart brak bijna, maar ik kon haar toch geen sigaret geven, met al die zuurstoftanks en medische apparaten om haar heen? En Singapore loopt hoe dan ook minstens een decennium voor op de rest van de wereld waar het een rookverbod aangaat. Wat niet gemakkelijk is voor nicotineverslaafden als Jaime en ik: de enige kans die we hebben op een stiekeme sigaret is op de weg terug naar het hotel.

Bizar genoeg taal ik er niet naar tijdens de lange uren aan Annettes bed. En dat is het enige wat ik al een hele week doe: aan haar bed zitten en de pers te woord staan. Sinds we een week geleden uit Vietnam zijn vertrokken is Annettes overleving wereldnieuws. We hebben ons uiterste best gedaan de pers op afstand te houden. De Nederlandse roddelpers doet alles om aan een foto of een interview met de familie te komen. Het is niet de eerste en waarschijnlijk ook niet de laatste keer dat ik met paparazzi moet omgaan. Ik weet hoe ik ze te slim af kan zijn. We glippen het ziekenhuis in en uit via achteringangen en brandtrappen.

Mijn ouders, Jaime en ik draaien diensten bij Annette. Ook 's nachts. Voor het geval ze wakker schrikt uit een nachtmerrie. Tijdens een van mijn eerste diensten ben ik uren bezig geweest om Annettes haar te wassen en de klitten eruit te krijgen, met de borstel die Jaime heeft meegenomen. Haar haar leek wel een vogelnestje, vol takjes uit het Vietnamese oerwoud. Het moest uitermate voorzichtig gebeuren, want elke beweging deed haar pijn. Ik heb nooit de behoefte gevoeld medische details te begrijpen, maar het aantal verwondingen en de ernst ervan zijn overweldigend en zichtbaar. En Annette is mager – zo mager, magerder dan ooit – en ze blijft maar afvallen. Toen ze klein was, plaagde ik haar daarmee. Dat ze een zak botten was met een dun laagje rookvlees eroverheen. En nu is ze een zak gebroken botten. Als ze ligt te slapen met al die zoemende apparaten waar ze op is aangesloten om zich heen, ziet Annettes gezicht er net zo uit als dat van de moeder van mijn vader op haar sterfbed. Dat is mijn vader ook opgevallen.

Annettes moed en mentale kracht zijn verbluffend. Amputatie van haar door gangreen aangetaste handen en voeten is haar bespaard gebleven. Dat heeft ze te danken aan de maden. Die gore beestjes hebben het dode vlees opgegeten en hebben zo voorkomen dat de gangreen zich zou verspreiden. Het nadeel daarvan is dat de vele wonden meermalen per dag nauwkeurig schoon moeten worden geschraapt, wat een pijnlijke en tijdrovende aangelegenheid is. Jaime heeft me aangeraden een Game Boy voor haar te kopen, met een spelletje erbij dat Tetris heet. Dat lijkt de behandeling iets draaglijker te maken. Ze speelt het elke keer als ze haar komen martelen. Compleet geconcentreerd, in haar eigen wereld, zich onbewust van haar omgeving.

Iets anders wat haar enorm lijkt gerust te stellen is een flesje water in haar hand. Elke keer dat het haar te veel wordt, neemt ze een slokje water. Dat heeft hetzelfde effect op haar als een speen op een baby.

Vanavond hebben we iets te vieren. Annette mag van de intensive care af, en nog feestelijker: we mogen eindelijk voor haar meebrengen waar ze de hele week al trek in heeft: sushi. Jaime en ik vinden het geen straf om alles voor te proeven zodat we zeker weten dat we alleen de lekkerste soorten voor haar meenemen.

DE LANGE VLUCHT TERUG

Na twee weken in ziekenhuis Mount Elizabeth in Singapore mag ik eindelijk naar een ziekenhuis in Nederland. Jaime heeft met KLM een prachtige plek in het vliegtuig geregeld, die twaalf stoelen in beslag neemt. Ik krijg een gordijn om me heen, zodat ik niet word lastiggevallen door nieuwsgierige passagiers en verslaggevers die in hetzelfde vliegtuig zitten. Hij beschermt me als een lijfwacht.

Het is tijd om naar 'huis' te gaan. Mijn ouders, broer, zus en Jaime beginnen elkaar op de zenuwen te werken. Ik zit er niet mee. Ik zit nergens mee. En ik zit overal mee.

Deze vlucht voelt als claustrofobie in het kwadraat. Ik kan mijn benen niet bewegen. Ik lig met zware riemen om zware dekens op een smal bedje vastgemaakt. Achter een gordijn, in een vliegtuig, en dat gedurende twaalf uur! Wat is dit? Een nieuwe test voor mijn uithoudingsvermogen? Hoeveel moet ik er nog verduren? Ik voel of mijn flesje water binnen handbereik is. Dat is het, maar dat helpt ook niet. Ik wil eruit, ik moet hier weg! Het is hier zo heet! Ik trek van onder die gordels aan de dekens, maar ik ben niet sterk genoeg.

Daar is Jaime. Hij maakt de riemen los. Dan opent hij het waterflesje en geeft me een slokje. Heel teder, alsof ik een baby ben. Ik roep mezelf tot de orde, al was het maar voor hem. En om de schijn op te houden voor die vriendelijke stewardess, en de purser, de piloot, en al die mensen die me komen begroeten en feliciteren. Vanbinnen gil ik het uit.

O mijn god, ik voel turbulentie. Echte turbulentie! Meer turbulentie dan ik in lange tijd heb gevoeld. Op die laatste vlucht met Pasje na, dan. Pasje. Ik begin te huilen.

Daar is Jaime weer. Hij geeft me de Game Boy om me af te leiden, maar ik kan hem niet stilhouden. We komen in de ene luchtzak na de andere terecht. Ze voelen zoals ze horen te voelen als je in een groot vliegtuig zit. Het tegenovergestelde van wat ik tegen Willem heb gezegd die laatste keer, toen we verongelukten. Niet aan het ongeluk denken.

Voel het ritme van de turbulentie. Alsof je in een boot drijft. De hemel is als een oceaan. Gewoon naar het gekabbel luisteren.

Aangekomen in Nederland worden we opgewacht door mijn jongste broer, Bernard. Ik barst in tranen uit als ik hem zie. Ik voel me het meest met hem verbonden. Dat had Pasje ook met hem. Hij had Bernard al als getuige gevraagd. Niemand kent me zo goed als Bernard.

Het dringt tot me door hoezeer ik hem in Singapore heb gemist in onze gezinsdynamiek. Hij zou alles met één knipoog in perspectief hebben geplaatst. Net als Pasje dat zou hebben gedaan. Hij zou alles goed hebben gemaakt. Godzijdank heb ik hem nog!

Ik ben dolblij dat hij met me meegaat in de ambulance op weg naar het Leids Universitair Medisch Centrum; blij in zijn buurt te zijn. Maar hij is zo geëmotioneerd. Hij lijkt zichzelf niet onder controle te kunnen houden. Hij blijft maar naar me kijken, terwijl de tranen over zijn wangen stromen. En hij blijft maar tegen me zeggen dat hij van me houdt! Mijn broer! Mijn machobroer, mijn partner in crime? Ik klop in een poging hem gerust te stellen op zijn arm. Ik probeer hem aan het lachen te maken. 'Maak je maar geen zorgen, Berrie. Zo erg was het niet in de jungle. Het was er prachtig.' Hij houdt op met huilen. 'En onkruid vergaat niet,' voeg ik eraan toe. 'Al helemaal niet in de jungle; daar wordt het alleen maar sterker.' Hij schiet in de lach.

Als ik in het ziekenhuis in Leiden arriveer, bejegent iedereen me met ontzag... en met handschoenen, mutsjes en monddoekjes. Ik krijg een tweepersoonskamer voor mezelf, om me bij de andere patiënten vandaan te houden en me wat privacy te geven. Iedereen heeft het over het vermijden van de pers.

De volgende dag blijkt dat ik geen tropische ziektes heb. Dan beginnen de bezoekjes. Familielid na familielid, vriend na vriend, vriendin na vriendin. Ze zijn allemaal vreselijk nerveus als ze voor het eerst binnenkomen. Ze hebben duidelijk geen idee wat ze moeten verwachten. Het is raar. Ik ben wie ik altijd ben geweest, maar ze behandelen me ineens alsof ik een buitenaards wezen ben geworden. Hallo! Je hebt het tegen mij, hoor! Doe normaal! Het gaat goed met me! Of misschien ben ik ook wel op bezoek geweest op een buitenaardse planeet, maar dat was juist het mooie. Ik ben ondertussen weer gewoon mezelf. Met een enorm gewicht op mijn hart. Pasje is dood. Dat is waar het om gaat.

Ik doe wat ik altijd doe: me concentreren op wie en wat ik voor me heb. Sommige mensen klampen me aan, andere zijn zo zenuwachtig dat ze niets kunnen uitbrengen en weer andere beginnen te huilen. Ik probeer ze gerust te stellen. Door een grapje te maken, een vriendelijk grapje. Niet de cynische grappen die door mijn hoofd gaan: doen alsof ik een arm ben verloren, of gaan stuiptrekken als ze binnenkomen.

Ik krijg bergen post, ontzettend lieve brieven, en soms zeer ongemakkelijke; er zitten zelfs kunstwerkjes tussen. Ik open de brieven en lees ze hardop voor aan het bezoek, dat er de hele dag door en elke avond is. Mijn beste vrienden zijn er dagelijks. Bernard serveert ze bier en hapjes uit de koelkast die hij heeft gehaald. Het is een sociaal festijn. De bezoekjes zijn van onschatbare waarde. Was Pasje er maar.

PERSPECTIEVEN

MIJN VRIENDIN DORINE

Er is een maand verstreken sinds het ongeluk. Annette is uit de dood herrezen en ligt in Leiden in het ziekenhuis. Het komt niet in me op om op bezoek te gaan bij deze inmiddels mythische figuur. Ons contact is verwaterd sinds ze in het buitenland woont. In onze studententijd zou ik allang aan haar bed hebben gezeten, maar ik had haar al een tijd niet meer gesproken. De afgelopen vijf jaar hadden Annettes avonturen grotere proporties aangenomen, terwijl ik mijn rustige leven vervolgde. Maar ik dacht met een brede glimlach aan haar, zoals iedereen deed die haar kende.

Voor ik haar leerde kennen, had ik al van haar gehoord. We waren lid van dezelfde studentenvereniging. Annette hoorde daar bij de groep leden die bovenaan stond in de pikorde. Je herkende die leden in de Grote Zaal aan hun zelfverzekerde houding; de sociëteit was net iets meer van hen dan van anderen. Ze leken het monopolie te hebben op de erefuncties, die ze onderling verdeelden. Annette kwam niet zo vaak in aanmerking omdat ze altijd te laat was en altijd alles kwijt was. Ze onthield nog geen tandartsafspraak.

Wat ze wél kon was gesprekken voeren. Het leek alsof ze niets anders deed. Ik zag haar nooit niet-pratend. Op straat, of in de Grote Zaal van de sociëteit. Vrolijk, serieus, charismatisch. Ze keek niet over de schouder van haar gesprekspartner om te zien of ze geen interessantere partners misliep. Iets wat de meesten wel deden, want in Leiden werd genetwerkt avant la lettre. Ze was jongensachtig in haar manier van doen. Niet qua uiterlijk; ze was stoer, maar ook vrouwelijk. Ze kon erg mooi zijn. Soms was ze heel gewoontjes, maar dan ving ze opeens het juiste licht en leek ze een filmster. In koele kleuren: blond haar en blauwe ogen. En hagelwitte tanden. Al zaten haar kiezen waarschijnlijk vol gaatjes vanwege al die vergeten tandartsafspraken.

Ik woonde in het studentenhuis achter het hare. Vanuit mijn kamer had ik zicht op het rommelige 'fusiehok' van Annettes studentenhuis

'Rap 52', een gemeenschappelijke ruimte met gele muren waar haar huisgenoten tv-keken, aten en borrelden. Het was leuk om naar te kijken, van een afstandje. Te midden van het rumoer zat Annette te turen in haar studieboeken. Een raar gezicht. Iedereen praatte en lachte, en zij zat te studeren.

Overdag zat ik in de collegebanken naast een kalende oudere heer, die na zijn pensioen geschiedenis was gaan studeren. Ofschoon hij zich meteen voorstelde als Bernard Herfkens, duurde het even voor ik ontdekte dat hij Annettes vader was. De geschiedeniscolleges hadden plaats in het oude Academiegebouw aan het Rapenburg, waar Willem van Oranje ooit had gestudeerd. Schuin tegenover Rap 52.

Op een dag stelde Annettes vader me voor bij haar op de thee te gaan. Samen staken we de gracht over. De deur van het grote witte huis stond open. Nieuwsgierig liep ik achter mijn bedaagde studievriend naar binnen. We beklommen een donkere wenteltrap. Annettes kamer lag op de middelste verdieping. Het was licht binnen, het rook naar sigaretten, het raam keek uit op het Rapenburg. De kamer was verrassend gezellig ingericht. Er bevond zich een rode bank, of eigenlijk meer een matras met wat kussens. Een mooie jongen met zwarte krullen en donkere ogen zat de NRC te lezen. Hij stond beleefd op. Het was Annettes vriend, Willem van der Pas. Bijgenaamd Pasje.

Pasje had in Leiden een ware fanclub van meisjes, die in stilte verliefd op hem waren. Hij was anders dan andere jongens. Hij nam niet de moeite stoer te doen. Toch had hij overwicht. Hij leek op een lome leeuw, die het niet nodig had aan te vallen omdat hij genoeg gegeten had. Je voelde dat hij kon toeslaan indien nodig. Maar het was niet nodig; hij zat goed in zijn vel, was zonnig en vriendelijk. En hij hield van Annette.

Annette maakte een sprongetje van plezier toen ze haar vader zag. Tegen mij zei ze: 'Ha, dus jij bent die vriendin van mijn vader. Hij heeft het vaak over je.' Ze keek me onderzoekend aan, geïnteresseerd, met een heldere slimme blik. Ik had geen idee wat ze op dat moment van me dacht. Maar ik vond haar meteen aardig.

Een paar dagen later hoorde ik mijn naam roepen. Op de binnenplaats stond Annette. 'Ga je mee liften naar het Waterlooplein?' riep ze. Niet alleen ik keek naar haar, maar ook mijn huisgenoten, waarvan ik er een stuk of twintig had. Iedereen die thuis was stond voor het raam te kijken waar die snerpende stem vandaan kwam. Annette had daar blijkbaar geen moeite mee, maar ik kreeg plaatsvervangende podiumvrees. Alleen al om haar af te stoppen pakte ik mijn jas en ging mee. Nagestaard door mijn huisgenoten. Zo begon onze vriendschap.

Een wederzijdse vriendin belde me om het nieuws van de crash te vertellen. 's Avonds kwamen we met een groepje bij elkaar in café Karels in Amsterdam. Daar vielen veel stiltes, afgewisseld met het ophalen van anekdotes over 'Herf' en 'Pasje'. We lachten letterlijk met tranen over onze wangen. Over één ding was iedereen het eens, hoe bizar ook: 'Herf' moest een manier hebben gevonden om te overleven. Dood zijn paste niet bij haar.

Toch waren we stomverbaasd toen een week later bleek dat we gelijk hadden gehad. Weer kwamen we bij elkaar in café Karels, dit keer met gemengde gevoelens: euforisch over Annettes redding en diep verdrietig over Pasjes dood. We bleven tot sluitingstijd en wankelden naar huis.

Ik probeerde me steeds in Annettes geestelijke toestand te verplaatsen. Ik had gehoord dat ze fysiek redelijk zou herstellen, maar hoe zat het met haar geestelijke verwondingen? Ze had acht dagen in doodsangst verkeerd, en haar grote liefde was gestorven. Zou ze in een psychiatrisch ziekenhuis belanden, of in een klooster? Dat waren de enige mogelijkheden die ik kon bedenken.

Onze wederzijdse vriendin belde weer en gaf me Annettes telefoonnummer. Annette had haar gevraagd wanneer ik op bezoek kwam. Ik? Wist ze nog wie ik was, dan? En wat zou ik in deze omstandigheden voor haar kunnen betekenen?

Ik zit naast de telefoon, een papiertje met Annettes nummer in mijn hand. Vier keer pak ik de hoorn van de haak, vier keer leg ik hem weer neer. De vijfde keer zet ik door, met een brok in mijn keel.

'Met Annette.' Haar stem klinkt verrassend sterk.

'Hoi, Herf,' zeg ik onzeker.

'Hé, jochie! Wanneer kom je langs?' vraagt ze opgewekt.

De volgende dag ga ik naar het het ziekenhuis. Ik drentel een tijdje voor de deur van Annettes kamer, bang voor wat ik zal aantreffen. Binnen wacht me een verrassing: ook al is ze mager en bleek, en is haar gezicht ingevallen, Annette blijkt geen steek te zijn veranderd. Het komt door de blik in haar slimme, felblauwe, iets turquoise ogen. Daarin is geen sprankje dofheid te zien. Ze bekijken me aandachtig als altijd.

Met haar keurige Haagse accent – de stem van haar moeder – vraagt ze hoe het met me is. Dat lijkt me lang niet zo interessant als hoe het met haar gaat, maar de patiënt is koning, denk ik. Waarschijnlijk wil ze gewoon niet over de crash praten. Dus ik doe mijn best haar bij te praten. Ze vuurt me voortdurend aan; het lijkt alsof ze dag voor dag wil weten wat ik de voorgaande jaren heb gedaan.

Na een uur waag ik het haar heel voorzichtig te vragen hoe het met haar gaat. Zonder de woorden 'ongeluk' en 'Pasje' te durven uitspreken. Dan vertelt ze me ongeremd wat haar is overkomen. Zonder ergens omheen te draaien, nuchter, met humor zelfs. Alsof we in Barrera zitten, ons oude Leidse stamcafé.

De volgende keer bezoek ik haar bij haar ouders thuis. Die verwelkomen me met de kenmerkende hartelijkheid voor wie er ook op hun stoep staat. Annette kan inmiddels zitten. Ze wordt in een rolstoel naar de zitkamer gereden door een gespierde man met heel lang haar, gekleed in een spijkerbroek en een wit T-shirt. Een verpleger van de thuiszorg, neem ik aan.

'Dit is Jaime,' zegt mevrouw Herfkens. Hè? Jaime? De bankier? Bankieren hebben toch geen lang haar?

In mijn verwarring stel ik Herf een bizarre vraag. *Wanneer word je geopereerd?* wilde ik weten. In plaats daarvan vraag ik: 'Wanneer word je begraven?'

DE BEGRAFENIS

Op de dag van Pasjes begrafenis word ik per ambulance van het ziekenhuis naar Breda gereden, waar hij is geboren en getogen. Mijn zus reist met me mee. Het is twee uur rijden. Opgewekt als altijd helpt ze me de moed erin te houden. Moed die ik uit mijn pijnlijke tenen moet halen. Mijn moeder vond het niet verstandig dat ik naar de begrafenis zou gaan; ze vindt het te snel, te gevaarlijk en te koud. Ze is nog steeds bang me te verliezen.

De bedoeling is dat ik op een brancard van en naar de herdenkingsdienst wordt gedragen. Ik denk er van tevoren aan me een beetje op te maken. 'Er komt ontzettend veel pers,' zegt mijn zus, terwijl ze mijn haar vastmaakt met de nieuwe haarclip die ik in Tokio heb gekocht. De haarclip die ik nooit zou gaan dragen, volgens Pasje. Hij is zwart. Ik moet zwart dragen. Ik ben nu weduwe.

Mijn aankomst kan niet dramatischer verlopen. Als de deur van de ambulance opengaat, word ik begroet door flitslichten en een menigte mensen. Twee ziekenbroeders manoeuvreren me snel een middeleeuwse kerk in, waar ik op adem kan komen. Een man vertelt me wat het programma van vandaag zal zijn, alsof hij de ceremoniemeester is op een trouwerij. Het gaat langs me heen. Het lukt me niet om te luisteren, ik ben te gespannen. Ik heb geen idee wat ik moet verwachten.

De broeders dragen me de grote kerk in, met een stabiele tred. Ik voel me een bruid; de bruid van een lijk. Mensen draaien zich om om naar me te kijken. Rij voor rij. Ik fixeer mijn blik op mijn bruidegom bij het altaar. In een doodskist.

Mijn dragers lopen plechtig verder. Nog tien rijen, nog vijf. Nog één. En nu? Ik kan de kist bijna aanraken. Mijn bos witte rozen ligt erop. *Dag Pasje*, staat er op het zijden lint. We gaan naar links. Ze zetten de brancard voorzichtig op de vloer. Alsof ze me in een graf laten zakken.

Dat zouden ze net zo goed kunnen doen.

De begrafenis is ondraaglijk. De familie Van der Pas – met name zijn moeder – heeft de regie in handen. Ze zegt tegen mijn ouders dat ze me niet wil belasten.

Met andere woorden: ik heb geen inspraak. Als we getrouwd waren geweest, had de familie alles met me moeten overleggen. Nu word ik als gast behandeld. Wat een verschil maakt zo'n stukje papier.

Mevrouw Van der Pas heeft besloten dat ik na de ceremonie geen deel zal uitmaken van de condoleancerij. Ze is bang dat anders alle aandacht naar mij zal uitgaan, naar het verhaal van mijn overleving. Of ik het niet erg vind dat mijn plaats in een verre hoek van de ruimte is, weg van de menigte, laat ze vragen. Nee, dat vind ik niet erg. Ik wil geen aandacht. Ik wil dat Pasje zijn arm om me heen slaat. Hij zou zijn familie weg hebben gelachen. Hij zou tegen me hebben gezegd dat het allemaal goed was.

Het enige waarop ik hevig heb aangedrongen is dat er een aantal van onze liedjes worden afgespeeld: 'With or Without You' van U2, Glucks 'What is Life?' en 'Gracias a la vida' van de Chileense Violeta Parra. Dat laatste lied raakt me nu het meest. De fragiele klanken van de gitaarintro en de krachtige stem van Mercedes Sosa, die het vertolkt.

Dank aan het leven, dat me zoveel heeft geschonken.
Het heeft me gelach en verlangen gegeven.
Daardoor kan ik geluk van pijn onderscheiden,
De twee aspecten die mijn liederen vormen,
En ook jouw lied, dat hetzelfde lied is.
En het lied van iedereen, dat het mijne is.

3

Erna

WEER THUIS

Mijn familie regelt dat ik de kerst thuis kan doorbrengen. Dat vinden ze belangrijk. En dat is het ook. Wat ben ik toch gezegend met ouders die me zomaar met ziekenhuisbed en al in hun eetkamer verwelkomen.

Van het ziekenhuis krijg ik een hele gebruiksaanwijzing mee voor ik word ontslagen. De wonden op mijn armen en benen moeten worden verzorgd. Ik heb twee huidtransplantaties ondergaan. Twee repen huid zijn van mijn dijbeen verwijderd. Het ziet eruit of ze er met een kaasschaaf af zijn gehaald. Ze zijn zo enthousiast en dik gesneden dat mijn dijbeen er nooit geheel van zal herstellen en een zichtbare herinnering zal achterlaten: twee prachtige parallelle littekens op mijn dijbeen. Als twee landingsbaantjes.

De huid van mijn dijbeen is opgerekt om de reusachtige gapende wond op mijn scheenbeen te bedekken, of eigenlijk het bot, en nog twee grote wonden op mijn rechterarm. Een van die wonden zit op mijn elleboog. Die arm kan ik nauwelijks bewegen.

Er zitten vier schroeven in mijn kaak. Ik kan nog steeds niet goed kauwen. Ik ben zo mager. Ik heb bijna doorligplekken. Als een oud vrouwtje. Mijn moeder weet wat ze moet doen. Ze heeft de doorligplekken van haar moeder verzorgd toen die op haar sterfbed lag. Een siliconenkussentje ondersteunt mijn benige achterwerk.

Bezoek komt en gaat. De hele dag door. Mijn vrienden, vrienden van mijn moeder, neven en nichten, tantes en ooms, en nog meer vrienden. Het zijn er wel erg veel. Ik was vergeten hoe groot mijn vriendenkring in Nederland is. Mijn moeder ontvangt. Ik ontvang. Tussen de bezoeken door lig ik te huilen om Pasje. Ik moet constant aan hem denken. Maar ik huil ook vanwege de fysieke pijn, vooral die aan mijn voeten. 's Ochtends is het te harden, maar naarmate de dag vordert en al dat bezoek aan me voorbijgaat wordt het steeds erger. Als iedereen die avond weg is, jammer ik dat ik niet meer kan, dat ik pijnstillers nodig heb. Maar ik moet het in het calvinistische Nederland, dat wars is van medicijngebruik, doen met een paracetamolletje.

Mijn tenen zijn het ergst. Ik mis twee topjes en de zenuwen zijn op hol geslagen. De resterende topjes zijn nog zwart. Ongeveer een maand later vallen ze er spontaan af. Als vingerhoedjes.

Jaime heeft een nieuwe Nintendo voor me meegenomen. Die biedt nog meer afleiding dan de Game Boy die ik in het ziekenhuis had. Ik kan nu samen met een ander spelen, of mensen kunnen via de televisie meekijken met wat ik doe. Mijn gasten kennen het systeem niet en kijken als gehypnotiseerd toe. Met deze nieuwere versie kan ik mijn score opslaan en pauzeren als ik een level heb doorlopen, zodat ik even kan stoppen als mijn wonden moeten worden verzorgd.

Ik speel aan één stuk door. Om me van mijn eigen gedachten af te leiden. Om me van de pijn af te leiden. Om me van mezelf af te leiden. Het helpt.

Het is heel vreemd om in zo'n andere rol terug te zijn in Nederland. Of eigenlijk in veel verschillende rollen. Het is de eerste keer dat ik verlies heb geleden en het leven van de andere kant bezie: met lege handen.

Ik ben een luisteraar geworden. Veel oude vrienden willen me in vertrouwen nemen. Misschien omdat ik een buitenstaander ben geworden, niet meer in hun land woon. Misschien omdat ik iemand ben geworden die de dood in de ogen heeft gekeken. Wat de reden ook is, ik vind het prima; het voelt natuurlijk. Ik ben op de een of andere manier in een serene bewustzijnstoestand; ik wil helpen. Hoewel ik over het geheel genomen milder ben geworden, heb ik mijn scherpe tong niet verloren. Ik geef woorden aan mijn nieuwe realiteit door grapjes te maken over mijn lidmaatschap bij verscheidene clubjes voor trieste gevallen. Het valt me op dat bepaalde mensen zich verbonden met me voelen: mensen die verlies hebben geleden, op wat voor manier dan ook.

Vriendinnen van mijn moeder die weduwe zijn. Het weduwenclubje. Vrienden met diabetes. Het gat-in-je-beenclubje.

Ik kan me er deels wel in vinden, maar ik voel ook de behoefte me ervan los te maken.

Hé, dat gaat over jou, niet over mij! denk ik steeds, deels uit bravoure, deels uit zelfverdediging. Ik vind het nog steeds moeilijk te geloven wat er is gebeurd, en de leden van de clubjes maken mijn nieuwe realiteit definitiever door me te behandelen alsof ik al lid ben. Ik moet nog in mijn nieuwe rol komen. Ik heb helemaal nog niet gedacht aan hoe het gaat voelen om niet uitgenodigd te worden voor een etentje omdat ik geen partner heb. Ik heb nog niet gedacht aan de aanschaf van speciale kousen om mijn littekens onder te verbergen, en of ik nog in bikini op het strand durf te liggen. Ik ben mentaal nog niet zo ver. Maar nu ik er wel aan denk: dat is toch mooi balen, van mijn benen.

En ik ben natuurlijk ook het slachtoffer van een vliegtuigongeluk, een overlevende. En dat clubje heeft maar heel weinig leden. Ik krijg een brief van een Nederlandse man die in 1954 een vliegtuigongeluk heeft overleefd. Hij adviseert me niet direct in te gaan op een regeling met Vietnam Airlines. Hij bleek veel meer verwondingen te hebben dan in eerste instantie werd gedacht. 'De totale schade die is aangericht zal pas na lange tijd duidelijk worden.' Niet echt opbeurend, maar het bereidt me wel voor op de consequenties van dit eenzame lidmaatschap en op wat daarbij komt kijken.

Op een landingsbaan in Portugal botsen twee vliegtuigen op elkaar terwijl ik in het ziekenhuis lig. Alle passagiers overleven het. Het is constant op het nieuws, op alle zenders. Het raakt me niet, maar iedereen kijkt naar me, verwacht een reactie. Alsof ik die behoor te hebben.

Mijn moeder verwondert zich erover dat er hele teams psychologen klaarstaan om de slachtoffers hulp te bieden. 'Jij hebt niet één therapeut toegewezen gekregen!' merkt ze smalend op.

Maar ik wil ook helemaal geen therapeut. Het irriteert me dat mijn familie het er achter mijn rug om over heeft. De nationale trauma-expert, een hoogleraar psychiatrie, heeft een analyse van een volle pagina over me geschreven in *De Telegraaf* zonder me ooit gesproken te hebben. Vervolgens schrijft hij mijn ouders een brief waarin hij aanbiedt me gratis te behandelen, omdat ik zo'n interessante casus ben. 'Bedankt, maar nee, bedankt,' zeg ik.

Als ik ergens gek van word, is het wel al dat getut om me heen. En natuurlijk de pijn. De constante, bonkende pijn. Mijn lichaam is getraumatiseerd, mijn geest niet. Mijn hart moet herstellen, mijn geest niet.

REFLECTIE: ANALYSE

Het was me indertijd geheel onduidelijk waarom mensen vonden dat ik in therapie zou moeten. Ging dat over wat ik voelde, of over wat ze dáchten dat ik moest voelen? Hadden ze de indruk dat ik moeite had over het ongeluk te praten? Dat had ik niet. Hadden zij dat zelf?

Hoe dan ook, ik praatte. Aan één stuk door, over Pasje. En ik ben blijven praten over Pasje, of het nu ongemakkelijk was of niet. Mijn diepste wond was het verlies van Pasje, het feit dat ik weduwe was geworden. Dat was moeilijk en verdrietig, maar er waren miljoenen weduwen op de wereld, ik was er gewoon één van.

Nu ik erop terugkijk begrijp ik wel waarom mensen vonden dat ik meer over de jungle moest praten. Over hoe dode mensen eruitzien en ruiken. Ze waren bang dat ik een trauma onderdrukte. Maar dat was niet het geval. Ik had geen moeite met dat stuk. Mijn ervaring in het oerwoud hielp me juist door de pijn heen. Dat wisten zij niet, en ik had nog niet onder woorden gebracht hoe het voelde.

Therapeuten kunnen misschien uitleggen hoe het werkt met gebeurtenissen die te pijnlijk zijn om je ze te herinneren, of waarom iemand niet in staat is terug te kijken op de periode waarin ze plaatsvonden. Maar ik ben de jungle nooit vergeten. Ik herinner me elk detail. Ik ben me ervan bewust en kan eraan terugdenken wanneer ik maar wil. Ik heb de ervaring geïntegreerd. Ik heb het er tot lang na de crash met iedereen over gehad. En toen niet meer. Toen heb ik besloten erover te gaan schrijven.

Ik weet dat therapie een veilige omgeving kan zijn om pijnlijke herinneringen te verwerken. Maar voor mij was de jungle die veilige omgeving. De veiligste van allemaal. Zozeer dat ik er in gedachten vaak naar terugkeer als ik de behoefte heb me veilig te voelen. Ik heb me die acht dagen beschermd en niet bang gevoeld. Ik had de tijd om tot mezelf te komen. Ik ben niet in paniek geweest. In eerste instantie was mijn geest sterker dan mijn lichaam, en daarna werd mijn hart sterker dan mijn geest. Ik heb me emotioneel en fysiek overgegeven. Aan het moment. Aan de natuur. Aan God, zo je wilt.

Niemand heeft me daarnaar gevraagd, en ik heb er niet over verteld. Ik had nog niet onder woorden gebracht dat ik een ervaring van eenheid heb doorgemaakt, die een geschenk bleek te zijn. Een geschenk dat groter is dan mijn geest kan vatten. Ik heb het grote onbekende in de ogen gekeken.

En waarom heb ik niet aan de maden gedacht? Of aan de stank? Omdat ik ze ondergeschikt heb gemaakt aan de schoonheid, de vredigheid en de veiligheid van de jungle. Zowel in het oerwoud als erna heb ik er niet zozeer voor gekozen om de erge dingen te onderdrukken, als wel om me ergens anders op te concentreren. Ik heb keuzes gemaakt in wat ik wilde zien. Ik heb keuzes gemaakt in waarover ik nadacht en waarover niet. Dat is iets anders dan herinneringen onderdrukken en vergeten dat iets is gebeurd. Ik had de keuze mijn blik te verleggen van de maden naar de schoonheid van de jungle, en dat heb ik gedaan.

VERBANDEN

Terwijl ik daar zo in mijn ziekenhuisbed in het comfort van de eetkamer van mijn ouders lig, voel ik de drang de andere nabestaanden te helpen. Mijn hart is gebroken, en ik denk en handel vanuit de diepte van die wond. Ik wil iets bijdragen, dus doe ik vreselijk mijn best om met de familieleden van de andere Europese slachtoffers van het ongeluk in contact te komen: een Zweedse, een Engelsman en een Française. Ik wil ze laten weten dat ik niets heb gevoeld tijdens de crash.

Het lukt me met enige moeite hun telefoonnummers te bemachtigen via de betrokken ambassades. Ik moet de ambassademedewerkers ervan overtuigen dat ik echt die vrouw ben die in het vliegtuig bij hun landgenoten heeft gezeten. Dat ik goede bedoelingen heb. Dat ik hun familie alleen maar wil vertellen dat hun geliefden hun laatste momenten niet hebben geleden.

De familie van de Française wil geen contact, maar ik krijg wel de telefoonnummers van de Britse en Zweedse families. Als ik de vader van Hamish bel, het Britse slachtoffer, krijg ik zijn zus aan de lijn. Ze zegt dat haar vader niet aan de telefoon kan komen, maar ze wil graag horen wat ik me van het ongeluk kan herinneren. En dat vertel ik haar. Ze bedankt me beleefd en zegt dat ze alles zal doorgeven aan haar vader.

Wanneer ik de Zweedse weduwe bel, barst ze in tranen uit. Ze is heel blij dat ik bel. Ze is maar blijven malen over hoe de laatste momenten voor haar man moeten zijn geweest. Ze ligt er al sinds het ongeluk elke nacht van wakker. Ze waren achtendertig jaar getrouwd. Het zou de laatste zakenreis van haar echtgenoot zijn. Ze hadden een appartement in Portugal gekocht en keken enorm uit naar hun pensioen. 'We waren echt ontzettend gelukkig samen, en ik heb zo veel vriendinnen die dat niet zijn. Zij zouden opgelucht zijn als hun man zou sterven. Het is zo oneerlijk.' Ze huilt. Ik heb met haar te doen. Zij heeft met mij te doen.

Ik ben onderdeel geworden van de dagelijkse routine van mijn ouders. Nu mijn bed in de eetkamer staat ben ik letterlijk het middelpunt tussen hen in. Ik kan zien hoe mijn vader in de woonkamer zit te werken. Als ik mijn hoofd draai, zie ik mijn moeder in de keuken opruimen na weer een stroom van bezoekers. Ze lopen heen en weer naar elkaars domein om dingen met elkaar te bespreken.

Op een dag is mijn vader rekeningen aan het betalen en zegt hij tegen mijn moeder dat hij de ouders van Willem nog de helft van de kosten van de advertentie die ze over onze vermissing in de krant hebben laten plaatsen moet terugbetalen. Meneer Van der Pas heeft erover gebeld.

'En nu ik daaraan denk: ze wilden graag van je weten of Willem dat stukje land in Chili dat hij van plan was te kopen inderdaad heeft aangeschaft.'

Ik voel ineens enorme razernij in me opkomen. 'Wie denkt er nou aan geld?' Ik ga vreselijk tekeer over de mentaliteit hier, over hoe geld voor Nederlanders altijd op de eerste plaats staat, hoe gruwelijk de omstandigheden ook zijn. 'Wie denkt er nou uitgerekend op dit moment aan geld?'

Ik ben in de jungle door een periode van shock en een periode van ontkenning gegaan (de eerste twee stadia van rouw, is me later verteld). En nu moet ik door schuldgevoel, woede en depressie heen. Daar moet ik tussen de bezoekjes door mee leren omgaan. En met het waarom. Waarom leef ik nog? Waarom Pasje niet? Waarom, waarom, waarom?

Terwijl mijn moeder de kopjes en bier- en wijnglazen in de afwasmachine aan het zetten is, biedt de fysieke afstand tussen de eetkamer en de keuken ruimte aan mijn tranen. Ik schreeuw het uit.

Mijn woede wordt verergerd doordat meneer en mevrouw Van der Pas overduidelijk afstand van mij hebben genomen. En van mijn ouders. Hoewel mijn ouders van Pasje hebben gehouden als van hun eigen zoon, is het verdriet van het echtpaar Van der Pas anders; het is van hen alleen. Mijn ouders begrijpen dat. Ik niet.

Dan komen Pasjes ouders op een dag eindelijk bij me op bezoek. Als ze de kamer binnenkomen, loopt zij voorop. Hij volgt haar plichtsgetrouw. Willem zei altijd tegen me dat hij niet zoals zijn vader wilde worden. Dat had hij besloten op zijn zestiende, toen zijn eerste liefde hem achterliet en naar Parijs vertrok. 'Ik wist dat ik het in me had om te worden zoals hij, maar ik heb besloten geen doetje te worden.' En dat is hij ook niet geworden. Maar hij heeft wel dezelfde warmte in zich als zijn vader. Gecombineerd met het aantrekkelijke uiterlijk van zijn moeder.

Ze komen bij me zitten. Zij is kil. Hij is verlegen. Ik kijk naar haar ogen. Die van Willem, maar toch ook niet. Ik besluit tijdens ons gesprek zijn vader aan te kijken.

Ik kruip in de rol die ik altijd aannam als ik bij hen logeerde. Toen ik achttien, negentien, twintig was. Ik was gek op hun huis. Op alles daar. De inrichting, het eten, de tuin, op Willems hele gezin. Ik voelde me er thuis. Tot zijn moeder zich tegen me keerde, om redenen die ik nooit heb begrepen. Pasje voelde het ook, maar hij wist me niet te vertellen wat er aan de hand was.

Net als toen vertel ik Pasjes ouders verhalen. Ik vertel dat ik de familie van de andere slachtoffers heb gesproken: de zus van de Engelsman en de Zweedse weduwe. 'Erg, hè?' zeg ik. 'Het was zijn laatste zakenreis! Ze zouden met pensioen gaan en naar Portugal verhuizen. Arme vrouw.'

Willems ouders zien er nu wat meer ontspannen uit. 'Die Engelse vrouw had minder te vertellen,' ga ik verder, 'ze was wat terughoudender. Zouden jullie hun telefoonnummers willen hebben? Misschien dat jullie gezamenlijk een rechtszaak willen aanspannen?' Dat bedoel ik als een vriendelijk gebaar, aangezien ik zelf geen begunstigde ben. Ze hebben het glashelder gemaakt dat zij de wettelijke erfgenamen van Willem zijn, niet ik. We waren per slot van rekening niet getrouwd. Ik geef ze alle telefoonnummers. Zo te zien ontdooien ze een beetje.

Ik vertel ze over Noemi; dat ze de avond daarvoor heeft gebeld en heeft gevraagd of we het zouden waarderen als er een school naar Willem zou worden genoemd.

'De Willem van der Pas School,' zeg ik. Nu zijn ze duidelijk opgetogen.

Op weg de deur uit zegt meneer Van der Pas tegen mijn moeder dat hij op een vreemde manier blij is dat hij dit verdriet met zijn vrouw kan delen. Zij heeft haar verdriet over haar zware kindertijd nooit met hem kunnen delen. Maar dit verdriet delen ze wel, en daar is hij dankbaar om. Dat is nog eens naar de wereld kijken alsof het glas halfvol is! Als hij al een doetje is, is hij in elk geval een fantastisch doetje. Zijn zwakte is tegelijkertijd zijn sterkste punt.

HERSTEL

Op oudejaarsavond zet ik mijn eerste stapjes. Mijn hele familie is erbij. Mijn vader loopt naast me met de blik in zijn ogen die hij dertig jaar geleden ook moet hebben gehad, toen ik voor het eerst over datzelfde tapijt liep. In diezelfde woonkamer, dezelfde afstand. Ik voel me opgelucht als ik de bank haal. Naast de kerstboom. Die is versierd met zilverkleurige ballen en engelenhaar rond de witte lichtjes. Er staan zoals altijd echte kaarsjes in. Mijn broers, zus en ik zaten er vroeger omheen om ze te zien branden. Dan kozen we allemaal een kaarsje en wachtten af welk het langst zou branden. Aan het einde flikkerde zo'n kaarsje alsof het voor zijn leven vocht. Mijn vader vergeleek dat altijd met een strijdende ziel, waarop Pasje wrang glimlachte. Hij en velen met hem vonden mijn vaders grappen soms een beetje te cynisch. Mijn Pasje, die niet heeft hoeven strijden.

Ik ontvang een brief van de internationale directeur van Vietnam Airlines, gedateerd op 28 december 1992: 'Ik wil u graag voor het nieuwe jaar 1993 onze allerbeste wensen overbrengen. Ik hoop dat u snel zult herstellen. Vrolijk kerstfeest en de beste wensen voor een gelukkig 1993 voor u en uw familie.'

Geen woord over Pasje.

Een week later krijg ik bericht dat er een pakketje voor me op het postkantoor ligt. Het is een doos die door Vietnam Airlines is opgestuurd. Onze bezittingen zitten erin, voor zover ze in de jungle zijn teruggevonden. Ik open omringd door mijn familie de doos. Ik maak met trillende handen het eerste pakje dat erin zit open. Pasjes Rolex uit 1940! Hij is verroest en is om twaalf uur gestopt met tikken.

Mijn eigen spullen zijn apart verpakt: de drie pakjes Philip Morris Super Light-sigaretten, de BIC-aansteker en het fototoestel.

Mijn broer Bernard probeert het emotionele moment lichter te maken door op te merken dat hij nu ook zal moeten stoppen met roken.

'Ik geloofde je niet toen je zei dat je nog sigaretten had toen je besloot te stoppen met roken. Maar als het jou is gelukt om het daar voor elkaar te krijgen, moet ik het hier kunnen!'

Later blijkt dat het fototoestel nog werkt. Ik breng het filmpje dat erin zat als een kostbaar juweel naar een vertrouwde foto-ontwikkelaar. Hij tovert de laatste foto van Pasje tevoorschijn, die ik op 13 november 1992 op het balkon van zijn hotelkamer heb gemaakt. De dag voor we weggingen. Een beetje slaperig, gekleed in zijn badjas. Pasje ten voeten uit.

Numachi komt bij me op bezoek, op doorreis vanuit Tokio. Hij is de laatste die me in mijn zorgeloze, oude toestand heeft gezien. In gedachten was hij bij me in de jungle, in de vorm van mijn stervende Vietnamese buurman. En nu is hij hier, in het huis waarin ik ben opgegroeid. Al mijn werelden komen samen.

Hij heeft twee flessen sake voor me meegebracht. Er zitten echte goudsnippers in. Ze dwarrelen in de fles als hij die schudt. Zoals in zo'n glazen sneeuwbol voor toeristen.

De hele maand januari ben ik hard bezig weer op de been te komen, letterlijk en figuurlijk. Na al die tijd in een ziekenhuisachtige omgeving is de gewone wereld een afschrikwekkende plek geworden. De eerste keer naar de kapper voelt als een enorme onderneming. Autorijden is angstaanjagend, zelfs als passagier. En iedereen herkent me uit de krant, waarin ik word afgeschilderd als 'amazing'. Ik voel me als een tam dier in gevangenschap dat nu weer in het wild wordt uitgezet. De eerste keer dat ik een restaurant binnenga, wordt iedereen stil. Ik ben voor het eerst van mijn leven zelfbewust.

Op 1 februari vlieg ik terug naar Madrid. Met Jaime. Mijn eerste vlucht als normale passagier. Het is afgrijselijk, zelfs met Jaime naast me die alles voor me regelt wat ik nodig heb. Maar ik heb geen keus. Ik moet mijn leven weer oppakken en aan het werk, en voor een bankier hoort daar nu eenmaal bij dat je veel vliegt.

Ik begin een week daarna op kantoor. Nerveuze collega's komen me verwelkomen. Mijn baas is warm en verwelkomend, maar ze lijkt geen oogcontact te willen maken. Ze is niet de enige. Maar een van de onderhoudsmonteurs heeft een speciale kruk voor me gemaakt, waar ik

1 Parijs, mei 1981
2 Gekostumeerd feest, Leiden, 1983
3 Afscheid op Schiphol, september 1983
4 Vertrek naar Chili, september 1983

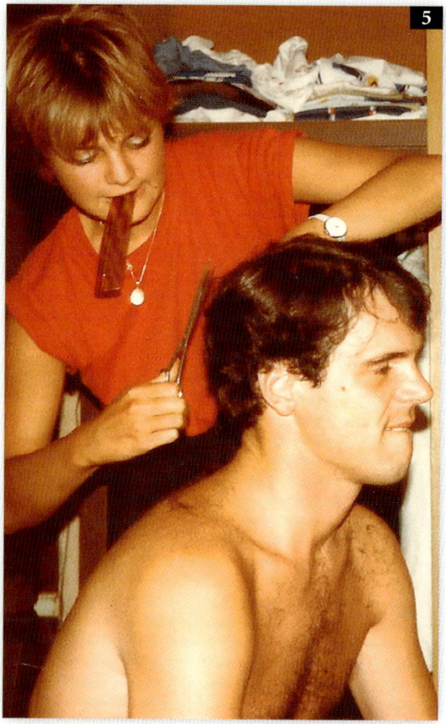

5 Haar knippen,
Santiago de Chile, september 1983
6 Samenwonen,
Santiago de Chile, september 1983
7 Sinterklaascadeautjes uitpakken,
Santiago de Chile, 5 december 1983
8 Peru, december 1983

9 El Taller Amistad, Santiago de Chile, mei 1984 | 10 Handelsafdeling opkomende markten, Londen, januari 1989 | 11 Pasje met zijn nieuwe horloge, Washington DC, april 1989
12 Met Jaime in *Hello Magazine*, juni 1991

13 Laatste zomervakantie, Bahia, Brazilië, 1991 | 14 Jaarlijkse bijeenkomst IMF/Wereldbank met Eveline, Washington DC, oktober 1992 | 15 Op de bruiloft van een vriendin, Amsterdam, oktober 1992 | 16 Op vakantie met Helen, Marokko, juli 1992

Aan het begin van hun vakantie
zijn op 14 november 1992
na een vliegtuigongeluk in Vietnam
vermist

onze lieve

ANNETTE HERFKENS, 31 jaar
en
WILLEM VAN DER PAS, 36 jaar

Zij hielden 12 jaar van elkaar

Den Haag, Ruychrocklaan 68	Breda, Valkenierslaan 307
B.D. Herfkens L. Herfkens-van der Staay Freek en Marije Eveline Bernard en Marijke	A.F. van der Pas T.A.M. van der Pas-de Jong Miebeth en Eric-Jaap Jasper en Sandra

Onze lieve neef

WILLEM VAN DER PAS

die zo van het leven hield en van mensen en van de wereld, is samen met zijn vriendin omgekomen bij een vliegtuigongeluk in Vietnam.

Riet van der Pas
Ans Hurkens-van der Pas en Frans Voncke
Jasper en Femy van der Pas-Weterman
Jos en Fieke van der Pas-Swinkels
Alice van der Pas en Ann Colt

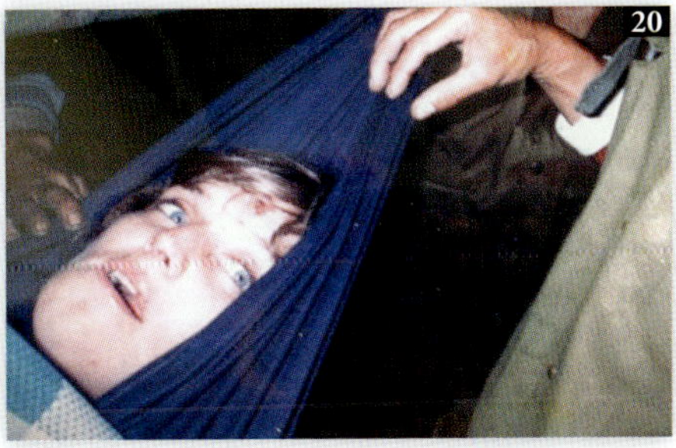

Aan het begin van hun vakantie zijn op 14 november 1992 na een vliegtuigongeluk in Vietnam vermist

onze lieve

ANNETTE HERFKENS
31 jaar
en
WILLEM VAN DER PAS
36 jaar

Zij hielden 12 jaar van elkaar

Den Haag, Ruychrocklaan 68	Breda, Valkenierslaan 307
B. D. HERFKENS L. HERFKENS-VAN DER STAAY FREEK EN MARIJE EVELINE BERNARD EN MARIJKE	A. F. VAN DER PAS T. A. M. VAN DER PAS-DE JONG MIEBETH EN ERIC-JAAP JASPER EN SANDRA

17 Met Numachi, Tokio, november 1992 | 18 Laatste foto van Pasje, genomen met het toestel dat het ongeluk heeft overleefd, Ho Chi Minh-stad, 14 november 1992 | 19 Rouwadvertenties in Nederlandse kranten, 17 november 1992 | 20 'Als een varken aan een spit' met de reddingsploeg de berg af, november 1992

Survivor of Viet plane crash undergoes surgery here

Dutch woman went through eight-day ordeal with no food but only rainwater

By Tan Hsueh Yun

THE only known survivor of a plane crash in Vietnam, Miss Annette Herfkens, underwent surgery yesterday morning at a private hospital here.

Doctors worked for about two hours to mend her fractured jaw and her collapsed lung, and cleaned a deep wound on her left leg.

The 31-year-old Dutch woman was taken to Mount Elizabeth Hospital early on Tuesday morning after she was flown in from Ho Chi Minh City.

well in about three months.

Miss Herfkens went through an eight-day ordeal before being rescued from the crash site. She had nothing to eat, but was able to drink rainwater.

The Vietnam Airlines Yakolev-40 plane she was travelling in crashed on Nov 14, minutes before landing at Nha Trang, a coastal resort in southern Vietnam.

The plane was carrying about 29 other passengers and crew, including her boyfriend, Mr William van der Pas, who died. He headed the Vietnam office of the Dutch Internationale Neder-

Miss Herfkens: Dehydrated and has multiple injuries.

Dr Lyndon Laminack, who treated Miss Herfkens, said the group was contacted by both Mr van der Pas' employers and Vietnamese authorities.

A Lear Jet with Dr Laminack and a nurse on board were then sent to Ho Chi Minh City, and they arrived there at 10 pm.

Miss Herfkens was taken to the airport at about midnight. There, Dr Laminack stabilised her before she was flown to Singapore accompanied by her mother.

The plane landed at Seletar Airbase and she was taken to Mount Elizabeth

"She is now on a lot of strong antibiotics because of the infections.

"But the final plan is to bring her back to the Netherlands for further medical care."

Dr Zakowich said that besides her jaw, her pelvis is also fractured in two places, but he added that these do not need surgery and will heal slowly. She also has fractures in her toes, feet and left leg.

He said: "She's young, and she may be able to walk with supervision in about a month.

"She was confused and de-

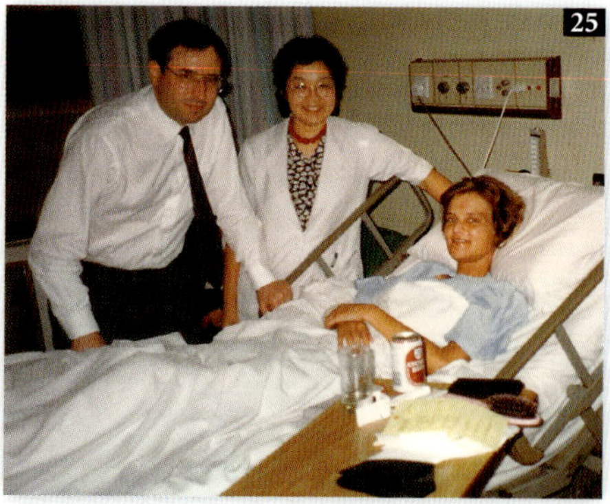

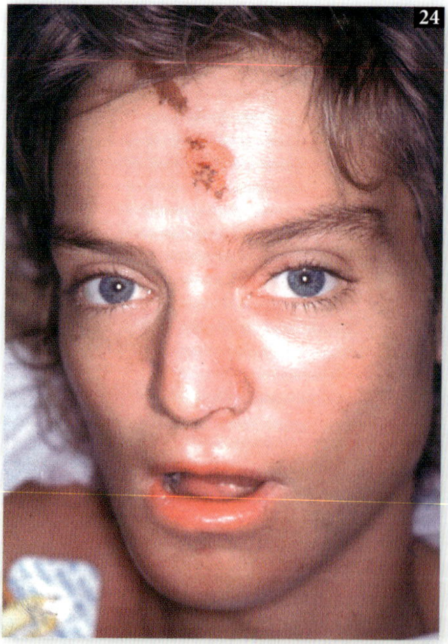

21 Brokstukken van toestel VN 474, Vietnam, 1992

22 Berging van het wrak, Vietnam, 1992

23 'Gevonden,' *The New Paper*, 1992

24 Met gehavend gezicht, 3 december 1992

25 Met dokter Myra Elliott, Singapore, 3 december 1992

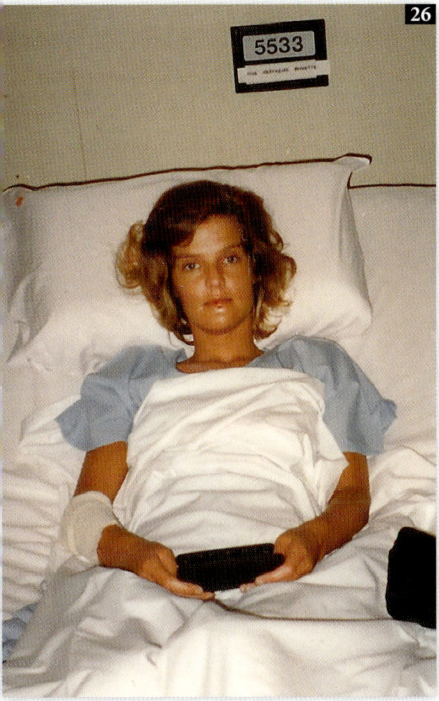

26 Weer in elkaar gezet, Singapore, 3 december 1992 | 27 Bezoek van Numachi, Den Haag, 3 januari 1993 | 28 Artikel over Pasjes begrafenis in *Weekend*, Breda, 26 december 1992, foto's van Peter Mulder | 29 De Willem van der Pas School, met meneer en mevrouw Van der Pas, Santiago de Chile, 1993

28

DIT LEEST U ALLEEN IN WEEKEND

WEEKEND GROTE KERSTPUZZEL 24

HET VERDRIET VAN KRIJN TORRINGA'S ZWANGERE VRIENDIN 38

HET DRAMA VAN DE VERWISSELDE BABY'S 44

EN VERDER:

4. Prinses Anne
6. Blote dochters Gert & Hermien
10. Nederlandse nieuwtjes
14. Ingrid
18. Jacques Herb
22. Zesling-Coleman
26. Koning Hoessein
28. Monique van de Ven
30. Prinses Stéphanie
32. Charles en Diana
34. Horoscoop
46. Michael Jackson

WEEKEND - 2

EX-SCHOONZUSJE VAN ED VAN TN ZAT ACHT DAGEN NAAST HAAR DODE VRIEND IN VERONGELUKT VLIEGTUIG EN HIELD ZICH MET REGENWATER IN LEVEN

DOODGEWAANDE ANNETTE HERFKEN NAM OP EEN BRANCARD AFSCHEID VAN HAAR VRIEND WILLEM

Twee dagen nadat ze zwaar gewond was teruggekeerd in Nederland, nam Annette, de 31-jarige zus van politica Eveline Herfkens, voorgoed afscheid van Willem van der Pas, haar vijf jaar oudere vriend. Samen zaten ze in een vliegtuig dat in de Vietnamese jungle was neergestort en dat dagenlang onbereikbaar was. Annette was de enige overlevende. Ze waren op weg naar de kust van Vietnam, waar ze hun ophandenzijnde huwelijk wilden bespreken. Maar verleden week woensdagmorgen bracht Annette liggend op een brancard haar vriend Willem de laatste groet.

Foto's: Peter Smolders

Annette Herfkens, ingepakt in een deken op een brancard, stond erop de begrafenis van haar omgekomen vriend Willem van der Pas bij te wonen.

Annette Herfkens kon haar tranen niet meer bedwingen toen verplegers haar verleden week woensdag per brancard naar het graf van haar omgekomen vriend reden. Huilend wierp ze wat bloemen op de kist en totaal overstuur verliet ze even later de Bredase begraafplaats Bieberg, waar Willem van der Pas zijn laatste rustplaats heeft gekregen.

26 dagen geleden was ze samen met hem uitgelaten in het vliegtuig gestapt, dat hen van de Vietnamese hoofdstad Ho Chi Min-Stad zou brengen naar Nha Trang, een badplaats aan de Chinese Zee.

Zij was daarvoor speciaal overgekomen uit Spanje waar ze al enige tijd een staffunctie heeft bij de Madrileense Banco Santander. Ze had hem al een hele poos niet gezien en ze wilde met hem hun toekomst bespreken.

'Annette en Willem kenden elkaar bijna twaalf jaar en ze wilden wat dichter bij elkaar zijn. Er waren voorzichtige plannen voor een huwelijk en de familie hoopte dat ze in dat bewuste weekend aan de Chinese Zee zouden besluiten te gaan trouwen. Zover is het niet gekomen,' aldus de hevig geëmotioneerde Eveline Herfkens die zeven jaar getrouwd is geweest met de Amsterdamse burgemeester Ed van Thijn. Twee jaar na hun scheiding vertrok ze naar Washington waar ze directielid werd van de Wereldbank.

Na haar kwamen zes andere sprekers tijdens de anderhalf durende herdenkingsplechtigheid in de Hervormde Kerk aan de Bredase Duivelsbruglaan, die vooraf ging aan de begrafenis.

Eveline vertelde hoe er kort na het bericht van het vliegtuigongeluk door beide families plannen werden gemaakt over de begrafenis van Annette en Willem. Ze zouden in Den Haag naast elkaar ter aarde worden besteld.

'Alle passagiers waren omgekomen, hadden we uit Vietnam vernomen. Niemand rekende erop dat er overlevenden zouden zijn en we probeerden al te wennen aan het idee

VERVOLG OP PAGINA 8

3 - WEEKEND

30 Jaime Lupa en zijn zonen
31 Met Bernard, Londen, juni 1993
32 Weer aan het werk,
met Jaime Lupa, Madrid, 1993

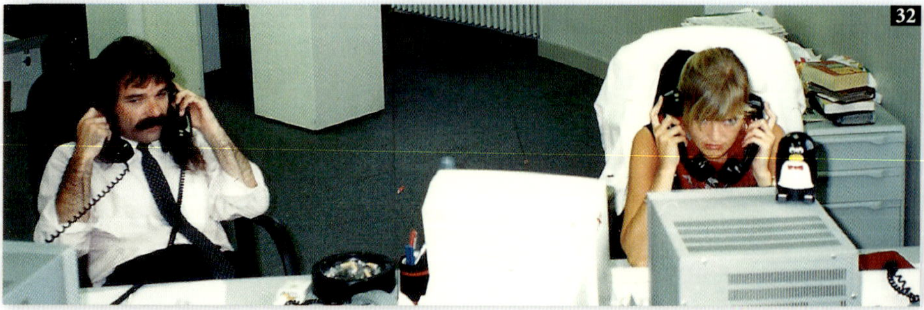

mijn benen op kan leggen, want die moet ik omhooghouden om te voorkomen dat ze dik worden. Hij is afgewerkt met rood fluweel.

Ik keer met een nieuwe, maar dunne huid terug naar mijn oude leven. Mijn vrienden en familie vormden in Nederland een warme deken voor me. Iedereen kende Pasje en was dol op hem. In Madrid heeft niemand hem gekend. Zelfs Jaime niet. We hadden hier geen gezamenlijk leven. Dat maakt het zowel moeilijker als makkelijker. Er is genoeg afleiding: de baan die al mijn tijd en energie vergt, het nachtleven, Jaime's gezelschap. Allemaal dingen waar Pasje geen deel van heeft uitgemaakt en waar ik me weer in kan storten, al is het met een zwaar hart.

Als ik alleen in mijn appartement ben, valt zijn afwezigheid me het zwaarst. Dan voel ik hoe definitief het vonnis is. Het vonnis dat 'nooit' en 'altijd' heeft beslist. Mijn Pasje – mijn kompas, mijn alter ego – is weg. Ik kan hem niet bellen om zijn stem te horen. Ik kan hem niet om zijn mening vragen, om zijn perspectief. Nooit meer. Ons perspectief: weg. Wij bestaan niet meer.

Hoe geweldig mijn vrienden ook zijn, ze kunnen mijn verloren toekomst niet compenseren. En ik kan ze niet kwalijk nemen dat ze hun eigen toekomst hebben. Maar dat doe ik wel. Hun leven is niet opgehouden. Zij leven door. Direct na het ongeluk kreeg ik een overdosis aandacht; nu neemt die aandacht af, en dat doet pijn. Zij trouwen. Zij krijgen kinderen. Het is moeilijk om niet jaloers te zijn. Ik ben kwaad. Kwaad op de dood, kwaad op het leven, op al mijn verwachtingen die niet zullen uitkomen. Ik ben verbitterd. Heel erg verbitterd.

Er is genoeg waar ik mijn woede op kan richten. Pasjes familieleden, door wie ik me verlaten voel, die me het gevoel geven dat ze hem hebben opgeëist. Zijn baas, door wie ik me verwaarloosd voel. En de Vietnamese regering. Net voor de kerst, pas een maand na het ongeluk, is er een wet gepasseerd, specifiek gericht tegen de slachtoffers van het ongeluk en hun nabestaanden, die de verantwoordelijkheid van de luchtvaartmaatschappij jegens buitenlanders sterk inperkt.

Volgens mij valt het niemand in Madrid echt op. Vanbuiten ben ik vrolijk en maak ik grappen als altijd. Vanbinnen ben ik verbitterd. De hele dag door, dag na dag malen dezelfde gedachten door mijn hoofd.

Een heel nieuwe wet! Speciaal voor ons. Wat een mooi kerstcadeau!

Hadden ze hun energie niet kunnen gebruiken voor een degelijk onderzoek naar wat er echt is gebeurd? Waarom we zijn neergestort, waarom het acht dagen heeft geduurd voordat ze ons hebben gevonden? De nabestaanden hebben twintigduizend Amerikaanse dollars per overledene gekregen – is dat wat Pasjes leven waard is? En dan de ING. Ik weet dat het de kruideniersbank wordt genoemd, maar waarom zorgt ING niet voor me? Ze hebben ons altijd als echtpaar behandeld, zoals de Nederlandse tolerantie dat voorschrijft. Maar nu? Een bosje bloemen, verder niets. Geen rechtshulp, geen financiële steun, alsof ik een kortdurende affaire met Pasje had! Godvergeten krenterigheid. Nederlandse tolerantie, ammehoela. Waren we nou maar getrouwd geweest. Hadden we dat boterbriefje maar gehad! Dan zouden zijn ouders ook niet zijn weggekomen met wat ze allemaal hebben gedaan! Dan hadden ze geen andere keuze gehad dan me erbij te betrekken. En dan had ik als echtgenote het recht gehad een groepsvordering tegen Vietnam Airlines aan te spannen, zodat ik meerdere vliegen in één klap had kunnen vangen.

En al die gedachten over de ouders van Pasje, die er steeds meer van overtuigd raken dat zij recht hebben op al zijn bezittingen.

'Dat is bij wet zo bepaald,' zeggen ze. Zo eenvoudig is het. De bezittingen van een volwassen man. Hij was zesendertig, geen twaalf! Zijn spullen uit de dertien jaar dat we bij elkaar zijn geweest staan nu bij zijn ouders. Foto's, brieven, alles wat we samen hebben aangeschaft, stapje voor stapje, voor ons toekomstige huis samen. En dan heb ik het nog niet eens over het geld dat ik hem heb gegeven om te investeren in een stukje land in Chili – voor ons pensioen. Alsof dat nog niet genoeg is, monopoliseren ze ook nog eens onze vrienden! Mijn vrienden. En meneer en mevrouw Van der Pas hebben een stichting opgericht om het internaat te steunen dat Noemi naar Pasje heeft vernoemd. Ze hebben iedereen erbij betrokken, behalve mij. Godzijdank heb ik Miebeth, mijn schoonzusje, zoals ze zich noemt. Zij heeft gezorgd dat ik mijn persoonlijke spullen kon komen halen. Ze heeft opdracht gekregen om alles wat ik meeneem, tot in de kleinste details, te omschrijven. Een zilveren peper-en-zoutstel dat Pasje en ik in Chili hebben gekocht. De vele brieven en briefjes die ik aan Pasje heb geschreven. Hij heeft ze allemaal bewaard, keurig opgeborgen in een tinnen blik.

Was ik maar officieel weduwe. Gekleed in het zwart. Dan zouden mensen mijn verlies opmerken. Dan zou ik me niet zo alleen voelen.

Ik verwerk mijn woede jegens de ING en Vietnam Airlines in een brief waarin ik uiteenzet waar ik volgens mij recht op heb. Hoewel beide pogingen niets uithalen, luchten ze wel op: ik heb alles gedaan wat ik kon.

Maar met het aanvaarden van het vonnis 'nooit' is wel het zaadje van 'altijd' geplant.

PERSPECTIEVEN

MIEBETH

In maart hoorden we iets ongelooflijks. De lichamen van de drie Europese mannen die bij de crash zijn omgekomen waren in de verkeerde kist terechtgekomen. We hadden niet Willem begraven in Breda, maar een Engelsman, Hamish. Willem was gecremeerd in Zweden. En het Zweedse slachtoffer was begraven in Engeland.

Jack, de vader van Hamish, het Britse slachtoffer, ontdekte de fout. Hij vermoedde na het ongeluk direct kwade opzet. Hij had opdracht gegeven nog een autopsie uit te laten voeren en daar was uitgekomen dat het niet het lichaam van zijn zoon was. Bovendien was Hamish niet blond, zoals de Zweed. Hij had donker haar, zoals Willem.

De Britse autoriteiten hadden de gemeente Breda benaderd. Ze wilden het lichaam dat wij hadden begraven opgraven. We hoorden in maart dat het inderdaad het lichaam van Hamish was en dat we hem hadden begraven in Breda, niet Willem.

Willem bleek in Zweden te zijn gecremeerd. De Zweed lag nog in het mortuarium in Engeland. Mijn ouders zijn naar Stockholm gegaan om de as op te halen.

We hadden allemaal behoefte een eenvoudige ceremonie te organiseren, maar mijn moeder begon een volledige tweede uitvaart te plannen. Ze was vastbesloten het deze keer helemaal op haar manier te doen.

Ik begreep het verdriet van mijn moeder, maar zij en ik reageerden totaal tegenovergesteld waar het op Annette aankwam. Waar mijn moeder ervoor koos haar uit haar leven te bannen, had ik juist alle liefde die ik voor Willem had gevoeld overgedragen aan Annette.

EEN TWEEDE UITVAART

In maart vertelt mijn moeder me dat de lichamen zijn verwisseld. Ik kan niet geloven dat de vrienden van Pasje een Engelsman naar het graf hebben gedragen. Dat hij in Zweden is gecremeerd. Pasjes ouders reizen naar Zweden om zijn as op te halen en verstoppen de urn in hun handbagage om de formaliteiten te omzeilen. Er schijnt een 'tweede uitvaart' te komen in Breda. Ik ben uitgenodigd voor de ceremonie, maar niet voor de thee erna, bij hen thuis. Het lukt mijn ouders wel te regelen dat ik op de dag van de uitvaart wat tijd alleen krijg met de as, voordat alle gasten arriveren.

Ik loop op de begraafplaats langs alle graven. Het is een schitterend kerkhof. Rustiek en stil. Aan alle kanten ingesloten door een typisch Nederlands landschap: weilanden vol heldergroen gras, met hier en daar groepjes stevige bomen; dichte donkergroene struiken omgeven de grafstenen en trekken ze de natuur in. De eerste keer dat ik hier was is het uitzicht me helemaal niet opgevallen. Ik herinner me de foto's van de uitvaart die ik in tijdschriften heb gezien, maar heb er zelf geen beelden bij. Alleen van de witte rozen op de kist. Mijn rozen. Ik voel me naar. Hoe kan ik me nou niet herinneren waar het graf van Pasje ligt? Ik kijk om me heen. Hoe zijn we hier terechtgekomen? Hoe is ons verhaal veranderd van een sprookje in een horrorfilm en vervolgens in een soap?

De laatste keer dat ik me herinner dat we hier in de bossen hebben gelopen pochte hij over zijn geliefde Breda. Hij probeerde me zoals gewoonlijk te overtuigen dat we er ooit moesten gaan wonen. Ik zag dat niet zo zitten. Ik had mijn jeugd zowel in een grotere stad als aan zee doorgebracht en vond het lastig me voor te stellen beide achter me te laten. Tegen mijn luie aard in waren we gaan wandelen. De wandeling was meer dan de moeite waard. We hebben uren gelopen en gepraat. Hij met zijn arm om mijn schouders, zoals hij dat het liefste deed.

Ik vind de bomen nu zelfs nog mooier, vanwege de nieuwe affiniteit met bladeren die ik in de jungle heb opgedaan. Ik adem ze in, om er energie uit te putten.

Dan zie ik de steen die zijn graf markeert. Hij is niet rechthoekig, zoals de andere. Hij is rond, met een gat erin waar een stuk koper uit steekt. De grafsteen steekt letterlijk af tegen de keurige rij stenen. Hij past niet bij Pasje: niet ingetogen, niet subtiel. Ik heb heel veel over deze zerk gehoord, die hiernaartoe is gehaald van het vakantiehuis van zijn familie in Normandië. Zijn moeder was van plan hem voor haar eigen graf te gebruiken. Het noodlot bepaalde dat Pasje hem kreeg. Maar nu hij is gereduceerd tot een urn is er onverwacht ruimte over in het graf. Ze wil er zelf ook gebruik van gaan maken. Moeder en zoon herenigd in de eeuwigheid. Ze heeft zijn bezittingen, zijn geschiedenis en nu ook zijn lichaam opgeëist. Het doet pijn.

In een opwelling gris ik de houten urn van het graf. Het is een eenvoudig kistje van Zweeds vurenhout. Het had zo van Ikea kunnen komen. Ik loop met de urn in mijn handen de bosjes in. Ik ga op de grond zitten, onder de bomen, met uitzicht over een weide met grazende koeien. Het is hier prachtig. Net een werk van een van de oude meesters, maar dan met minder wolken. Het is een heldere, zonnige dag. Ik klem het kistje tegen me aan. Ik wieg ermee naar voren en achteren. Het voelt zo fijn. Ik had gedaan alsof het me niet raakte. 'Het is alleen maar zijn omhulsel, hij is het niet zelf,' had ik gezegd. Maar dit is toch het lichaam van mijn geliefde en het geeft me troost het vast te houden, ook al zit het in een kistje. Het geeft me rust.

Miebeth roept me. Ze is naar me op zoek voordat de anderen arriveren en kan me niet vinden. Ze draait zich om en begint terug te lopen. Later vertelt ze dat ze denkt dat ik ervandoor ben met de as! Ik kom snel de bosjes uit, met het houten kistje in mijn handen. Ze glimlacht naar me, opgelucht, en omhelst me. We zetten samen het kistje terug op zijn rustplaats. We wachten op de andere dertig mensen, die zich rond het graf verzamelen. Ik neem wat afstand van de groep.

Willems vader verwelkomt iedereen. Hij kijkt me indringend aan en herhaalt nadrukkelijk: 'Iedereen.'

De ceremonie begint. Willems vader verzoekt zijn moeder Willems 'favoriete' spulletjes op het graf te leggen. Het zijn allemaal cadeautjes die zij hem heeft gegeven. Zijn badjas met BREDA en SANTIAGO erop geborduurd, de aktetas die ze voor hem heeft gekocht toen hij zijn eerste baan had gekregen, en een of ander speelgoedje.

Ik kan er niet meer tegen. Ik ren weg. Over de graven. Weg van deze vertoning. Ik ga op een bankje zitten en zoek koortsachtig naar het jeneverflesje gevuld met water dat mijn vader me heeft gegeven. Hij heeft het heel bewust gekozen, omdat het zo klein is. Ik zet het aan mijn lippen. Hoog geheven, als een reclame voor Coca-Cola.

'Herfkens, doe die jenever weg!' Het is mijn vriendin Jet, die me komt redden. Ik lach door mijn tranen heen.

'Het is water!' Ik sta op en geef haar een arm. We lopen samen terug naar het graf en de anderen.

Het is de laatste keer dat ik Pasjes moeder zie. Ik vertrek direct na de dienst met mijn ouders en oudste broer naar diens huis in Dordrecht. Alle andere gasten gaan theedrinken in het huis van Pasjes ouders.

Die avond terug in Den Haag beantwoordt mijn moeder een telefoontje van mijn broer: mevrouw Van der Pas probeert me te bereiken om me de as van Willem aan te bieden. Ze heeft van Miebeth gehoord 'dat ik er zo om geef'. Maar als ze later mijn ouders belt, zegt ze bij nader inzien dat ik de as alleen even mag lenen. Mijn moeder weet niet hoe ze daarop moet reageren. Ze antwoordt dat dat niet praktisch is, omdat ik via Londen en Parijs terugga naar Madrid. Mevrouw Van der Pas stelt voor dat ik de urn meeneem als handbagage; dat hebben zij ook gedaan op de terugweg vanuit Stockholm. 'Het was geen enkel probleem, hoor, om door de douane te komen!' Ik vraag mijn broer het aanbod namens mij af te slaan. Ik grap verbitterd dat ik geen enkele behoefte voel om als een moderne Johanna de Waanzinnige door Europa te reizen met het dode lichaam van mijn geliefde op sleeptouw en zijn overblijfselen in allerlei vliegtuigen te vervoeren in plaats van een gouden koets.

REFLECTIE: ALS ER IEMAND STERFT

Als er iemand sterft, wil iedereen zich hem of haar toe-eigenen. Zoals kinderen naast de jarige job willen zitten. Waar het om gaat, is wat de overledene je in absolute zin heeft gegeven, niet in relatieve belangrijkheid ten opzichte van iemand anders. Ik put nog steeds mijn energie uit wat Pasje me heeft gegeven.

Tijdens een uitvaart ontdek je veel over de overledene door de verhalen van anderen. Je realiseert je ineens dat iemand een heel leven heeft geleid waar je geen deel van hebt uitgemaakt.

Je kunt er in de eenzaamheid van je verdriet voor kiezen dat te negeren. Een echtgenote kan zichzelf toestaan te luisteren naar voorheen onbekende details over zijn kantoorleven en zijn verrassende sportiviteit, maar zichzelf blijven voorhouden dat zij uiteindelijk altijd degene was bij wie hij thuiskwam. Dat zij het belangrijkste onderdeel in zijn leven was. Ik neem aan dat het anders is voor een moeder die haar volwassen zoon overleeft, wat wel het grootst voorstelbare verdriet moet zijn.

Het was niet meer dan vanzelfsprekend dat mevrouw Van der Pas op het moment dat Pasje overleed niet meer het centrum van zijn universum was. De positieve verhalen die over hem werden verteld moet ze niet alleen als compliment hebben gevoeld; ze moet ze ook als steken in haar hart hebben ervaren, omdat ze haar verlies bevestigden. Ik begrijp achteraf heel goed dat ze het mij kwalijk nam. Al was het maar omdat ik het wel heb overleefd.

Tijdens de eerste begrafenis kon ze onmogelijk om mij heen. Ik werd in de pers afgeschilderd als een heldin. Het hielp daarbij zeker niet dat ik theatraal de kerk binnen werd gereden en na de dienst achter de doodskist aan werd gedragen alsof ik zelf ook een lijk was. Gelukkig voor mevrouw Van der Pas had zij de wet aan haar zijde, die al Pasjes bezittingen aan haar toewees.

Tegen de tijd dat de tweede uitvaart werd gehouden had de geschiedenis een andere wending genomen. Pasjes moeder had besloten de volwassen levensjaren van haar zoon, waarin zij nauwelijks een rol had gespeeld, over te slaan en de band terug te spoelen naar zijn onschuldige kindertijd. Dat was de manier waarop ze zich haar kind voor eeuwig toe kon eigenen.

Na een lange strijd met het leven is mevrouw Van der Pas vijftien jaar na Pasjes dood gestorven. Toen ik het graf bezocht dat ze nu deelden, was ik bang dat mijn fragiele vergevensgezindheid zou worden tenietgedaan door het concrete bewijs van hun hereniging. In plaats daarvan zag ik de schoonheid ervan. De steen met koper die ik zo lelijk had gevonden toen alleen zijn naam erop stond, was door de tand des tijds heel mooi geworden.

COMPLEMENTAIRE LEIDINGGEVENDEN

Ik ben gek op mijn werk. Ik kan blijven handelen zoals ik altijd heb gedaan. En ik ervaar het als een voorrecht dat ik mijn baan deel met Jaime.

Onze bazen in Spanje waarderen en respecteren ons. Ze gedragen zich niet als leidinggevenden in een bedrijf; het zijn handelaren. Zo leiden ze de bank ook. Ze verkopen en nemen hun verlies wanneer hun gezond verstand dat van hen vraagt. Ze houden ook altijd een mooi bedrag aan geld achter de hand om in slechte tijden nog wel goedkope aankopen te kunnen doen. Ze gaan met het geld om alsof het van henzelf is, en op een bepaalde manier is het dat ook. Ze zijn invloedrijke aandeelhouders in de bank die door hun vaders en grootvaders van de grond af is opgebouwd.

We genieten ervan om onderdeel uit te maken van deze dynamische, groeiende entiteit, hoe feodaal die ook kan zijn. Onze leidinggevende trommelt ons af en toe op zondag op om te horen hoe het ervoor staat met de wereldeconomie. Het kan slechter: sommige van onze collega's moeten joggen met de baas, of golfen, of met hem mee vliegen naar Brazilië om hem tijdens de vlucht bij te praten over de stand van zaken.

Onze directe leidinggevende, Ana Botin, is hoofd van de investeringsbank geworden en neemt ons mee. Technisch gezien is het een promotie; we krijgen een bestuurszetel. Maar we hebben zo onze bedenkingen over de wijziging in de taakverdeling. We vinden het prettig om onderdeel van de 'echte bank' te zijn. Commercieel bankieren is gebaseerd op de oude en betrouwbare praktijk waarin je rendement maakt met je geld. Bij investeringsbankieren draait het allemaal om het binnenhalen van je gage en dan verdergaan. Brutale MBA's bedenken aanlokkelijke constructies en kijken niet meer terug. Ze werken allemaal toe naar december: tijd voor de bonus.

We vinden het prettig dat onze tak van sport zo rechtdoorzee is. We handelen voor de bankrekening van onze eigen bank, alsof het om ons eigen geld gaat, ook al is dat niet het geval. Ik ben gek op mijn werk. Het is het enige wat ik nog heb.

Hoe Jaime en ik erin slagen om jaar na jaar zo veel winst te maken? Om zelfs maar te overleven in een markt die zo vijandig is als de onze? Brazilië is net een jojo, de Sovjet-Unie valt uit elkaar en in Venezuela vindt een staatsgreep plaats. Hoe we het voor elkaar krijgen?

We zijn allebei verzot op ons werk. Dat hebben we gemeen. Ook in andere opzichten lijken we op elkaar. We zijn dominant en we vullen samen elke ruimte. Maar we vullen elkaar ook aan.

Ik houd van het grote plaatje, Jaime van de details. Jaime regelt de cijfers, ik de mensen. Ik lees en lees, Jaime kijkt het nieuws. Ik reis, Jaime is honkvast.

Naarmate de markt volwassener wordt krijgen we beeldschermen waarop de actueelste grillen in alle landen worden weergegeven. Jaime volgt alles nauwgezet en beweegt alleen zijn ogen om zijn minuscule aantekeningen te maken. Terwijl ik telefoongesprekken blijf voeren, doet Jaime niets anders dan handelen. *You've got to be in it to win it.* Ik moet communiceren. Dialoog voeren. Een gevoel krijgen bij hoe de markt ervoor staat. Mijn eigen gedachten op een rijtje zetten, ze horen.

Om een beeld van de lange termijn te krijgen ga ik op reis. Om te voelen hoe een land ervoor staat. Ik praat met taxichauffeurs, kijk of het druk is in de winkels en luister naar de plaatselijke bankiers.

Ik kijk ook naar statistieken en prints. Ik trek lijntjes tussen de curves en geef aan waar ik denk dat de prijs gaat dalen. Wat vaak ook gebeurt.

Soms slaap ik er een nachtje over, soms heb ik het juiste getal gewoon ineens in mijn hoofd. Ik kan het alleen omschrijven als een goed geïnformeerde gok van mijn slimme onderbewustzijn. Ik kom niet op getallen middels een bewust denkproces, maar het is ook weer niet zo dat ik puur aan het gokken ben. In het casino win ik tenslotte nooit.

Jaime luistert naar mijn intuïtie en ik volg zijn zorgvuldigheid. Jaime zorgt dat al onze transacties naar behoren worden uitgevoerd. Van begin tot eind. We halen altijd tienen met onze financiële boekhouding.

Maar wat we het allerbeste kunnen is ontcijferen. Elkaar lezen. Rekening houden met elkaars persoonlijkheid. Ego van instinct onderscheiden, ruis van muziek.

PERSPECTIEVEN

BASTIAAN, JUNIOR HANDELAAR

Ik ben in het najaar van 1994 bij Annette en Jaime gaan werken. Nadat ik aan de Universiteit van Amsterdam mijn doctoraal in de economie had behaald had ik geen zin om met mijn medestudenten in de rij te gaan staan voor die ene stageplaats bij ING, Heineken of Unilever. Ik wilde mijn kantoorleven nog even uitstellen en vertrok naar Madrid. Om Spaans te leren, te hockeyen. En misschien, als het echt noodzakelijk was, om een baan te regelen.

Geld verdampt waar je bij staat in een stad waar je vooral 's avonds leeft. Ik was er in drie maanden doorheen. Een Nederlands familielid bracht me in contact met Jaime en Annette, die toevallig op zoek waren naar een assistent. Na een sollicitatiegesprek van een halfuur vroegen ze me mee uit eten. Ik stelde voor om naar een Vietnamees restaurant te gaan, wat geen handige zet was in het licht van het voorafgaande. In plaats daarvan werd het Japans, Jaime's favoriet. Uren hebben ze verteld over de wereld van handelen in schuldpapier in opkomende markten. Mijn hoofd tolde van de methodes voor het berekenen van het rendement op obligaties, het schulden uitzetten tegen aandelen, de Russische Vneshtorgbank, de sake en de Kirin. Maar het allerbelangrijkste: het klikte tussen ons.

Gelukkig had niemand me ergens op voorbereid. Ik wist niet wat ik van een eerste baan moest verwachten, maar in ieder geval niet dit. Jaime en Annette werkten keihard, waren zeer toegewijd, maakten veel winst en niemand kon hen verslaan op de Nintendo, waarop ze met name uitblonken in Super Mario Brothers en Tetris. Maar we leefden ook heel geïsoleerd in het kleine heiligdom waar we handelden. Het was wij tegen de wereld. De enigen die ons kantoor durfden te betreden waren Ana Botin zelf en haar echtgenoot, de rest bleef weg, waarschijnlijk als gevolg van de beruchte uitbarstingen van Jaime tegen iedereen die niet net zo briljant was als hij.

Op een dag hadden Jaime en ik het de hele ochtend over het aankopen van Mexicaanse schulden gehad. We hadden alles geanalyseerd: groei van het bruto binnenlands product, de cijfers die de volgende dag voor de VS werden verwacht, ruwe olie, devaluatie van de peso, zelfs het persoonlijke leven van president Vicente Fox. Uiteindelijk wisten we zeker wat we moesten doen: Mexicaanse schulden aankopen. Die zouden zeker gaan stijgen. Het enige wat we nog wilden weten was of Annette het met ons eens was. Daarna konden we onze positie gaan opbouwen met twintig tot dertig miljoen Amerikaanse dollars aan schulden.

Annette kwam zoals gebruikelijk laat binnen, tegen lunchtijd. We overvielen haar direct, somden alle goede redenen op om Mexicaanse schulden aan te kopen en vertelden haar waarom die zouden stijgen. Ze nam niet eens de tijd om haar jas uit te trekken en liep direct naar haar beeldschermen. Ze bestudeerde ze een minuut of vijf en nam alle prijzen in zich op, die knipperden als de lichtjes in een kerstboom. Toen wierp ze een blik op onze grafieken, trok een lijn en zei: 'Nee. We moeten Mexico juist verkopen, kort gaan. Dit voelt niet goed.'

Jaime en ik keken elkaar ongelovig aan. Hadden we al dat werk voor niets zitten doen? Maar Jaime wist dat hij beter niet tegen Annettes instinct in moest gaan. Als ze er niet bij was, noemden we haar vaak *La Bruja*, 'de heks'.

Jaime verkocht dus Mexico, om het een paar dagen later veel goedkoper weer terug te kopen. We verdienden in die week bijna een miljoen dollar: *La pinche Bruja!* Oftewel: 'die verdomde heks!'

VAN PLAATS VERWISSELEN

Jaime vliegt om de week van Madrid naar New York om zijn zoons te zien. Dat heeft hij zo uitonderhandeld in zijn arbeidsvoorwaarden: elke maand twee vliegtickets. Dan laat hij mij achter om het fort te bewaken. Hoewel we leidinggeven aan een kleine eenheid gaat er gigantisch veel geld in om.

Spaanse kantoren blijven vanwege de uitgebreide lunchtijd en het late avondeten minimaal tot zeven uur 's avonds open. Op onze afdeling lopen over het algemeen tot een uur of negen mensen rond, behalve op vrijdag. Dan kun je op onze afdeling een kanon afschieten zonder iemand te raken.

Ons kantoor is – nog niet – erg chic. Een gigantische werkvloer met lukraak neergezette bureaus en fluorescerende verlichting. Nog geen handelssysteem met touchscreens, enkel ouderwetse telefoons met een paar lijnen die – heel onbetrouwbaar – in beheer zijn bij het Spaanse Telefonica. Hoewel ik over het algemeen ontspannen ben tijdens het handelen, kan ik volledig uit mijn vel springen als de telefoon ermee ophoudt.

Op een vrijdagmiddag doet de telefoon het drie uur lang niet terwijl we kort in Mexico zijn. Dat is geen strategische positie die je wilt behouden, maar een van arbitrage, waarin je wilt handelen. Ik had die ochtend een ruil met Mexicaanse bankleningen gedaan die ik van plan was terug te kopen zodra New York openging. Als de telefoon het niet doet, raak ik in paniek. Ik draag een handelaar van onze afdeling, die met tegenzin aan mij rapporteert, op ze voor elke prijs te kopen. Hij zit er helemaal niet mee om dat te doen en daarbij een premie aan zijn goede vriend bij J.P. Morgan te betalen. Het is de laatste keer dat ik mijn emoties een besluit over het handelen laat dirigeren. Zelfs toen de grote jongens uit New York maar bleven proberen me iets anders te laten besluiten:

'Hé, jongedame, wat ben je aan het doen?'

'Niks bijzonders.'

'Ben je helemaal alleen?'

'Ja.' Arrogante lul. 'Inderdaad. Waaraan heb ik deze eer te danken?'

'O, ik was gewoon benieuwd hoe het bij de grote en veelbelovende Santander gaat.'

'Oké.' Ja hoor. Hij weet dat Jaime er niet is.

'Ben je op de hoogte van het handelsspel?'

'Uiteraard.' Je moet het bedrag vaststellen en het eens worden over de transactie en dan om de beurt de spread, oftewel het verschil tussen je aankoop- en verkoopprijs, verkleinen. Er wordt hoe dan ook gehandeld.

'Wil je met een paar miljoen beginnen?'

'Meer kan ook.'

'Vijf?'

'Of tien, als je wilt,' zeg ik opschepperig.

'Oké, welk land?'

'Zeg het maar,' zeg ik, nog opschepperiger. 'Ergens in Oost-Europa of Zuid-Amerika,' voeg ik eraan toe. 'Of wil je iets met Afrika doen?' Nu ben ik echt aan het bluffen.

'Mexico,' zegt hij. Natuurlijk. Mexico is Morgans belangrijkste land. Dat betekent dat ik aanzienlijk scherper moet zijn. 'Kies jij de assets maar,' vervolgt hij. Ik kijk snel op mijn overzicht met beleggingen. We hebben een leuke hoeveelheid Mexicaanse 'Par Bonds', oftewel, nominale obligaties, en we willen er best meer. Onze gemiddelde prijs ligt ruim onder de marktwaarde, en met tien miljoen extra zouden we er nog onder zitten. Ik ben sowieso erg gesteld op Mexico. Ik wil kopen, dus moet ik de prijs daarop aanpassen. Maar ik ga zorgen dat hij denkt dat ik wil verkopen.

'Begin jij maar,' zegt hij.

'Vijfenveertig, vijfenveertighalf,' zeg ik. Dat betekent dat ik koop voor vijfenveertig cent per dollar en verkoop voor vijfenveertighalve cent.

'Vijfenveertig, vijfenveertig en drie achtste,' antwoordt hij. Dat betekent dat hij wil verkopen. Mooi.

'Vijfenveertig, vijfenveertig en drie zestiende,' zeg ik, waarmee ik doe alsof ik ook wil verkopen.

'Een zestiende, drie zestiende,' zegt hij. Bluft hij? Volgens mij wel.

'Een zestiende, een achtste,' antwoord ik.

‘Tien miljoen voor jou,’ antwoordt hij. Bingo. Ik heb ze gekocht voor de prijs die ik wil. Maar dat is nog niet tot hem doorgedrongen.

‘Wil je nog meer?’ vraag ik, tevreden over mijn aankoop. Geen antwoord. ‘Of zullen we nog een keer, maar dan met grotere hoeveelheden?’ Hij weet niet hoe snel hij moet ophangen.

Hebbes, lul!

WONDEN EN BRUILOFTEN

In het eerste jaar na het ongeluk combineer ik vrijwel al mijn reizen naar Nederland met een bezoekje aan een of andere arts. Een kaakchirurg controleert maandelijks de schroeven in mijn kaken, totdat die er in de zomer van 1993 eindelijk uit worden gehaald, langzaam en pijnlijk. Vervolgens construeert een tandarts een speciale kies die in de fractuur moet passen. Mijn kaak blijft er een beetje door uitstaan en mijn gezicht is nadien enigszins asymmetrisch.

Mijn nier kan niet meer gered worden; uit diverse echo's blijkt dat hij aan het verschrompelen is. Hij zal uiteindelijk helemaal verdwijnen. Mijn andere nier lijkt juist een beetje te groot.

Een plastisch chirurg werkt aan mijn littekens. Dat gebeurt onder algehele narcose. Gelukkig kunnen zijn collega's in Madrid na de ingreep de wonden verzorgen, maar ik moet wel regelmatig terug voor controle. Het resultaat is naar wens, maar de littekens op mijn armen en benen zullen levenslang zichtbaar blijven. Ik vind het niet zo erg.

Mijn tenen blijven pijn doen. De topjes zijn eraf en ik heb fantoompijn. Zenuwen hebben heel veel tijd nodig om te genezen. De littekens op mijn enkels tolereren geen modieuze schoenen, reizen of lang staan. Zenuwen spelen op; dat is wat zenuwen nu eenmaal doen.

Als ik niet bij de dokter ben, moet ik naar bruiloften. Mijn hele vriendenkring lijkt in het huwelijksbootje te willen stappen. Ik vlieg voor elke bruiloft over uit Madrid, trek een feestjurk aan, tover een brede lach op mijn gezicht en schaf iets uit de cadeaulijst aan.

Nu ik zelf niet ga trouwen besluit ik de materiële zaken in eigen handen te nemen. Ik hoor dat er grote uitverkoop is bij Harrods en besluit een cadeaulijst voor mezelf samen te stellen. Ik ga op onderzoek uit voor bestek en een servies. Ik maak een lijst en stel mijn vriendinnen vragen. Wat gebruiken zij vaak van hun uitzet? Ik spreek zelfs een verkoper in Stoke-on-Trent, de Engelse stad waar Wedgwood vandaan komt. Hij zegt dat ik met mijn Nederlandse achtergrond wel Edme

Queensware zal willen, hoewel ik als inwoner van Spanje misschien Amherst prefereer. Hoewel ik het eenvoudige witte porselein dat over het algemeen aan Italianen wordt verkocht misschien ook wel mooi zal vinden.

Ik ga voor Italiaans. Je eten komt mooi uit op dat heldere wit, en ik ben dol op eten. Ik schaf tijdens een zakenreis naar Londen de hele serie Wedgwood-porselein bij Harrods aan en maak het af met het volledige Olde English zilveren bestek in een 'militaire cassette'. Beide voor de helft van de prijs. Ik laat het allemaal naar Madrid verschepen. Dan loop ik naar Harvey Nichols, waar ik een stel mooie onderborden aanschaf, die ik meeneem in het vliegtuig.

Mijn uitzet is compleet.

REFLECTIE: VLIEGANGST

Mensen vragen me vaak hoe het me is gelukt na het ongeluk te blijven vliegen. Hoe ik überhaupt nog in een vliegtuig durf te stappen.

Eerlijk gezegd durfde ik dat ook niet. Maar wat was mijn alternatief? In Nederland blijven? Mijn leven en appartement in Spanje opgeven? Mijn carrière opgeven? Het leven dat ik nog overhad opgeven?

Vliegen was een belangrijk onderdeel van mijn werk. Een manier om te ervaren waar ik altijd al zo van heb genoten: andere culturen en andere manieren om naar het leven te kijken. Reizen plaatste dingen voor me in perspectief; het gaf me een andere manier van naar mezelf kijken. Gelukkig heeft dezelfde baan die me dwong te moeten reizen me ook toegestaan om dat op een manier te doen die enigszins draaglijk was. Onze reisagent zorgde altijd dat ik een stoel op de voorste rij kreeg. Op Europese vluchten betekent dat dat je businessclass vliegt; op internationale vluchten is het eerste klasse.

En Jaime was erbij. Tijdens de allereerste vlucht uit Singapore, de eerste vlucht naar Madrid en de eerste vlucht terug naar Amsterdam. Hij heeft me tijdens die eerste vluchten met zoveel medeleven begeleid dat mijn pijn en angst er draaglijk door werden. Alleen al het zien van een vliegtuig was genoeg om gespannen te raken. Jaime beschreef dan het type en model en normaliseerde de situatie. Ik heb zo'n geluk gehad dat Jaime bij me was.

Ik heb nog steeds veel beenruimte nodig als ik in een vliegtuig zit. Ik heb lange benen en vind het nog steeds moeilijk als ik de achterkant van de rugleuning voor me tegen mijn knieën voel. Dat gevoel associeer ik direct met de stoel die op me lag, verzwaard door dat dode lichaam.

Mijn eerste vlucht alleen was van Amsterdam naar Hamburg, naar een bijeenkomst van de Inter-American Development Bank in 1993. Er was iets misgegaan met mijn reservering. De stoelen op de eerste rij waren toegewezen aan de directeuren van de ING... erger kon niet. Ik zat achter de bazen van Pasje! Mijn gevoel van trots weerhield me ervan iemand te vragen van plaats met me te ruilen. Ik koos ervoor om het in plaats daarvan lijdzaam te ondergaan. Behalve dat ik heel onaangenaam met mijn knieën tegen de leuning voor me zat, werd ik gek van woede en jaloezie. Zij leefden allemaal nog, en Pasje was dood. Pasje, die de wereld zo veel meer te bieden had dan al deze mensen samen, vond ik. Ze zaten er ontspannen bij en maakten grapjes tegen elkaar, zich niet bewust van mijn moorddadige gedachten.

Na die eerste solovlucht ging het steeds beter. Als we eenmaal zijn opgestegen houd ik van vliegen: dan lees ik *The Economist* en geniet van het uitzicht zoals een vogel dat heeft. De weinige keren dat een vlucht onrustig is of dat we een paar uur in de lucht hebben moeten rondcirkelen heeft een vriendelijke medepassagier me erdoorheen geloodst, zoals die keer toen we niet in New York konden landen en langer dan een uur rondjes hebben gevlogen na een vlucht van acht uur uit Amsterdam. Een ouder bestuurslid van ABN AMRO bood aan mijn hand vast te houden. Hij heeft hem de rest van de vlucht niet meer losgelaten, tot we uiteindelijk in Boston waren geland. Ik heb geleerd dat er altijd mensen zijn die willen helpen. Ik hoef het alleen maar te vragen.

ALLEEN MAAR EEN ZAADJE

Het is weer Kerstmis. Er is een jaar voorbijgegaan sinds het ongeluk. Jaime begrijpt dat ik niet weet wat ik met mezelf aanmoet. Dat ik nergens wil zijn. Ik heb dertien jaar lang elke kerst met Pasje doorgebracht, waar we ook waren. Vorig jaar lag ik in een ziekenhuisbed bij mijn ouders thuis en is het hele feest grotendeels aan me voorbijgegaan. Dus dit voelt als de eerste keer zonder Pasje. Jaime begrijpt dat. 'Ga met mij en de jongens mee naar Aruba,' biedt hij aan. Ik ga op zijn uitnodiging in. Het klimaat in de Caraïben, voor zijn jongens zorgen en het feit dat ze joods zijn maakt het eenvoudiger voor me om mijn emoties in de hand te houden; hier kan ik doen alsof het helemaal geen Kerstmis is.

Na de kerst ga ik in mijn eentje naar Curaçao. Ik ga logeren bij een vriendin die haar eerste echtgenoot heeft verloren, een jeugdvriend van ons beiden. Het is fijn om bij iemand te zijn die ook weduwe is. Dan word ik door een vriendelijke bankier van ING uitgenodigd voor een oud-en-nieuwfeest bij hem thuis. In Amsterdam was hij Pasjes baas. In die periode gingen we regelmatig met zijn allen uit. Hij is nu manager van ING Curaçao. Ik weet dat het een moeilijk feest gaat worden, dat de hele sfeer daar me mee terug zal nemen naar het verleden. Maar ik heb het gevoel dat ik de confrontatie moet aangaan. De realiteit onder ogen moet zien. Dus dwing ik mezelf om te gaan. Het blijkt een informeel samenzijn met een heleboel voormalige collega's.

Als het bijna twaalf uur is, voel ik ineens de pijn. Zo hard dat mijn maag ervan samentrekt. Ik heb het gevoel dat ik verdrink, alsof een reusachtige golf me meesleurt. Alsof ik verdrink in pijn en stik in angst. Pijn om Pasje, angst voor alle kerstdagen en oudejaarsfeesten die nog gaan komen. Die kloppende pijn, dat gevoel van geamputeerd zijn waarmee ik leef, neemt me ineens over. Helemaal. Met zo'n scherp gevoel dat het net lijkt alsof Pasje opnieuw sterft, voor mijn ogen, hier en nu. Ik loop de tuin in en ga bij het zwembad zitten. Ik steek mijn voeten in het water om mijn pijnlijke littekens te verkoelen. De littekens op mijn voeten en de littekens op mijn hart. Ik begin te snikken.

'Als je eenmaal hebt liefgehad, zul je nogmaals liefhebben,' hoor ik achter me. Het is een fijne stem, met een Duits accent. De oude moeder van mijn gastheer komt naast me zitten. Ik kijk op. Haar blik is er een vol medeleven. Ze weet het. Ze heeft er ervaring mee, dat kan ik zien. Ik leg mijn hoofd tegen haar schouder en huil.

DEEL 2

DE TERUGKEER

1993-2006

Een mens is deel van het geheel, dat wij het 'universum' noemen, maar toch ervaren wij onszelf, onze gedachten en gevoelens, als iets wat losstaat van de rest, een soort optisch bedrog van ons bewustzijn. Dit bedrog is als een gevangenis voor ons, die ons beperkt tot onze persoonlijke verlangens, en tot affectie voor slechts de enkelen die ons het meest na staan. We moeten ons eraan wijden onszelf te bevrijden uit deze gevangenis door onze kring van begrip en medeleven groter te maken, door al wat leeft in het geheel van natuur en schoonheid te omarmen. Niemand is in staat dat volledig te doen, maar het streven naar dit doel is op zichzelf onderdeel van die vrijheid, en een fundament voor innerlijke zekerheid.

– Albert Einstein, brief uit 1950, geciteerd in *The New York Times*

4

Voorbereiding

'POWERLUNCH', NEW YORK, 2006

Ik zit in een trendy restaurant in downtown New York, het zakelijke centrum van de stad. Naast me zitten een gestreste, gedreven redacteur van de Amerikaanse uitgeverij Riverhead, een gereserveerde, blonde literair agent, en een intellectuele schrijver van het oude stempel. De schrijver heeft een voorstel voor een boek gedaan: *Accidental Life*. Over mijn leven. Onderdeel van het voorstel is dat ik meega naar Vietnam om mijn berg te beklimmen. Zowel de redacteur als de agent is zeer geïnteresseerd, maar ze wilden me persoonlijk leren kennen om overtuigd te kunnen raken dat het boek een goede investering zal zijn.

De schrijver heeft laten weten dat er geen voorbereiding voor onze afspraak nodig was. 'Wees gewoon jezelf,' zei hij. Ik had beter moeten weten.

Ik ben net terug uit Nederland, waar ik de zomervakantie altijd met mijn familie doorbreng. We hebben een week geleden mijn vader begraven. Ik ben nog steeds een beetje emotioneel en sta nog in mijn 'Nederlandse stand': een tikkeltje bot en rechtdoorzee. Daarnaast ben ik hier direct naartoe gekomen van Roosevelt Island, waar ik mijn speciale zoon naartoe heb gebracht voor zijn eerste dag op een school voor speciaal onderwijs. Het was een enorme strijd om hem er op deze bloedhete dag in september naar binnen te krijgen. Een heel andere wereld vergeleken bij de koele omgeving waarin ik nu zit.

Mijn gastvrouw, de redacteur van Riverhead, is zelfverzekerd in het zwart gekleed, haar donkere haar zorgvuldig geföhnd. Ze kent de schrijver goed; ze heeft een van zijn eerdere boeken geredigeerd.

'Ze is fantastisch,' heeft hij tegen me gezegd. 'Een van de beste redacteuren in New York.' Ze kletsen wat over het Condé Nast-gebouw, de Soho Club en het gedistingeerde uiterlijk van de vrouw van de schrijver, senior redacteur bij een prestigieus modeblad. Ook mijn uiterlijk bespreken ze. 'Scandinavisch' noemen ze het, in vergelijking met dat van de agente.

Dan wendt de redacteur zich ineens tot mij: 'Vertel eens, Annette, wat heb je eigenlijk geleerd daar in de jungle?'

Ik kijk naar de schrijver. Ik wist dat ik me toch had moeten voorbereiden! Ik kan niet zomaar op commando een antwoord geven dat alles samenvat.

Het was geen acht dagen puur trauma en ook geen acht dagen goddelijk bewustzijn. Het was een zijnstoestand met goddelijke momenten, wellicht onder invloed van de endorfine die mijn lichaam, getergd door fysiek lijden en honger, heeft aangemaakt. De periode erna was er een van vele momenten van rouw en, als resultaat daarvan, zelfs nog mooiere momenten.

'Wat weet jij dat ik nog niet weet?' dringt ze aan.

Ik kijk naar haar zelfverzekerde gezicht. Wat moet ik in godsnaam tegen haar zeggen? Ik voel me zo in een hoek gezet dat ik allerlei geleende citaten begin te roepen die ik de afgelopen twee jaar tijdens mijn spirituele zoektocht ben tegengekomen. Dan zeg ik dat ik een mystieke ervaring heb gehad. Een ervaring die te maken had met onvoorwaardelijke liefde, vertrouwen en overgave, als tegenpool van angst en controle. Ze kijkt teleurgesteld.

Dus zeg ik dat ik geen idee heb wat ik moet geloven, maar dat ik een goed gevoel heb bij het idee terug naar Vietnam te gaan. Dat ik altijd op mijn intuïtie vertrouw. Dat ik in een extra dimensie geloof omdat ik die heb ervaren.

Ik zie aan de manier waarop mijn gesprekspartners naar me kijken dat dit het laatste is wat ze van me willen horen. Ze willen een verhaal over tragedie en herstel. Niets over het grote onbekende.

Ik word opstandig. Wat heeft het voor nut een boek te schrijven over een verhaal dat kan worden samengevat in één zin? Feiten zijn ongeloofl ijker dan fictie, het is niet voor niets een cliché. Waarom verwachten mensen die uit vrije wil een reis ondernemen met een fictieschrijver dat non-fictieschrijvers hun boek in één zin samenvatten?

'Wat heb je geleerd? Wat is de essentie?'

Dan mengt de schrijver zich in het verhoor. Ik dacht dat hij aan mijn kant stond, maar hij kijkt me indringend aan en vraagt: 'Waarom wil je terug naar Vietnam? Hoe zal je terugkeer naar Vietnam je leven veranderen?'

Mijn leven veranderen? Dat hoop ik niet, zeg. Ik geef geen antwoord, dus vraagt hij met nog meer pathos: 'Waar komt je passie om terug te gaan vandaan? Waarom móét je terug naar de plaats van al die rampspoed?'

Rampspoed. Ik laat het woord even op me inwerken. Ook hier zijn mijn overwegingen zo anders dan wat zij lijken te verwachten. Ik ben niet op zoek naar een verklaring, of naar een manier om het 'af te sluiten', maar juist naar een 'opening'. Met de realisatie wat liefde is. Die schitterende plek zien met de blik van vandaag, na alles wat ik heb meegemaakt en heb geleerd. Over verlies en liefde. Verlies na verlies. Laagje voor laagje.

'Waarom nu?' dringt de schrijver aan.

Omdat het tijd is! Na het ongeluk heb ik het grootste deel van mijn energie erin gestoken 'dezelfde' te worden en te lijken. Mijn identiteit te hervinden. Misschien om anderen gerust te stellen, misschien om mezelf gerust te stellen. Ik wilde zo normaal mogelijk zijn. Dus heb ik de jungle voor mezelf gehouden en mijn uiterste best gedaan me aan te passen. Ik wilde niet gezien worden als 'Amazing Annette', zoals ik in een blad werd genoemd. Ik wilde dat de wereld het deel van mezelf dat overlevende was zou vergeten; ik wilde dat mensen zich weer op hun gemak voelden bij me, laten zien dat ik dezelfde Annette van vroeger was. Dus zei ik eenvoudigweg dat ik niets te vertellen had. Dat de hemel nog net zo blauw of grijs was als ervoor. Ik had het geheim gezien, maar ik hield het geheim.

Toen werd mijn vader ziek. Hij was twee jaar stervende. In die tijd hebben we samen allerlei spirituele boeken gelezen en herlezen. Hij is altijd geïnteresseerd geweest in de relatie tussen kwantumfysica en het spirituele. Toen ik die zoektocht met hem ging delen, drong tot me door dat ik in de jungle daadwerkelijk had ervaren wat die boeken beschreven. En dat ik misschien moest proberen in mijn hoofd te vertalen wat mijn hart al had leren begrijpen. Het drong tot me door dat het oerwoud me een groot geschenk had gegeven, en dat ik een verhaal te vertellen had. Ik moest er alleen maar de juiste woorden voor vinden.

'Het was als een orgasme,' flap ik eruit. 'Je kunt mijn ervaring in de jungle vergelijken met een orgasme.' Als ik hun verbijsterde reactie zie, voeg ik er snel aan toe: 'In mijn hoofd, bedoel ik. Ik heb een bijna-doodervaring gehad.' Mijn gastvrouw zit me nog steeds met een vage blik in haar ogen aan te kijken, dus pas ik mijn woorden aan. 'Zoals je op jonge leeftijd iets kunt meemaken wat je pas veel later leert begrijpen, als je het in perspectief kunt plaatsen; dat je volwassen bent geworden. Ik moest meer leven om het te kunnen gaan begrijpen.'

O jee. Het komt niet aan. Ik zie het in hun ogen.

Een orgasme? Waar kwam dat nou vandaan?

Hun vraag was eigenlijk: waarom zou iemand jou uitnodigen om een kwartier in een talkshow te komen praten? In elk geval niet om de interviewer aan het blozen te krijgen.

De schrijver belt me de volgende dag op om te vertellen dat het project is afgeblazen. De redacteur denkt dat ik nog niet in staat ben onder woorden te brengen wat het allemaal heeft betekend. Daar zou ze best eens gelijk in kunnen hebben.

HET LEVEN GAAT DOOR, MADRID 1995

'Ana, het is drie jaar geleden sinds mijn vriend is omgekomen, en het onvermijdelijke is gebeurd.' Ze zat achter haar bureau om een berg memo's te verwerken. Onze baas werkte nu in een ivoren toren. Ik moest een afspraak maken om haar te kunnen spreken. En allerlei codes intoetsen om haar kantoor te kunnen bereiken.

'Pardon?' Ze keek geschrokken op.

'Ik wil met Jaime trouwen.' Ze was geschokt, zo niet met afschuw vervuld. 'Maar we willen wel blijven samenwerken,' voegde ik er snel aan toe.

Ze zei niets.

'Het is allemaal jouw schuld,' grapte ik, 'jij hebt me geen kans gegeven anderen te leren kennen; ik ben altijd bij hem, aan het werk.'

Nu kon er eindelijk een glimlachje af, en ze vroeg: 'Plannen jullie een grootse bruiloft voor de hele bank?'

'Nee,' antwoordde ik. 'Helemaal niet.'

'Mooi,' zei ze. 'Dan is het goed. Maak het niet wereldkundig. Geen probleem. Gefeliciteerd.' Vroeger, toen ze nog bij ons op de afdeling werkte, zou ze me hebben gezoend. Nu kwam ze, helemaal in haar rol van manager, niet achter haar bureau vandaan.

Ik was blij, maar vertrok niet direct.

'Was er verder nog iets?' vroeg ze.

'Ja, eigenlijk wel. We willen graag vanuit New York gaan werken. We willen kinderen en ik begin een dagje ouder te worden. Het zou eenvoudiger zijn als we gewone werktijden zouden kunnen aanhouden.'

Dus verhuisden we. Na zeven veelbewogen jaren in Spanje gingen we wonen en werken in New York.

Jaime wilde heel conventioneel naar de East Side verhuizen. Ik had een voorkeur voor de meer ontspannen West Side. Ik blufte dat ik alleen in East Side zou gaan wonen als hij zijn haar zou afknippen. Ik wist dat onze concurrenten bij andere banken ooit eens tienduizenden dollars hadden ingezet om hem zover te krijgen zijn haar af te knippen en hij die uitdaging niet heeft aangenomen. Maar die van mij nam hij wel aan: we verhuisden naar de East Side, een appartement in een *co-op*, een systeem waarvan je als eigenaar lid moet zijn en inspraak hebt op wie er in het appartementencomplex woont. Jaime's haar groeide weer aan, langzaam maar zeker.

HOEZO DIEPERE BETEKENIS?
NEW YORK, 2005

Ik heb de schrijver leren kennen via een ouder op de school van mijn dochter.

Ik dronk elke donderdagochtend koffie met de andere ouders voordat we naar de mis op de school aan East 91st Street gingen. Op een ochtend begon iemand over mijn verhaal. De meeste ouders wisten van niets; het was gewoon niet ter sprake gekomen. Ik vind het niet erg om erover te praten, maar ik vind het wel erg als al die aandacht die erbij komt kijken op mij is gericht, vooral in een groep.

'Je moet het laten verfilmen!'

'Je moet er een boek over schrijven!'

'Dat zal ik ook doen,' antwoordde ik, zoals ik dat altijd doe in een poging over iets anders te kunnen beginnen. 'Op een dag zal ik dat doen. Als ik terug ben geweest naar Vietnam. Ik houd niet van schrijven.'

'Dan weet ik iemand,' zei een moeder. 'Hij heeft al vaker boeken gepubliceerd en is op zoek naar een nieuw onderwerp. Dat zou jij kunnen zijn. Ik weet zeker dat je het met hem kunt vinden!'

En dat is ook zo. In eerste instantie. Hij krijgt me aan het denken, zelfs aan het schrijven. Aan hem. E-mail na e-mail. Maar hij lijkt me niet te begrijpen. En ik begrijp hem ook niet. Hij komt bij me thuis op bezoek om een indruk te krijgen van zijn mogelijke onderwerp. Hij zegt dat hij overweldigd is door de sterke Europese koffie en het vele daglicht dat door onze grote ramen naar binnen schijnt. Hij stelt geen vragen, dus vertel ik maar dat ik met Jaime ben getrouwd en dat we een dochter en een zoon hebben. Dat ik heb moeten stoppen met werken toen onze zoon autistisch bleek te zijn. Dat Jaime daarna zijn baan verloor.

'Je treft ons niet in de beste periode van ons leven aan nu we allebei thuis zijn,' biecht ik op. 'Maar schrijf alsjeblieft niets over Jaime of onze relatie. Hoe interessant het ook kan zijn om daarover te lezen.' Of om erover te schrijven, denk ik nu ik zijn teleurgestelde gezicht zie. 'Voor mijn gezin,' voeg ik eraan toe. En dan probeer ik de spanning te doorbreken met een grapje: 'Als we allebei bekend worden, gaan we vast ruziën over wie de meeste aandacht verdient!'

De schrijver kijkt me vertwijfeld aan. Hij zegt ongelovig: 'Dus je hebt een autistische zoon, geen werk en een slecht huwelijk, maar je gedraagt je alsof er geen wolkje aan de lucht is. Hoe kun je zo gelukkig zijn?'

'Hoe kan ik niet gelukkig zijn?' antwoord ik, waarbij ik naar mijn omgeving gebaar: de familiekiekjes op de piano en het uitzicht op de skyline van New York.

Hij kijkt me verbijsterd aan. Ik kijk geïrriteerd terug.

'Je klinkt als een romanticus,' zeg ik. 'Ik ben een realist. Ik fixeer me niet op hoe het zou moeten zijn. Ik neem het zoals het is. Geluk betekent niet dat je hebt wat je wilt, maar dat je wilt wat je hebt.'

De schrijver probeert me te doorgronden. Hij zegt dat hij het 'allemaal' moet vertalen. Niet van het Nederlands naar het Engels, maar 'de betekenis eruit distilleren en de merites definiëren'.

Dat begrijp ik niet helemaal. Waarom kan hij niet gewoon het verhaal vertellen? Laat de lezer het maar interpreteren. Is mijn verhaal op zichzelf geen concreet voorbeeld van dat het leven zelfs in de ellendigste omstandigheden betekenis heeft?

Iets anders wat frictie veroorzaakt is dat ik wil dat hij over Maxi schrijft, mijn autistische zoon. De vliegramp is een steen in het water gebleken. Hij heeft me diepte laten zien, maar de rimpelingen in het water zijn uiteindelijk weggeëbd, en het is me gelukt terug te komen naar de oppervlakte. Maxi's toestand is chronisch: deze rimpelingen zullen nooit wegebben. Ik ben gedwongen in het diepe te blijven.

'Niemand wil over een chronische toestand lezen,' zegt de schrijver. 'Mensen vinden het fijn om te lezen over een ongeluk, het rouwproces en het herstel. Mensen willen dat het goed afloopt.'

Ik bedenk dat de goede afloop hem recht in zijn gezicht staart: in elke situatie ligt schoonheid verborgen. Als je de schoonheid ziet, volgt vanzelf het geluk.

Ik hoor kort na het bezoek van de schrijver dat ik geopereerd moet worden. Ik moet twee weken in bed blijven. Ik besluit er het beste van te maken door eindelijk alles op te schrijven. Precies zoals het was, niet wat het heeft betekend.

Ik mail wat ik heb geschreven naar de schrijver, die er een boekvoorstel van maakt. Het wordt goed ontvangen door de uitgever, maar bar slecht gepresenteerd door mij tijdens de lunch.

En nu ga ik zonder hem naar Vietnam.

REFLECTIE

Liefde is de naam voor onze zoektocht naar heelheid,
Voor ons verlangen compleet te zijn.
– Plato

Verschillende mensen hebben me gevraagd hoe het was om na het ongeluk een relatie met Jaime te krijgen. Voelde het als verraad? Voelde je je schuldig?'

Nee, ik voelde me niet schuldig. Het was prachtig om opnieuw lief te hebben met hart, lichaam en ja, mijn bewustzijn: een nieuw bewustzijn.

Een bewustzijn dat ik in de jungle had leren kennen. Een ik die me had geleerd me over mezelf heen te zetten en boven mezelf uit te stijgen. Een ik die zich alleen laat zien in totale overgave.

De ultieme gelukzaligheid ligt in de overgave zelf. Elke vorm van zelfbewustzijn staat in de weg. Zoals Einstein het zegt in een brief aan koningin Elizabeth van België: *Als je je vrij voelt van je eigen identificatie met menselijke begrenzingen en onvolkomenheden, wanneer je verbijsterd de intens indrukwekkende schoonheid van de eeuwigheid ervaart, van het onpeilbare, dan vloeien leven en dood in elkaar over en bestaat er geen evolutie of noodlot meer, alleen het Zijn.*

Zo was het met Jaime.

Als *La petite mort*, zoals de Fransen het noemen. De Kleine Dood, net zoals in het oerwoud, waar de Grote Dood me bij de hand nam.

DE ORANJE MAN

Jaime en ik merken dat we vaak op etentjes worden uitgenodigd om mijn verhaal te vertellen. Jaime doet dat fantastisch, vol pathos en drama, en presteert altijd boven verwachting van de gastheer of -vrouw. Ik reageer tegenovergesteld; bagatelliseer alles, haal mijn schouders op en zeg: 'Zo erg was het niet,' of: 'Nee, ik ben er niet echt een ander mens door geworden.' Ik weet dat ik nooit voldoe aan de verwachtingen.

Dan neemt het verhaal altijd, godzijdank en onontkoombaar, de wending naar de oranje man. De man in de jungle van wie ik dacht dat hij me bespiedde.

'Het moet een monnik zijn geweest,' vermoeden de andere gasten. 'Die kleden zich in dat deel van de wereld oranje.'

'Maar het was felgekleurd oranje, van plastic,' werp ik dan tegen. 'Officieel oranje. Misschien was het iemand van de regering die wachtte tot we allemaal dood zouden zijn. Zodat er geen schadevergoeding betaald zou hoeven worden. Ze deden hun uiterste best om die niet te hoeven betalen.'

En dan vragen ze natuurlijk waarom ik geen geld heb gekregen. Dan leg ik uit hoe het zit met de wet die de Vietnamese regering er kort na het ongeluk door heeft gedrukt en waarbij de verplichting is beperkt tot twintigduizend Amerikaanse dollar, ver onder het internationale gemiddelde.

'Twintigduizend dollar? Is dat alles wat je hebt gekregen?' roepen de gasten geschokt.

Ik vertel dat ik het geld heb geweigerd. 'Bedankt, maar nee, bedankt. Dan zou ik daarmee afstand hebben gedaan van wat voor eventuele verdere claim dan ook. En wie weet wat er in de toekomst nog gaat gebeuren. Misschien gaan ze wel om toeristen geven, en om mij! Ik kan nog altijd eindigen met een beperking, lichamelijk of geestelijk. Ik ga niets ondertekenen waarmee ik afstand doe van al mijn rechten!'

'Het zou wel een motief kunnen bewijzen,' suggereert een andere gast. ‘Die oranje man sturen om toe te kijken hoe je sterft.’ Dat is ook in mij opgekomen.

Iemand vraagt: ‘Maar hebben ze dan geen helikopter gestuurd om je te redden?’

Ik haal nogmaals mijn schouders op. ‘Dat wordt gezegd, maar ik heb er nooit een gezien. Je zou toch denken dat een helikopter me zou zijn opgevallen. Ik heb daar de hele dag niets anders gedaan dan naar de hemel kijken.’

‘En die oranje man, wat deed die dan? Heeft hij iets tegen je gezegd? Heb je iets gedaan om zijn aandacht te trekken?’

‘Ik heb geschreeuwd, gezwaaid, in elke taal die ik ken gevloekt, maar hij stond daar maar, als een standbeeld. Hij vertrok geen spier.’

Iedereen was het erover eens dat het wel een hallucinatie moest zijn geweest.

FUTURE CONTRACT, NEW YORK 1996

Nadat Jaime en ik naar New York zijn verhuisd, ging ik aan de slag met de 'voorwaarden' die ik met Ana Botin had onderhandeld tijdens dat gesprek. Zwanger raken was echter totaal anders dan elke andere opdracht ik ooit had uitgevoerd. Er was geen vastgestelde datum waarop het pakketje zou worden bezorgd. En het was weer een heel andere vorm van het loslaten van de controle. Een pijnlijke vorm van loslaten, naar bleek: ik heb drie miskramen gehad.

Ana had ons gevraagd alles geheim te houden, dus voelde ik me verplicht het zo te plannen. Mijn eerste stap betrof natuurlijk mijn kleding. Het plan was hetzelfde pakje in verschillende maten aan te schaffen, zodat het ondanks mijn groeiende buik leek alsof ik hetzelfde pakje droeg. Maar het seizoen wisselde bij elke miskraam: een pakje dat ik voor een zwangerschap in de zomer had aangeschaft kon niet in de winter, en andersom. Mijn planning liep volledig in de war.

Ik denk dat ik wel twintig keer een zwangerschapstest heb gedaan. 'Je moet ontspannen,' werd er tegen me gezegd. 'Dat is de enige manier waarop je zwanger kunt raken.' Ontspannen? Jawel meneer, natuurlijk! Proberen zwanger te raken en dat ook te blijven nam al mijn energie in beslag. Eerst het wachten op de dag dat ik de test kon doen. Dan wachten tot ik twaalf weken zou zijn, het 'veilige' moment. Na een week of acht begon ik hoop te krijgen, maar eigenlijk durfde ik dat niet. Ik verwachtte elke keer dat ik naar de wc ging weer bloed te zien.

Wat ik leuk vond aan zwanger zijn was hoe moeiteloos je je dan ineens met andere vrouwen verbindt. Er was een echte, gelijkwaardige band. Niemand hield een score bij. In het ziekenhuis worden kwalen altijd gescoord op een schaal van ellende; als ze eenmaal zijn geboren worden kinderen in de speeltuin of op school gescoord op een schaal van succes. Maar als je zwanger bent, deel je verwachtingen; je scoort ze niet. In de band die je voelt als je zwanger bent ligt een puurheid die er niet meer is als het eindproduct er eenmaal is.

Daar genoot ik van. Vrouwen uit zowel het West End als het East End van Londen; Spaanse vrouwen; Nederlandse vrouwen; Amerikaanse vrouwen van allerlei etnische achtergronden; en vrouwen die me normaal gesproken geen blik waardig zouden gunnen, die zonder erbij na te denken direct afstand van me zouden nemen, keken nu naar mijn dikke buik. Ze vroegen me wanneer ik was uitgerekend en deelden hun eigen ervaringen met me.

De derde keer dat ik een baby verloor was op mijn werk. Ik was dertien weken op weg en dacht dat ik het had 'gehaald,' drie keer is scheepsrecht! Ik wilde net iedereen met het goede nieuws gaan bellen toen ik begon te bloeden. Op kantoor.

Jaime ging met me naar het ziekenhuis, waar dat wat had moeten uitgroeien tot ons kindje werd verwijderd. Maar mijn lichaam bleef hormonen en emoties produceren alsof het er nog was. Mijn hart was gebroken. Jaime wilde me wanhopig graag troosten. Hij zei in zijn machteloosheid dat hij 'alles, wat ik maar wilde' voor me zou kopen. Ik keek naar de wandelwagens bij ons in de straat en huilde: 'Een baby, ik wil alleen maar een baby.'

Het verlies voelde zo groot, en het vooruitzicht dit nog eens door te moeten maken was angstaanjagend. Toen herinnerde ik me weer de jungle en verstilde ik in mijn verdriet. Ik vlijde me ertegenaan. Ik pakte niet direct mijn leven weer op. Ik gaf me eerst volledig over aan het verdriet.

Daarna kon ik weer opstaan en doorgaan.

TERUG, NEW YORK 2005

Ik heb altijd gezegd dat ik op een dag terugga naar Vietnam. Terug naar waar het is gebeurd. Terug naar mijn berg. Mijn vader zei altijd dat hij met me mee zou gaan. Toen kreeg hij kanker en overleed. Er is dertien jaar verstreken. Het voelt als nu of nooit.

Het eerste wat ik doe is contact opnemen met Jack. Jack is de vader van het Britse slachtoffer. Degene die we in Nederland hebben begraven. Hij heeft het tot zijn missie gemaakt om erachter te komen wat er is gebeurd. Waarom het vliegtuig is neergestort, waarom het zo lang heeft geduurd voordat ze ons hebben gevonden en wat de Vietnamese autoriteiten hebben geprobeerd te verbergen. De autopsie op het lichaam van zijn zoon, nadat het was teruggebracht naar Engeland, suggereerde dat zijn zoon een aanzienlijke periode had overleefd. Meerdere dagen. Dat hij misschien niet was gestorven aan zijn verwondingen, maar aan uitdroging. Jack was ervan overtuigd dat zijn zoon had kunnen en moeten overleven. Een Brits parlementslid heeft er in Jacks naam vragen over gesteld aan de Vietnamese regering. Jack heeft zelfs een website gemaakt: www.vietnamairaccidentinquiry.org.uk.

Na een lange periode van uitstel werd Jack eindelijk door de Vietnamezen uitgenodigd om naar Vietnam te komen en zelf op onderzoek uit te gaan. Ik hoop Jacks voetstappen te kunnen volgen en zo mijn weg terug naar de plek van het ongeluk te vinden.

Van: Jack Emerson
Aan: Annette Herfkens
Datum: 11-1-2006

Beste Annette,

Fijn dat je weer contact met me opneemt; ik had een nieuwe impuls nodig om verder te gaan met de zoektocht.

Hierbij een kopie van wat ik na mijn bezoek aan een vriend heb gestuurd. Het geeft een idee van hoe het er daar uitziet, hoe je er kunt komen, en de accommodatie die wij hebben gekregen in To Hap, het administratieve centrum van de Commune en slechts drie kilometer van het einde van de weg, die langs het ziekenhuis loopt. Ik zal ook proberen je een foto te sturen van mijzelf en de gebedsvlag (meer een tapijt) op de plek waar het is gebeurd. Als je dat wilt, kan ik je meer foto's sturen. Herken je de omgeving? De bomen zullen ondertussen wel zijn gegroeid. Links is het vliegtuig neergestort en heeft het de bomen in zijn baan meegesleurd, waarbij het gat is ontstaan waar jij zegt die man te hebben gezien. Rechts was een soort grot met begroeiing ervoor (waar de houthakkers nu aan het werk zijn) en daarachter een steile rotspartij. Graag je reactie op bijgesloten documenten, aarzel niet me alles te vragen wat je wilt.

Ik hoor graag van je!

Hartelijke groet,
Jack

REFLECTIE: TELLEN

Elk jaar op 14 november herdenk ik de gebeurtenissen.

In eerste instantie natuurlijk Pasje. 'Hij zou nu achtendertig zijn geweest, negenendertig, tweeënveertig, vijftig.' Enzovoort.

Vervolgens tel ik de acht dagen die erna komen op hoeveel ik eet en drink. Van zeven uur 's ochtends op de eerste dag, en de tweede, en de derde, tot vijf uur op de achtste dag, toen mijn redding kwam. Dat is heel wat. Elke ochtend twee bruine boterhammen met kaas, en thee met melk. Om elf uur koffie met melk en nog een boterham. Lunch. Thee met koekjes, een borrel met salami en olijven, avondeten met wijn, thee met chocola. En water. Heel veel water.

Het is geen frustratie, geen obsessie. Ik tel gewoon.

DE BESCHERMHEER, NEW YORK, 2005

'Als je naar Vietnam gaat, moet je Chris erbij betrekken,' zegt Jaime. 'Hij heeft toen je leven gered, en hij zou je nu vast weer willen helpen. Hij heeft de contacten.'

Daar heeft hij gelijk in. Ik heb al e-mailcontact met de Nederlandse ambassadeur in Vietnam. De ambassade is kort na het vliegtuigongeluk opnieuw geopend. De ambassadeur heeft zijn steun toegezegd en heeft tegen me gezegd dat hij al onze correspondentie in een geheim dossier genaamd 'Pelgrimstocht' zal bewaren.

Chris is Jaime's held. Jaime spreekt met diepe eerbied over Chris als het gaat over wat hij heeft gedaan ten tijde van het ongeluk. Ik heb echter nooit contact met hem opgenomen. Hij was het terrein van mevrouw Van der Pas. Ze heeft haar monopolie over die relatie uitgesproken, zoals ze dat met alles heeft gedaan wat van Pasje was. Wat betreft Chris vond ik dat niet erg; ik ken hem niet. Wat het des te vreemder maakt om nu ineens contact met Chris op te nemen. Wat moet ik zeggen? 'Hoi, ik heb gehoord dat je mijn leven hebt gered. Sorry dat ik dertien jaar lang niets van me heb laten horen, maar ik ben van plan om binnenkort naar Vietnam te komen, dus zou je me nog een keer willen helpen?'

'Daar zal Chris niet mee zitten,' zegt Jaime op bijna plechtige toon. 'Stuur hem nou maar gewoon een e-mail.'

Chris zit er inderdaad niet mee. Hij reageert meteen op mijn mail en komt extreem vriendelijk en wijs over. En rechtdoorzee: *Ik wil alles voor je doen, behalve die berg beklimmen*, schrijft hij. *Ik ben een roker.*

En weer is hij de redder. Hij coördineert de contacten met de Nederlandse ambassade en Vietnam Airlines. Hij stelt me gerust; het lukt hem in elke mail om precies de goede toon en woorden te kiezen. Hij is duidelijk met me begaan. Hij maakt zich zelfs zorgen om de motieven van mijn reisgenoot de schrijver. Dan schrijf ik hem dat de deelnemerslijst is gewijzigd. En opnieuw is gewijzigd. Een andere schrijver heeft zich teruggetrokken, evenals een journalist/cineast. Ze waren allebei heel enthousiast, tot ze Jacks beschrijving van de tocht en de daarmee gepaarde ontberingen lezen. Chris maakt zich zo'n zorgen dat ik misschien met nóg een journalist 'die misbruik maakt van mijn verhaal' op de proppen zal komen, dat hij me vertelt dat hij van plan is 'die kloteberg dan toch maar zelf te gaan bedwingen'.

TWEE BLONDE KINDJES, NEW YORK 1997-1999

'En het baren van kinderen zal gepaard gaan met pijn,' zei God tegen Eva nadat Adam en zij van de verboden vrucht van de boom van kennis van goed en kwaad hadden gegeten.

God had de wereld geschapen en zag dat die goed was. Maar Adam verveelde zich. Dus vormde God Eva uit Adams rib, en daarmee het probleem. Het probleem van tegenpolen. Dualiteit.

Eva verveelde zich ook. Ze luisterde naar de slang en plukte een appel van de boom der kennis, de boom van goed en kwaad. Dat symboliseerde de ontdekking en erkenning van dualiteit: man/vrouw, leven/dood, goed/slecht, pijn/vreugde.

Dualiteit is inherent aan het leven. Uit tegenstellingen komt creatie voort. Kinderen baren is de ultieme dualiteit. De meest ongelooflijke pijn in combinatie met de meest ongelooflijke vreugde. Maar het is natuurlijk ook de ultieme creatie.

Ik dacht dat ik hard was geworden van de pijn die ik in het oerwoud heb geleden. Dat bevallen gemakkelijk zou zijn. Dat ik geen speciale ademhalingstechniek of pijnstilling nodig zou hebben. Zelfs mijn gynaecoloog zei dat het een 'eitje' voor me zou worden, dus ik heb tijdens mijn Samen Bevallen-cursus veel meer aandacht besteed aan mijn medecursisten dan aan mijn ademhaling. Jaime heeft gelukkig wel opgelet, en toen het zover was heeft hij met zijn typerende tederheid en zorg mijn hand vastgehouden.

Maar dit kon hij niet voor me oplossen. Het was niet alsof hij even een deal-ticket voor me kon invullen, of mijn belastingaangifte. Ik moest dit zelf doen. Of eigenlijk moest ik het loslaten. Ik had me in de jungle losgemaakt van mijn lichaam, terwijl de verbinding tussen lichaam en geest tijdens een bevalling juist essentieel is. In de jungle had ik een klaplong, waardoor ik werd gedwongen echt te ademen. Nu, na elf uur te hebben geleden en mijn adem ingehouden te hebben, werd me verteld dat ik mocht kiezen uit een ruggenprik of een keizersnede.

Ik heb voor de eerste gekozen. Onze dochter werd een uur later geboren. Terwijl ik gehecht werd zag ik Jaime door mijn vreugdetranen heen tegen zijn dochtertje praten en dat zei alles wat er te zeggen is over de dualiteit van het leven. Mijn moeder kreeg haar kleindochter en we noemden haar Joosje.

Jaime had Ana's wens om onze privésituatie geheim te houden uiterst letterlijk genomen. Hij wilde koste wat het kost dat niemand in de bank of op de markt erachter zou komen. Toen we ons team uiteindelijk vertelden dat we een stel waren en dat ik zeven maanden zwanger was, waren ze geschokt. De truc met mijn pakjes had gewerkt.

De tweede zwangerschap was veel gemakkelijker te verbergen dan de eerste. Er was een jaar verstreken en onze collega's waren er ondertussen aan gewend dat ik nauwelijks naar kantoor kwam. Ze namen aan dat ik op reis was. Ons team was eraan gewend thuis contact met me op te nemen. Ze kwamen af en toe naar ons appartement om 'mijn computer te repareren'. Dan speelden ze gezellig met Joosje, trots dat zij, afgezien van de grootse Ana Botin, de charismatische directeur van de bank, als enigen op de hoogte waren van het geheim.

Aangezien ik thuis was gaan werken, leefde ik op heel letterlijke wijze het dubbelleven van de werkende moeder. Ik deed wat ik altijd had gedaan. Ik paste me aan en manoeuvreerde tussen de verschillende werelden: wanneer ik in de speeltuin stond te kletsen met de 'echte' moeders van Joosjes peuterspeelzaal zag niemand me als werkende moeder. Hoewel ik me vaak excuseerde voor een mobiel gesprek met Jaime hadden ze de indruk dat het om privéaangelegenheden ging en niet om zakelijke kwesties. Als ik op een bankje zat met mijn koffie luisterde ik verwonderd naar hun tijdloze gesprekken. Als ze werden onderbroken door een peuter, vergaten ze gewoon waarover ze het hadden en schakelden moeiteloos over op een ander onderwerp. Alsof dat niets uitmaakte. En dat deed het ook niet, want ze leefden in het moment, met hun kinderen. Voor mij was dat nog niet zo. Ik had het gevoel alsof ik een rol speelde, en dat gevoel had ik ook bij de werkende moeders als die klaagden over het gebrek aan focus van de niet-werkende moeders. Ik probeerde een rol in het midden te vinden.

Ondanks het feit dat we in het hol van de leeuw woonden – de Upper East Side, de buurt waar de meeste investeringsbankiers wonen – hebben we maar een paar gecompliceerde situaties meegemaakt.

Toen Joosje twee maanden was, kwamen we in de buurt van het ziekenhuis een handelaar van Goldman Sachs tegen. Jaime zei dat hij op zijn nichtje paste, dat hij geen idee had wat hij met haar aanmoest en mijn hulp had ingeroepen. Waarop de handelaar vroeg: 'En weet Annette wel wat ze moet doen?'

'Ik ben een natuurtalent,' antwoordde ik zonder een spier te vertrekken.

Een jaar later liepen we bij Blockbuster met Joosje in de wandelwagen bijna een collega van Santander omver, maar Jaime wist hem net op tijd te ontwijken. Net zoals hem in het park lukte toen hij zijn voormalige baas van Citibank zag.

Pas na de geboorte van Maxi zijn we betrapt: er werd van het kantoor in New York een fax naar het kantoor in Londen gestuurd. Iemand had Jaime Lupa achter een tweelingwandelwagen gezien, met daarin twee blonde kindjes, allebei met het gezicht van Annette.

BANG OM BANG TE ZIJN, NEW YORK 2006

Ik ga terug naar Vietnam. In mijn eentje. De bal rolt. Chris, Vietnam Airlines, de Nederlandse ambassadeur, iedereen rekent erop dat ik kom.

Ik heb een vlucht voor maart geboekt. Eigenlijk wilde ik afgelopen november al gaan, precies dertien jaar na het ongeluk. Maar het plan en de deelnemers bleven maar veranderen. Misschien maar goed ook. November is de regenmaand. Dat had ik kunnen weten. De vlucht had geannuleerd kunnen worden; de berg had te nat kunnen zijn geweest om hem te beklimmen. Laat ik mijn geluk maar geen twee keer tarten.

Ik moet me voorbereiden, zowel fysiek als mentaal. Om die gruwelijke tocht aan te kunnen. Jack zegt dat het belangrijk is dat ik uithoudingsvermogen kweek. Een of twee keer in de week naar yoga is niet genoeg voor de jungle. Het ongeluk is boven op de berg gebeurd. *Zes uur lang recht omhoog in de verzengende hitte*, schrijft hij. *En dan weer naar beneden.*

Ik begin met joggen in Central Park, samen met een vriendin. Zij zorgt dat ik minstens een heel rondje om het reservoir doe zonder te stoppen. Ik loop elke dag een keer de twintig trappen naar mijn appartement op. In eerste instantie heb ik op de zevende al een bonkend hart en hijgende ademhaling, maar uiteindelijk lukt het me zelfs helemaal door te lopen naar de veertigste verdieping. Dan jaagt Jack me nog meer angst aan: *Je zou eigenlijk naar boven moeten rennen, naar beneden moeten lopen, weer naar boven moeten rennen... en liefst met een rugzak vol stenen.*

En dan is er het mentale deel. *Mind over matter*, schrijft Jack. Ik blijf tegen mezelf zeggen dat ik de top niet hoef te halen. Dat het bereiken van de voet van de berg, 'mijn berg' al een hele prestatie zou zijn. Alleen al het tot daar halen, met mijn claustrofobie. Ik moet eenentwintig uur in een vliegtuig zitten, naar Singapore. En dan in een toestel van Vietnam Airlines naar Ho Chi Minhstad. En dan nog een binnenlandse vlucht naar Nha Trang. In net zo'n klein vliegtuig als dat waarmee ik ben neergestort. Het zal deze keer geen Russisch toestel zijn, maar toch. En dan met een busje – nog een afgesloten ruimte – naar het pension.

Het heeft stromend water en elektriciteit... althans, een deel van de tijd, schrijft Jack. Ik moet er overnachten zodat ik de volgende ochtend om vijf uur de jungle in kan. *Ons busje is ermee opgehouden en we hebben uren op een ander moeten wachten*, schrijft Jack weer. Ik sterf duizend doden. Ik ben bang om bang te zijn, dat die posttraumatische stressstoornis waar iedereen het altijd over heeft zich eindelijk gaat manifesteren. Zelfs doorgewinterde bergbeklimmers hebben daar last van als ze teruggaan naar de plek van een ongeluk.

Ik probeer hypnose. Magdalena Agabs. Ik heb haar nummer gekregen in de trein naar Roosevelt Island, waar Maxi naar school gaat. Een overvolle trein die door een tunnel onder het water door rijdt. Dubbel opgesloten. Ik vroeg de vrouw die naast me zat of ik haar krant even mocht lenen als afleiding van mijn fobische gedachten. Ze gaf me de krant en vertelde dat Magdalena de angsten van haar zoon had verholpen met hypnose. Toen ik opstond, gaf ze me haar telefoonnummer. 'We zijn elkaar niet zomaar tegengekomen,' zei ze. Dus moest ik er iets mee doen.

Magdalena is net zo exotisch als haar naam doet vermoeden. Ze zegt dat ik moet ontspannen. Ik moet in haar donkere, fluweelachtige ogen staren. Ik denk aan *Jungle Book*, aan die scène waarin Mowgli in de ogen van Kaa de slang staart en die veranderen in een caleidoscoop. Ik schiet in de lach. Herhaaldelijk. Het werkt niet. Elke keer dat ik bijna wegglijd, sla ik mijn armen over elkaar en schiet ik weer terug.

'Je geest is te sterk,' zegt ze. 'De enige mogelijkheid voor jou is zelfhypnose: concentreer je met exact dezelfde focus op twee dingen tegelijk.'

En dat werkt. Met wat yoga-ademhaling en een vleugje newagegedachtegoed. Ik stap in de spits in de metro naar Brooklyn. Onder water. Om te oefenen. De metro zit propvol. Ik moet zoeken naar een wagon waar ik nog in pas. Het is een behoorlijke opgave voor iemand met claustrofobie om niet slecht over anderen te denken als je een overvolle ruimte met een heleboel andere mensen moet delen. 'Je houdt van ze, je houdt van ze, je houdt van ze,' zeg ik tegen mezelf, en ineens doe ik dat ook.

Ben ik voorbereid? Ik ga.

YOGA, NEW YORK 2001

Toen ik dan eindelijk veertig werd na het er zo vaak over gehad te hebben, was ik helemaal klaar voor het volgende decennium. Ik had in mijn dertiger jaren veel meegemaakt: het ongeluk, Jaime, Joosje, Max. Londen, Madrid, New York. De enige schaduwzijde was dat ik mezelf had beloofd dat ik op die achtenswaardige leeftijd eindelijk zou gaan sporten, wat ik sinds mijn tienerjaren niet meer had gedaan. Ik had nooit het gevoel gehad dat ik dat nodig had. Niet tot ik veertig werd.

Ik besloot aan yoga te gaan doen, wat me de weg van de minste weerstand leek. Ik haalde een vriendin over om mee te gaan.

We werden lid van een yogacentrum met een yogi die goed bekendstond, ergens in Midtown. Yoga bleek helemaal hip te zijn en een heel specifiek type vrouw aan te trekken: lang haar, slank, met een rechte rug en een serene glimlach. Ze kleedden zich in een strak topje met een legging. Ze omhelsden elkaar vaak.

'Wat een énig topje! *Sooo love!*' zei de een tegen de ander. Dat mag ook wel, dacht ik. Het is van Prada.

Te midden van al die langbenige nimfen zat een yogi met een bolle buik en korte benen van achter in de vijftig en met lang grijs haar. Zelfs de minst geile geesten zouden de seksuele spanning die er in de lucht hing niet missen; hij deed aan Hugh Hefner denken.

Een van de mooiste nimfen, Rachel, zou onze semi-privé-yoga-instructeur worden. We kwamen bij elkaar in een kleine ruimte met uitzicht op de enthousiast stretchende coole menigte in Midtown.

Hoe vervreemdend ik het hele tafereel ook vond, ik luisterde geheel tegen mijn ongedurige aard in geconcentreerd naar de instructies van Rachel. Ik had het altijd heel erg moeilijk gevonden om tegelijk te luisteren naar instructies en ze ook op te volgen. Ik kreeg er altijd de neiging van me clownesk te gaan gedragen. Nu niet meer. Ik deed wat me gezegd werd. Ik was veertig.

Rachel liet ons op één voet balanceren. De bedoeling was dat ik mijn andere voet vasthield terwijl ik me op een punt op de vloer concentreerde. Ik keek naar mijn littekens en ontbrekende tenen terwijl ik mijn andere voet wiegde als een baby. De resterende tenen hadden duidelijk behoefte aan een pedicure. Ik verloor mijn evenwicht en deed een stap naar achteren.

'Concentratie!' zei Rachel.

Ik moest diep ademen, in en uit, als een vieze man die een obsceen telefoontje pleegt. In en uit, in en uit. Een been naar achteren, armen naar voren. Mijn ogenschijnlijk fitte lichaam voelde ernstig beperkt. Ik kon mijn benen niet eens strekken.

'Het moet uit je kern komen,' zei Rachel.

Pardon?

'Balans tussen lichaam en geest,' zei ze.

Geest over lichaam! dacht ik. Ik hield mijn adem in en duwde mezelf in de plankpositie.

'Fout,' zei ze. 'Je adem moet vloeien. Je verbindt lichaam en geest via je ademhaling.'

Ik probeerde het allemaal te verwerken. Ik had die verbinding niet. Ik waardeerde mijn lichaam wel, maar zag het meer als losstaande entiteit. Het had me tot dusverre goede diensten verleend. Het was er als ik het nodig had. En het liet zich negeren als ik dat nodig vond. En boven alles was het een uitstekende kleerhanger. Ik verzamelde kleding. Ik probeerde te bedenken langs welke winkels ik zou komen op weg naar kantoor na deze les. Concentreer je!

'Trotse strijder,' zei Rachel. Die vond ik leuk.

Toen bewogen we terug naar de grond, waar we een 'wiel' moesten doen. Daar was ik te zwak voor.

'Niet oordelen,' zei Rachel. 'Niet vergelijken.'

Nu ze dat zo zei, viel me ineens op dat mijn vriendin het veel beter deed dan ik. Ze was geconcentreerder en sterker dan ik.

Niet aan haar denken. Concentreer je!

Ik keek hoe gefocust mijn vriendin was. Zij oordeelde niet. Nu niet in ieder geval. De rest van de dag oordeelt ze over luidruchtige peuters, peuters die nog niet zindelijk zijn, peuters die te dik zijn, peuters die te mager zijn, werkende moeders en huismoeders met een au pair. Ze oordeelt zelfs over vrouwen zonder kinderen die van hun katten houden alsof het hun kinderen waren.

Hoe kun je oordelen over de liefde van een ander?

Loslaten! Hou zelf op met oordelen. Concentreer je op je ademhaling.

Ik keek naar de klok. Nog een kwartier. We moesten van Rachel op ons hoofd gaan staan. Dat was eenvoudig voor me. Hoe weinig flexibel ik inmiddels ook was, als jong meisje was ik goed in gymnastiek en vond ik op mijn hoofd staan ontzettend leuk. Misschien dat ik de kracht in mijn kern niet kon vinden, maar ik was nog wel licht en soepel. Hup, daar gingen mijn benen al omhoog tegen de muur. Mijn vriendin kreeg het niet voor elkaar. Hé, kijk eens wat ik kan! Ik ademde in, ik ademde uit en klonk als een oude hond.

'Geen ego!' zei Rachel. 'Laat alles los.'

Waar ik uiteindelijk ook in ben geslaagd. Tijdens de meditatie aan het einde van de yogales lukte het me om los te laten. En daar was hij ineens, uit het niets: mijn jungle. Mijn oerwoud in al zijn glorie en schoonheid, met het overdadige groen en de activerende bladeren. Mijn geest was leeg. Stil goud. Gouden stilte.

De docent beschreef het nadien als *samadhi*, de superbewuste staat van eenwording met het goddelijke. Als er helemaal geen schommelingen in de geest zijn. Als het lagere zelf zich verbindt met het hogere zelf, met de kern, met het universum.

Ik zag aan haar gezicht dat ze moeilijk kon geloven dat uitgerekend een materialistische, spekverslindende, extraverte, rationele investeringsbankier dat stadium wist te bereiken, laat staan zo snel al.

Het was beginnersgeluk. Net als tijdens mijn eerste golfles, toen ik de bal ver en recht wegsloeg, met die perfecte *ping* die je er dan bij hoort.

Het heeft me jaren van oefening gekost om dat punt opnieuw te bereiken. Heel wat yogalessen en docenten later heb ik geleerd hoe ik middels mijn ademhaling contact kan maken met mijn lichaam. Hoe ik in mijn pijnlijke schouders kan ademen. Ik heb zelfs geleerd mijn brein te beteugelen via mijn ademhaling, om in die neutrale gemoedstoestand terecht te komen waarin ik me in de jungle bevond; de ziel die me heeft laten getuigen van mijn omgeving en mezelf. In het oerwoud heeft mijn moeizame ademhaling met één long me er steeds aan herinnerd dat elk hoogte- en dieptepunt begint en eindigt op een neutrale plek. Dat er in de pauze tussen twee ademhalingen een stil-zijn is dat er altijd zal zijn, dat altijd beschikbaar is. Voor iedereen, altijd.

TALISMANNEN, NEW YORK 2006

'De engelen zullen je de berg op dragen; God zal je beschermen. De energie van de bomen zal je geest verheffen,' zeggen mijn morele ondersteuners.

Ze zeggen dat ik speciale bergschoenen moet kopen, Teva-sandalen, en lichtgewicht skistokken, een shirt van uv-beschermende stof, en behandelde sokken die de muskieten op afstand houden.

Ik draag een hanger bij me die me energie moet geven; een afbeelding van Sint-Franciscus; een zilveren pillendoosje van mijn vrienden; en een brief van Joosje om me geluk te wensen.

HET VONNIS, NEW YORK 2001

Jaime en ik zaten samen op een bank. Het was een tweezitsbankje, dus we zaten dicht tegen elkaar. Ik bedacht dat we elkaars hand zouden moeten vasthouden. Zoals die stellen op televisie, in afwachting van de prijs die ze hebben gewonnen, of wanneer ze een smeekbede aan het publiek doen voor hun zieke of vermiste kind. Natuurlijk deden we dat niet, maar iets zei me dat het geen slecht idee zou zijn. Het hele tafereel voelde als een toneelstuk: het elegante kantoor met het gestreepte behang en de zware gordijnen; de sofa met bekleding van damast, afgewerkt met goud; de bijpassende victoriaanse bank waar wij op zaten. Komt op: de therapeut uit de Upper East Side, met Hermès-sjaal om de schouders gedrapeerd, haar rode haar in een knot.

Ze was gespecialiseerd in stellen zoals wij. Stellen die gretig honderden dollars per uur neertellen voor spraaktherapie voor hun tweejarige. Ze had Maxi de week ervoor onderzocht. Toen had ik alleen op deze bank gezeten. Met kromme tenen en witte knokkels. Maxi deed alles behalve wat de therapeut hem opdroeg te doen. Net als bij de dure Muziek met Peuters-cursus van Diller Quaille, waar de andere moeders me geregeld vuile blikken toewierpen. Omdat mijn zoon hun perfecte wereldje verstoorde. Na de les fluisterden ze tegen elkaar. Ze ver meden oogcontact wanneer we onze peuters vastmaakten in hun wandelwagen. Ze deden overduidelijk hun best om niet met me over Madison Avenue te hoeven lopen. Ze wisten niet wat ze moesten zeggen als we samen bij een stoplicht stonden. Ik vond het niet erg. Hij was mijn tweede kind. Ik had het allemaal al eens meegemaakt. Letterlijk: ik had over die stoep gelopen met de andere moeders en geluisterd naar hun gesprekken over dat ene andere kind. Alleen al door met ze mee te lopen, had ik meegewerkt aan het vermijden van die ene moeder die er niet bij hoorde. Ik wist nu hoe ze zich moest hebben gevoeld.

De spraaktherapeut stond erop dat Jaime en ik deze keer samen zouden komen. Dus daar zaten we, niet hand in hand, op de bank. Ze keek ons met geoefende meelevendheid aan; met een empathie waarvan we nog niet wisten dat we die verdienden.

'Ik maak me ernstige zorgen om jullie zoon,' zei ze. Er begon iets te zoemen in mijn oren. 'Ik heb hem op meer getest dan alleen zijn spraak.'

O god, denk ik.

'Ik heb een sterk vermoeden dat hij PDD-NOS heeft.' Jaime keek haar uitdrukkingsloos aan. Ik wist waarover ze het had. Ik had Jaime twee weken daarvoor nog huilend wakker gemaakt omdat ik bang was dat Maxi autistisch was. Om vier uur 's ochtends. Ik had met bonzend hart twee uur zitten internetten. Moeders weten het het beste, zeggen ze altijd. Shit. Wist ik het maar niet. PDD-NOS is een pervasieve ontwikkelingsstoornis, *not otherwise specified*. Met andere woorden: een restcategorie die is uitgevonden voor kinderen die niet binnen de criteria voor klassiek autisme of Asperger vallen. Nu is er geen tweejarige die wél binnen die criteria valt, dus dat biedt ruimte voor hoop. Een diagnose 'autisme' doet dat niet. Dat is een prognose van nooit en altijd. Dat wist ik. 'U hebt geluk dat u er zo vroeg bij bent,' zei ze. 'Met intensieve therapie is het wellicht mogelijk dat hij een vervullend leven kan leiden.' Nu zitten we allebei te knikken, alsof we daadwerkelijk alle details uit die zin in ons opnemen. 'U moet meteen aan de slag! Ik zal mijn rapport naar de beste psychiatrische instelling voor jonge kinderen sturen.'

Toen we op weg waren naar deze afspraak, voelden we ons helemaal het heertje. Een geslaagd stel dat over Park Avenue wandelt. We passeerden goed gekleed en zelfverzekerd de peuterspeelzaal van onze dochter in een kerk aan Park en 85th. Ze zat veilig en warm daar binnen. Dat gaf een fijn gevoel, met name omdat we het ondertussen over een man hadden die een miljoen had betaald om zijn dochter er aangenomen te krijgen. We hadden onszelf op de borst geklopt. We hadden zonder het ook maar te beseffen het lot getart. We waren overal probleemloos geaccepteerd: in ons appartementencomplex, op de peuterspeelzaal, bij de dure muzieklessen; allemaal dingen die, blijkbaar, het hoogste goed waren in onze buurt. Na de peuterspeelzaal zou de privéschool volgen, en uiteindelijk de beste universiteit.

En we waren niet eens veranderd: Jaime's haar was nog steeds lang en ik flapte er nog steeds uit wat er maar in mijn Nederlandse brein omhoogkwam. We woonden aan Park Avenue, in een appartement met een reusachtig balkon. We verdienden goed. We hadden een actief sociaal leven. Onze koelkast hing vol met speciaal gedrukte uitnodigingen en we schreven onze bedankjes op ons speciaal voor ons gemaakte, persoonlijke postpapier. We hadden twee dotjes van kinderen. Het leven lachte ons toe.

Toen ons vonnis werd uitgesproken, deed ik mijn uiterste best te horen wat ze zei in het bulderende geruis van de emoties dat door mijn oren golfde. Ik zag mezelf telefoonnummers opschrijven die de therapeut opsomde en mijn tas oppakken om te vertrekken. En nu? Ik probeerde mijn verwachtingen bij te stellen. Niet met het hele gezin in een golfkarretje, was het enige wat ik kon bedenken. Ik zag Raymond uit *Rain Man* voor me. Ik voelde een ijskoude hand mijn hart omklemmen. We waren net Maxi's toekomst kwijtgeraakt.

DE OUDE JAIME, NEW YORK, AMSTERDAM, 2006

Zeggen dat Jaime en ik van elkaar zijn vervreemd gaat misschien te ver, maar hij heeft zich de afgelopen jaren absoluut teruggetrokken, zo niet geïsoleerd. Van onze vrienden, van het leven, van mij. Van iedereen behalve Maxi en Joosje.

Pas toen ik begon mijn reis te plannen drong langzaam tot me door hoeveel afstand hij had genomen. Nu hij zich bij de trip laat betrekken dringt tot me door hoe kil hij was geworden.

Nadat ik op weg ben gegaan naar Vietnam bel ik hem vanuit de taxi om nog een keer afscheid te nemen en zijn stem te horen. De warmte, de interesse... bijna toewijding: precies zoals hij vroeger altijd was.

Als ik hem bel op vliegveld Newark is hij ook zo. En ook nadat ik in Nederland ben gearriveerd. Hij belt als ik in Den Haag in een schoenenwinkel ben. Ik koop net mijn zoveelste paar wandelschoenen. 'Sandalen die prachtig rond de littekens passen,' vertel ik. Ik maak me zorgen dat mijn beschadigde voeten me die berg niet op kunnen dragen.

'Je kunt het, ik weet dat je het kunt,' blijft hij maar herhalen.

Dan spreek ik hem weer als ik op Schiphol ben, vlak voordat ik aan boord ga voor die eindeloze vlucht naar Singapore.

'Tien uur!' klaag ik. 'En wat als ik claustrofobisch word?'

'Dat gebeurt niet. Je zit helemaal voorin. Geniet ervan, klets wat met degene die naast je zit. Denk aan vroeger. Je hebt het al zo vaak gedaan, en je hebt al zo veel erger meegemaakt.' Hij heeft zijn warme stem weer. Hij is bij me teruggekomen. Denk aan vroeger.

VERDOEMD, NEW YORK 2001

We waren voor een etentje bij een vriendin uitgenodigd. Ik was te vroeg, dus ging ik even bij boekhandel Barnes & Noble binnen. Ik liep naar de afdeling met boeken over psychiatrische aandoeningen. Met tegenzin. Ik had nog het gevoel dat Maxi's diagnose bij elk boek dat ik erover las definitiever werd.

Er stonden maar een paar boeken over autisme. Ik pakte er een, opende het lukraak en keek op de pagina. *Gezinnen raken vaak verscheurd door autistische kinderen*, las ik. *De slapeloze nachten, de constante onvoorspelbaarheid: vijfentachtig procent van de huwelijken van ouders met een autistisch kind eindigt uiteindelijk in een scheiding.* Ik klapte het boek dicht.

Ik liep in een waas, in een nieuwe, angstaanjagende realiteit naar het huis van onze vriendin. Ze deed open met haar schort voor. Ze stond nog te koken. Ik vertelde haar wat ik had gelezen. Ze schonk een glas sancerre voor me in.

Ik barstte in tranen uit.

GEHEELD, SINGAPORE 2006

De reis van dertien uur, van Amsterdam naar Singapore, verloopt heel aangenaam. De vrouw naast me merkt dat ik nerveus ben, ondanks mijn perfecte stoel helemaal voor in het vliegtuig. Tegen de tijd dat we zijn opgestegen, zitten we te kletsen. Ze komt uit Australië en maakt een wereldreis. Ik vertel haar wat ik ga doen. Ze geeft me een crucifix. Een kleintje, van hout, met zilveren hoekjes en een piepkleine Jezusfiguur eraan.

'Ik weet niet waarom ik ze spaar,' zegt ze. 'Ik ben niet eens christelijk. Op een dag mag je hem me teruggeven.' Hij is prachtig. Ik voeg hem toe aan mijn verzameling talismannen. Ik ontspan.

Ik kijk ernaar uit om Myra weer te zien. Zij is de orthodontist die na het ongeluk mijn kaak heeft opgelapt. Ze lapte ook mijn levenslust op, door me Japanse en Indiase afhaalmaaltijden te voeren en mijn familie voor te stellen een Game Boy voor me te kopen. En nu gaat ze mijn zenuwen oplappen. Ze staat op me te wachten op het uiterst efficiënte vliegveld. Wat heeft ze toch een warme en open persoonlijkheid, en wat is het goed dat ze heeft voorgesteld dat ik op weg naar Vietnam even in Singapore zou blijven, om mentaal en fysiek te acclimatiseren voordat ik mijn berg ga beklimmen. Het is vast beter om er langzaam naartoe te groeien, geholpen door Myra's moederlijke steun. We schrijven elkaar sinds ik bij haar in het ziekenhuis heb gelegen, en haar brieven zijn altijd warm en wijs.

Myra gaat direct met me naar een supermarkt en zegt me te kiezen wat ik maar wil. Ik verwonder me over het internationale aanbod. Als we aankomen bij haar huis in een rustige buurt in Singapore geeft ze me een prachtige kamer en een huissleutel.

'Je mag hem houden,' zegt ze. 'Voor als je op een dag nog eens terugkomt.' De logeerkamer ligt aan een orchideeëntuin die wordt verzorgd door haar man, hoogleraar psychologie. Ze zijn een voorbeeldig stel. Hij is geboren en getogen in Singapore, zoon van idealistische Britse ouders die uit Engeland zijn vertrokken om te helpen de perfecte staat op te bouwen. Zij is een Chinese immigrant. Haar moeder is met haar jonge gezin helemaal uit China naar het vrije Singapore gelopen.

Myra heeft een drukke orthodontiepraktijk en vliegt de hele wereld over om hazenlipcorrecties uit te voeren. Daarnaast bakt ze schitterende bruiloftstaarten voor wie die maar wil. Voor mij is ze zelfs nog vrijgeviger. Als ik haar ring bewonder, vertelt ze dat ze hem speciaal voor de steen die erin zit heeft laten maken, in Thailand. Ze laat me zien hoe het licht een asteriskvorm op het oppervlak van het steentje vormt. Ze doet hem af en zegt: 'Ik geef hem aan jou; hij past prachtig bij je ogen.' Ik zeg natuurlijk dat ik hem niet kan aannemen, maar ze staat erop. Hij past precies. Nog een talisman.

We hebben het over de hoeveelheid religies in Singapore. In tegenstelling tot in New York maakt men hier niet alleen politiek correcte grapjes tegen elkaar over elkaars keuze van verering. Myra en haar echtgenoot zijn rationele en erudiete intellectuelen die zeggen dat ze niet in spiritualiteit of religie in wat voor vorm dan ook geloven. Toch zijn ze beiden zo toegewijd aan anderen, aan deze wereld, en ze beleven elk aspect van hun dagelijkse leven zo aandachtig. Ik kan het alleen maar omschrijven als een perfect voorbeeld van hoe spiritualiteit is geworteld in de realiteit.

De volgende dag neemt Myra me mee naar haar werk in het Mount Elizabeth, het ziekenhuis waar ik dertien jaar daarvoor weer in elkaar ben gezet. Ze vraagt me of ik het me herinner. Ja, een beetje.

'Ik herinner me het gevoel,' zeg ik.

'Dat snap ik niet,' zegt ze. 'Hoe kun je je een gevoel herinneren?'

Maar dat is precies wat er gebeurt.

De artsen en verpleegsters zijn geweldig. Ze vertellen vele varianten van hoe fragiel, spookachtig, uitgedroogd, anemisch en bijna dood ik was, de vorige keer dat ze me zagen.

AANPASSINGEN, NEW YORK 2002

Na de voorlopige diagnose van Maxi moest ik eerst door het rouwproces om zijn toekomst zoals ik me die had voorgesteld. Definiëren wat er verloren was gegaan en daar in stilte mee zijn: de dingen die hij nooit zou kunnen en die wij nooit samen zouden kunnen doen.

Ik zag overal blije gezinnen. 'Normale' gezinnen. Vaders die gingen honkballen met hun zoon. Broers en zussen die tikkertje deden. Moeders die foto's maakten. Al die kinderen keken recht in de lens. Ik begreep nu tenminste waarom Maxi dat nooit deed.

Autistisch. Ronduit autistisch. Uiteindelijk volgde die diagnose. Jaren later, nadat we duizenden dollars en uren aan speciale therapieën en onderzoeken hadden uitgegeven. Er bestaat een hele markt voor uitgeputte en wanhopige ouders zoals Jaime en ik.

Ik heb ontelbare evaluaties en vragenlijsten ingevuld. Ik heb een heel nieuwe manier ontdekt om je tijd door te brengen. Tijdens die eerste sessie bij de taal- spraaktherapeut viel het me al zwaar om een heel uur lang in de wachtkamer te niksen, alleen maar te wachten, met de andere ouders. De aanblik van hun berustende gezichten had me geschokt. En dat was nog maar het begin.

De daaropvolgende jaren zou ik Maxi per fiets, bus en taxi door heel Manhattan vervoeren naar speltherapie, socialevaardigheidstraining, fysiotherapie en logopedie. Ik heb vele nieuwe buurten leren kennen en ontdekt wat een relatief begrip tijd is. Ik heb langzaam mijn horizon verbreed door me open te stellen voor die nieuwe wereld: een liefdevolle wereld.

De gemeente bood een speciaal programma aan voor New Yorkers met jonge kinderen met een beperking. Het was gebaseerd op het principe van vroege interventie. Hoe eerder er met therapie werd begonnen, des te optimaler de ontwikkeling van het kind. Een leger jonge vrouwen kwam naar ons huis om Maxi logopedie, fysiotherapie, speltherapie en een specifieke vorm van cognitieve therapie, ABA, te geven. Die laatste was een van de weinige klinisch bewezen effectieve methodes bij autisme. Het was zwaar. Ik heb Maxi zo vaak van frustratie horen huilen in de andere kamer. Maxi's eerste vijftien sessies zijn besteed aan het wijzen naar en volgen van iets wat op de grond was gevallen. Hij werd 'aangespoord' dat te doen. Autistische kinderen leren niets uit zichzelf, ze hebben geen intrinsieke leergierigheid. De meest basale vaardigheden moeten worden aangeleerd. Steeds opnieuw, omdat ze niet beklijven. Dat is de enige manier. Maxi moest aangeleerd worden hoe hij moest wijzen, hoe hij moest nabootsen, hoe hij moest kijken, hoe hij woorden moest vormen met zijn mond, hoe hij met speelgoed moest spelen, hoe hij moest tekenen. Niets ging vanzelf. Er moest hem worden aangeleerd hoe hij moest leven.

De therapeut gooide keer na keer zijn speelgoed van zijn kinderstoel, waarop hij enkel reageerde door in het niets te staren. Dan nam ze zijn gezicht tussen haar handen, draaide het in de richting van het speelgoed en pakte zijn vinger om ernaar te wijzen. Ze sprak heel hard om zijn aandacht te trekken. Heel anders dan ik het zou doen. Maar de enige manier om enige vooruitgang te boeken was een manier vinden om tot Maxi's wereld door te dringen.

Als Maxi dan op de prikkel reageerde, kreeg hij meteen een koekje. Als hij niet reageerde, kreeg hij niets. Hij moest erom huilen, maar uiteindelijk had het effect. Hij begon gretig te doen wat er van hem werd gevraagd. Hij begon het leuk te vinden om kleine, overzichtelijke taakjes te krijgen. In eerste instantie waren het opdrachten zoals zijn neus aanraken of gaan zitten. Daarna, toen hij beter begon te begrijpen wat er van hem werd verwacht, volgden er gecompliceerdere taken. Hij genoot van de loftuitingen (en de koekjes) die gepaard gingen met zijn prestaties. Hij begon het leuk te vinden om het een ander naar de zin te maken!

En dat was niet het enige geluk dat ons werd toebedeeld. Behalve dat Maxi de vaardigheden relatief snel aanleerde, beklijfden ze ook. Veel autistische kinderen vergeten op mysterieuze wijze ineens een vaardigheid die ze hebben aangeleerd. Nadat er uren en uren in zijn gestoken om hem aan te leren. En in tegenstelling tot wat algemeen wordt gedacht, zijn niet alle autistische kinderen genieën. Tachtig procent van alle autisten is geen *savant* met een speciaal talent, maar is zwakbegaafd met enkel obsessieve aandacht voor een bepaald onderwerp.

Het volgen van alle therapieën was een fulltime bezigheid. De therapeuten vertelden ons constant wat we wel en niet moesten doen. Ik moest uiteindelijk mijn ontslag nemen bij de bank om te kunnen voldoen aan de eisen van de therapeuten. Elke therapeut had een eigen handboek dat ik moest volgen. En ze hadden allemaal een universitaire graad in de gesteldheid van mijn zoon.

Uiteindelijk werd ik opgetrommeld voor een interventie met het hele stel omdat ik weigerde Max naar het speciaal onderwijs te sturen. Dat was een grote stap. Hij ging op dat moment nog naar dezelfde peuterspeelzaal als Joosje. We hadden het geluk gehad dat broertjes en zusjes niet door dezelfde ballotagecommissie hoeven als het oudste kind van een gezin. Hij had uiteindelijk een fulltime 'schaduw' toegewezen gekregen, iemand die de hele dag bij hem was om hem aan te sporen zich te gedragen. Hij was niet agressief. Dus waarom zouden we hem dan weghalen uit het reguliere onderwijs? Maxi was gelukkig en ik was ervan overtuigd dat hij goede rolmodellen nodig had. Moeder weet het het beste, dacht ik.

Maar hoe ouder Maxi werd, hoe minder hij met zijn leeftijdsgenoten overweg kon. Iedereen voelde zich ongemakkelijk bij hem in de buurt. Zijn leerkracht, de andere ouders en zijn schaduw. En ongemak was niet waarvoor ze wilden betalen of betaald kregen. Hij moest weg.

Het vinden van een goede school voor speciaal onderwijs was een enorme klus. Of eigenlijk een nachtmerrie. Elke keer als Maxi ergens op gesprek mocht komen, werd hij warm verwelkomd en vervolgens koeltjes afgewezen. Hij werd afgewezen op alle scholen waar ik hoopte hem geplaatst te krijgen. We hadden het geluk dat Maxi tot de twintig procent autisten met een gemiddeld of hoog IQ behoort, maar de meeste kinderen in die categorie hebben Asperger en zijn, in tegenstelling tot Maxi, verbaal zeer begaafd. Dat betekende dat hij in bepaalde opzichten te goed functioneerde voor het speciaal onderwijs, maar in andere te slecht. Ondanks alle thee die ik met allerlei bestuursleden heb gedronken, ondanks alle smeekbrieven die ik heb geschreven was er altijd een kind dat beter op een bepaalde school paste dan Maxi.

Uiteindelijk werd hij geplaatst op een medisch kinderdagverblijf. Dat was een flinke aanpassing. We hebben heel wat blinde en zwaar zwakbegaafde kinderen geholpen de weg naar de lift te vinden. Wat dat betreft hadden wij dan weer geluk, dacht ik. Maar ik kon nog niet voorbij die beperkingen kijken. Ik oordeelde nog uit medelijden, vond ze 'zielig' en bekeek ze niet uit medeleven. Dat schiep afstand. Bij medelijden is er sprake van superioriteit bij de ene partij en minderwaardigheid bij de andere partij. Medelijden creëert afstand. Medeleven verbindt.

Maxi werd naarmate hij ouder werd steeds moeilijker te hanteren. Zo weigerde hij bijvoorbeeld maandenlang om links af te slaan. Dat betekende dat we met de taxi moesten of vier keer rechtsom moesten wandelen om Joosje op te halen bij een speelafspraakje bij onze linkerburen. Als ik hem al de deur uit kreeg nadat ik hem vier keer had aangekleed en steeds opnieuw naakt had aangetroffen.

Hij werd jarenlang midden in de nacht wakker, deed dan overal het licht aan en zette alle televisies op zijn hardst. 'Ochtend,' zei hij dan. Na die periode werd hij nog steeds elke ochtend om vijf uur wakker. Als ik hem even uit het oog verloor, al was het maar een fractie van een seconde, konden er de bizarste dingen gebeuren. Dan tikte hij eieren kapot in mijn schoenen of spoelde mijn portemonnee door de wc. Toch begon ik het holst van de nacht langzaamaan te waarderen, voordat de rest van de wereld wakker werd. Die vroege uurtjes waren alleen van hem en mij.

De deur uit gaan met Maxi was geen sinecure. Er waren ontelbaar veel gênante momenten. In restaurants, als Maxi friet bij onbekenden van het bord griste. In de speeltuin, als hij het speelgoed van een ander kind afpakte of een peuter hardhandig aan de kant duwde. Op de ijsbaan, waar hij het ijs probeerde op te eten. Ik ben heel vaak voor waardeloze moeder uitgemaakt.

Maar naarmate de tijd verstreek heeft hij zoveel geleerd. Hij heeft leren luisteren. Hij heeft leren schaatsen. Hij heeft leren fietsen. Hij heeft geleerd dat hij geen eten van het bord van een ander mag grissen en dat hij geen sneeuw mag opeten. Hij heeft op zijn beurt leren wachten. Hij heeft geleerd links af te slaan.

NUMACHI, SINGAPORE 2006

De volgende dag heb ik een afspraak met Numachi, mijn Japanse collega die dertien jaar geleden mijn laatste dagen in Tokio zo nauwgezet heeft beschreven. Die sake met echte goudvlokken voor me heeft meegenomen toen ik in Nederland aan het herstellen was. We hebben de afgelopen jaren contact gehouden via uitgebreide kerstwensen. En ik bel hem nog wel eens om te vragen hoe het met hem gaat. Hij zal me altijd blijven herinneren aan die Vietnamese man in de jungle. Die man die me zijn broek heeft geleend. Ik weet nog hoe ik hem in gedachten Numachi noemde, hoe geruststellend de gelijkenis voor me was.

Numachi heeft ondertussen een eigen bedrijf, deels in Japan en deels in Singapore. Ik wil graag samen met hem golfen, verdergaan waar we waren gebleven.

Hij neemt me mee naar een golfbaan aan de grens met Maleisië. Als we met onze taxi in een enorme file vast komen te zitten krijg ik een paniekaanval, aangewakkerd door de spanning over de reis die ik nog ga maken. Numachi kijkt me vriendelijk glimlachend aan en zegt: 'Nou ja, niets aan te doen, je kunt er toch niet uit!' Zijn woorden brengen me terug naar die drukke metro in Tokio, jaren geleden. Toen zei hij ook iets van die strekking. Toen vond ik zijn gebrek aan empathie wel grappig. Maar toen was ik jonger en onverschrokkener.

Ik denk aan Joosje. Ze heeft terwijl ze haar huiswerk zat te maken eens geciteerd: 'Moed is niet het gebrek aan angst, maar het besef dat er iets is wat belangrijker is dan angst.' Ik roep mezelf tot de orde. Ik keer in mezelf. Dat lukt me met een combinatie van de juiste ademhaling en mijn pas geleerde zelfhypnosetechniek.

WELKOM IN NEDERLAND, NEW YORK 2002

We horen nu thuis in de wereld van mensen met een beperking. Met zo haar eigen spam. We krijgen bergen post met foto's van kinderen met downsyndroom, kinderen in een rolstoel of met een andere beperking. In eerste instantie weigerde ik ze open te maken. Dan ligt er op een dag een folder in de brievenbus met een kleurrijke foto van tulpen op de voorkant en de woorden: *Welkom in Nederland.* Ik begin het artikel direct te lezen, terwijl ik nog in de lift naar mijn appartement sta.

De schrijver blijkt Nederland te gebruiken als metafoor voor hoe het is om een kind met een beperking op te voeden. Om de ervaring concreet te maken vergelijkt de schrijver het krijgen van een kind met het plannen van een droomreis naar Italië: in gedachten maak je de reis al duizend keer. Je leest er boeken over. Je hoofd zit vol plannen, je wacht gespannen tot het zover is. Maar als het vliegtuig dan landt, blijkt dat je niet in Italië bent terechtgekomen, maar in Nederland. Het belangrijkste is dat je onthoudt dat het helemaal niet zo vreselijk is in Nederland; het is er alleen heel anders dan je je had voorgesteld. Je moet je natuurlijk aanpassen: een nieuwe taal leren, andere boeken lezen, nieuwe plannen maken. Maar je zult ook heel leuke dingen over Nederland leren en er nieuwe mensen ontmoeten. Het vervelende is alleen dat iedereen om je heen alleen bekend is met Italië. Iedereen vertelt je hoe geweldig het daar is en zal je er de rest van je leven aan blijven herinneren dat het eigenlijk de bedoeling was om naar Italië te gaan. Ze hebben geen waardering voor Nederland. En ze nemen jouw waardering voor Nederland niet serieus. De pijn die dat veroorzaakt zal nooit meer overgaan. Die pijn is zelfs nog moeilijker dan het verlies van je droom, wat op zichzelf al een heel groot verlies is. Maar als je de rest van je leven alleen maar blijft rouwen om Italië, krijg je niet mee wat een speciaal en liefdevol land Nederland is.

Na alle reizen die ik in mijn leven had ondernomen, bleek het mijn lot te zijn om in Nederland te blijven.

GASTVRIJHEID, VIETNAM 2006

Ik vlieg met Vietnam Airlines van Singapore naar Ho Chi Minhstad. Gratis. Op uitnodiging van de luchtvaartmaatschappij. Ik moet mijn ticket ophalen bij het kantoor van Vietnam Airlines in Singapore, ergens op de tiende verdieping. Ik stap gespannen in de lift. De aanblik van het logo alleen doet me al huiveren. Alsof ik de confrontatie aanga met een vijand uit het verleden.

Het meisje aan de balie glimlacht als ik me voorstel. Ik vraag haar beleefd of ik alsjeblieft op de voorste rij in het vliegtuig mag zitten.

'Ik heb een vliegtuigramp overleefd. Ik was de enige overlevende en werd wakker met een stoel met een dood lichaam erin boven op me. Ik heb lange benen en raak in paniek als ik de rugleuning voor me tegen mijn knieën voel.' Het meisje glimlacht; meelevend, denk ik. Ik hoef er niet bij te vertellen dat het met een van hun vliegtuigen is gebeurd. Denk ik.

Myra brengt me naar het vliegveld, bewapend met handige telefoonnummers en reistips. Ik bedank haar nogmaals voor de ring, die ik om heb.

Tegen de tijd dat we in het vliegtuig stappen ben ik ontzettend zenuwachtig. En nog meer als ik erachter kom dat ik toch niet op de voorste rij zit. Oké, het is de voorste rij in de economyclass, maar wat heb ik daaraan? Mijn knieën zitten klem tegen de rugleuning van een stoel in de businessclass voor me. Hoewel dat deel van het vliegtuig helemaal leeg is, voel ik me vreselijk opgesloten. Er gieren allerlei gedachten door mijn hoofd: *Het interesseert ze dus totaal niet! Het zou zo eenvoudig zijn om de indruk te wekken dat dat wel het geval was. Is dit hoe ze me zullen ontvangen in Vietnam? Waar gaan ze me neerzetten als ik in dat vliegtuigje naar Nha Trang zit? En de reis door de jungle, hoe is die georganiseerd? In een oud busje? Zoals Jack is overkomen? Een busje dat er dan halverwege de reis mee ophoudt? Straks zit ik daar voor de tweede keer vast!*

Als ze het gordijn tussen de twee afdelingen in het vliegtuig dichttrekken, voel ik mijn hart in mijn keel bonzen. Ik moet opstaan. Ik loop naar de stewardess.

'Pardon, maar ik heb vreselijk veel last van claustrofobie. Zou u mij alstublieft kunnen upgraden naar de voorste rij in het vliegtuig?'

'Nee mevrouw, dat mag ik niet zomaar doen.'

'Ik heb een vliegtuigramp in een vliegtuig van Vietnam Airlines overleefd. Dit is allemaal de schuld van Vietnam Airlines!' zeg ik op dringende toon. Haar poppengezichtje vertoont geen enkele emotie. Ze vertrekt geen spier. Ik raak nog erger in paniek. Het is net of het haar op geen enkele manier raakt, zoals ook het geval was met die man in de ambulance en in het ziekenhuis, in 1992. Diezelfde onverschilligheid en afstandelijkheid. Alles komt weer naar boven. Wat doe ik hier? Waarom wilde ik dit in godsnaam?

Ik ga terug naar mijn stoel en heb geen andere keuze dan diep te ademen en een praatje met de zakenman uit Singapore naast me te beginnen. We hebben het over de vlucht, maar vooral ook over hoe meedogenloos Vietnamezen kunnen zijn. Hij wenst me succes.

De reis in de shuttlebus naar de aankomsthal is ook vreselijk, en ook dan red ik het door goed te ademen. De bus is propvol, de meeste passagiers zijn Vietnamees. Ze hadden net zo goed met zijn allen op mijn borstkas kunnen gaan zitten; zo voel ik me.

De shuttlebus van de businessclass is leeg. Hadden ze dan niet kunnen doen alsof het ze iets kon schelen?

REFLECTIE: HOOP EN MOGELIJKHEDEN

Ik las alle boeken over autisme die ik kon vinden. In allerlei talen. Om mijn zoon te doorgronden. Om hem opnieuw te leren kennen. Zijn gedrag was zo moeilijk te rijmen met alles wat ik kende dat ik een blauwdruk nodig had om hem te leren begrijpen. Ik moest me zijn wereld eigen maken om een plaatsje voor hem in de mijne te kunnen vinden.

Ik las het liefste boeken die door autisten zijn geschreven. Die gaven me een glimp in Maxi's wereld, of hoe die zou kunnen worden. In eerste instantie mat ik alles wat hij deed af volgens 'normale' maatstaven, was ik hem constant aan het vergelijken, probeerde ik zijn beperking steeds kleiner te maken, te marginaliseren. Dat heeft Maxi niet, of dat doet Maxi niet. 'Maxi heeft tenminste...' of 'Maxi doet tenminste...' Er was altijd die 'tenminste.' Mijn hart sloeg vaak op hol terwijl ik die boeken las, angstvallig op zoek naar de volgende horde die we moesten gaan nemen. Maar uiteindelijk heb ik me een weg naar acceptatie gelezen. Ik begon te waarderen hoe Maxi's geest werkt. Hoe hij de wereld ziet. Door ertegen te vechten en me erop te concentreren hem 'beter' te maken, miste ik helemaal wat er wel was, in het hier en nu, recht voor mijn neus. Ik moest mijn verlies gewoon nemen. Mijn verwachtingen bijstellen.

Het heeft vreselijk veel energie gekost om te leren door zijn gedrag heen te kijken, op te houden bij alles wat hij deed te denken: o, dat is autistisch gedrag. Maar op een bepaald moment is dat toch gelukt. Zodra ik leerde hem te nemen zoals hij was, ontdekte ik wie hij was. Vanaf dat moment was er alleen nog maar een stijgende lijn. Hij bleek me zo veel te kunnen leren.

Ik denk niet dat er een 'echte' persoon in Maxi gevangenzit die graag naar buiten wil. Maxi is Maxi. Hij is iemand, niet een gekooid iemand. Hij is iemand die in elk opzicht waardevol is. Hij ziet de wereld anders. En ik vind de manier waarop hij naar de wereld kijkt prachtig. Hij wordt met een glimlach wakker, gaat met een glimlach naar bed en geniet van de momenten daartussen.

Heb ik de hoop opgegeven? Nee, ik heb mijn verwachtingen over zijn toekomst bijgesteld. Hoop is iets anders dan een verwachting. Hoop is niet dat je wenst dat het leven zich conformeert aan hoe jij denkt dat het hoort te zijn. Hoop is blijven bij wat echt is. En echt is geen wens. Maxi is echt.

Valse hoop heeft me wellicht geholpen die vreselijk moeilijke eerste jaren aan te kunnen, toen ik moest accepteren dat er geen 'herstel' voor Maxi zou zijn. Niet met pillen, niet met chelatietherapie, niet met luistervaardigheidstraining of een dieet. Maxi heeft het allemaal ondergaan. Soms was de tol die hij ervoor moest betalen enorm, evenals de tol die mijn dochter en mijn huwelijk hebben moeten betalen.

Ik geloof niet meer dat ik alles in de hand heb. Dat is de realiteit. Mijn hoop is geworteld in de realiteit. In het hier en in het nu. Ik zie heel veel mogelijkheden voor Maxi, maar niet zoals ik dat vroeger deed. Ik kijk voorbij een footballteam, eindexamenfeest of de universiteit. Ik wil dat hij openstaat voor het leven, in al zijn manifestaties. Dat hij openstaat voor wat echt is, niet voor wat ik wil dat hij is. Door te omarmen wat echt is heb ik niet alleen geleerd hem te accepteren, maar ook oprecht blij met hem te zijn.

Voor mij betekent het leven dat je moet omgaan met wat je is toebedeeld. Dit is wat we hebben. Maxi had ook een beroerte, een ongeluk of hersenvliesontsteking kunnen krijgen. Er gebeuren gruwelijke dingen. Waarom overkomen ze mij? Waarom ons? Waarom niet? Ik heb mijn verwachtingen bijgesteld, maar ik heb Maxi nooit opgegeven. Of mijn hoop. Ik heb zoveel gedaan als ik kon en als het nodig is, zal ik nog meer doen. Ik leef een heel hoopvol leven.

5

Terug in Vietnam

EINDELIJK DAN, CHRIS, VIETNAM 2006

Tegen de tijd dat ik Chris eindelijk in levenden lijve ontmoette op het vliegveld van Ho Chi Minhstad had hij vanwege de heroïsche verhalen van Jaime legendarische proporties aangenomen. Daarnaast zei hij in zijn e-mails altijd precies de goede dingen. Een mix van Nederlandse nuchterheid met oosterse wijsheid. Of zoiets.

Het voelt heel raar hem in het echt te zien. Hij is aanzienlijk ouder dan ik me hem had voorgesteld, en hij heeft het uiterlijk van een gemiddelde Europeaan – net als ik, naar ik aanneem –, een stevig lichaam dat hevig transpireert in de brandende hitte. Ik laat mijn teleurstelling wegebben door me op zijn welluidende stem te concentreren en ontspan. Als we eenmaal in de auto zitten, vult Chris het gat van dertien jaar sinds we elkaar hebben 'ontmoet'. In eerste instantie was hij behoorlijk rijk geworden met zijn bedrijf. Toen trouwde hij met een Vietnamese popster die alleen op zijn geld uit bleek te zijn. Weg huwelijk, weg rijkdom. Hij moest weer helemaal van de grond af aan opnieuw beginnen. Het goede nieuws is dat hij opnieuw is getrouwd. Zijn tweede vrouw komt uit Cambodja en ze hebben twee jonge kinderen.

'Ik ben straatarm, maar gelukkig,' lacht Chris.

Hij neemt me mee naar het restaurant op het dak van hotel Rex. Dat ene dak, met de Frans-koloniale sfeer, tropische planten en het constante geroezemoes van de stad als achtergrondmuziek. Hetzelfde dak waar Pasje me op mijn eerste avond in Saigon mee naartoe nam. Hetzelfde dak waar Chris Jaime heeft verteld dat ik nog in leven was.

Als we zijn gaan zitten en onze drankjes hebben besteld kijkt Chris me recht aan en vraagt: 'Wat wil je weten?'

Ik schrik van zijn plotselinge directheid. Na een korte stilte zeg ik dat ik hem allereerst wil bedanken voor alles wat hij heeft gedaan na het ongeluk. Voor ons allemaal. En dat ik mijn excuses moet aanbieden dat ik zo lang geen contact met hem heb opgenomen; mevrouw Van der Pas en ik zijn 'gescheiden', om het zo maar te noemen, en bij het verdelen van de vriendenboedel had ik haar Chris gegund, omdat hij Pasjes goede vriend in Vietnam was, de laatste die hem heeft gekend.

Chris kijkt bedachtzaam.

'Zoiets dacht ik al. Maar de waarheid is dat ik hem nauwelijks kende. We zijn een paar keer samen op stap geweest. Ik heb hem een beetje geholpen, zoals ik dat altijd doe bij nieuwe expats.' Chris ziet vast aan mijn gezicht dat ik geschokt ben. Hij voegt eraan toe: 'Maar ik moet wel zeggen dat ik hem zo aardig vond dat we vast goede vrienden zouden zijn geworden. Hij stond met beide benen op de grond en was oprecht.'

Ik ben nog steeds een beetje van mijn stuk gebracht.

'Waarom zou je dan in vredesnaam met mij die verschrikkelijke berg op klimmen als je het niet uit vriendschap voor Willem doet?'

'Omdat je diepe indruk op me hebt gemaakt.'

Ik probeer mijn verlegenheid te verbergen, haal mijn camcorder uit mijn tas, zet hem op tafel en vraag: 'Kun je dan beginnen met me te vertellen waarom?'

PERSPECTIEVEN

CHRIS, VIETNAM 2006

Het ging goed met me in 1992. Mijn zaak en mijn hele leven floreerden en ik woonde in een groot huis in het centrum van Ho Chi Minhstad. Het was zo groot dat ik een kamer verhuurde aan Carola, Willems assistente. Zo heb ik haar leren kennen. Toen het vliegtuig net was neergestort heb ik de gebeurtenissen gevolgd, maar op de achtergrond. Ik heb Carola wat tips gegeven over hoe ze het beste met de communistische bureaucratie kon omgaan. Arm kind. Ze stond er helemaal alleen voor, met alleen wat hulp van een stel mannen van de bank van Willem, ver weg in Hongkong.

Ik kende Willem wel. We waren een paar keer samen wezen stappen en het klikte prima tussen ons. Ik zag dat hij moeite deed het land en de mensen te leren kennen. Hij was anders dan andere expats. Hij probeerde niet om punten te scoren door kritiek te leveren op ons gastland. Een week voor de ramp zaten we te borrelen en Willem vertelde over zijn vakantie in Nha Trang, met zijn vriendin. Aan de manier waarop hij over haar sprak merkte ik dat ze heel belangrijk voor hem was, dat ze heel bijzonder was. Hij had al een hele reeks verrassingen gepland voor haar bezoekje aan Vietnam. Het was een gezellige avond. We voelden ons met elkaar verbonden vanwege een gedeelde nieuwsgierigheid en dorst naar avontuur. Het was duidelijk dat we elkaar vaker zouden gaan opzoeken, maar die kans hebben we nooit gekregen.

Na het ongeluk raakten de families en de ambassade steeds gefrustreerder over wat zij ervoeren als een gebrek aan betrokkenheid en efficiëntie van de Vietnamese autoriteiten tijdens de reddingsoperatie. Het was 1992, en Vietnam maakte sinds kort deel uit van de wereldgemeenschap. Het Amerikaanse embargo was nog van kracht en zou pas een jaar later worden opgeheven. Omgaan met een ongeluk waar buitenlanders bij waren betrokken was duidelijk een grote uitdaging. En communiceren met buitenlanders was ook niet hun sterkste kant. Wie was er verantwoordelijk, en wie moest de reddingscampagne coördineren?

Het is heel goed mogelijk dat dit vragen waren die er voor het eerst werden gesteld. De frustratie was terecht, maar dat vertaalde zich niet in resultaten. De enige manier om iets te bereiken was mee te werken en geen conflicten op te zoeken.

Toen Carola mijn hulp inriep, stond ik al klaar. De Nederlandse ambassadeur in Bangkok had me gebeld en had me verzocht me ermee te gaan bemoeien. Er deden zo veel geruchten de ronde; hij wilde dat ik mijn netwerk zou inzetten om schot in de zaak te krijgen en resultaten te behalen. Dat deed ik, en het lukte me een goede band te creëren met een adjunct-directeur van Vietnam Airlines, die de leiding had over de coördinatie in Ho Chi Minhstad.

Op zaterdag werd ik naar het kantoor van VN Airlines geroepen om mee te luisteren met een reddingsoperatie, een gezamenlijke inspanning van het leger, VN Airlines en andere ambtenaren. Ze bleken het wrak eindelijk te hebben gevonden en wisten waar ze naartoe moesten. Maar toen sloeg het noodlot nogmaals toe: we hoorden kort daarna dat de reddingshelikopter was neergestort en dat alle inzittenden waren omgekomen. Er is tot op de dag van vandaag heel weinig bekend over dat ongeluk, maar ik ben ervan overtuigd dat het de spanning in wat toch al een ramp van enorme omvang begon te worden alleen maar heeft vergroot.

De volgende dag kwam ons het gerucht ter ore dat er een overlevende was, dat er misschien zelfs meerdere overlevenden waren! Het was niet duidelijk wie de ramp had overleefd, en hoe. De verwachtingen waren hooggespannen en de druk nam toe. Was het reddingsteam te laat? Waren er overlevenden geweest die alsnog waren omgekomen tijdens het wachten op hun redding? Voor ons was de enige relevante vraag of Willem en Annette nog leefden, maar die werd niet beantwoord. Ik was er ondertussen bij betrokken geraakt en we hielden ons strikt aan het beleid dat we geen schuld probeerden toe te wijzen, dat we alleen helderheid wilden scheppen. Iets later hoorden we dat er na de helikoptercrash nu een reddingsteam te voet op weg was naar de plaats van het ongeluk. Carola moet de eerste zijn geweest die hoorde dat Annette nog in leven was. Toen dat nieuws mij bereikte kon ik het niet geloven. Ik had ervaring met vergelijkbare jungles en kon me niet voorstellen dat een westerse vrouw er langer dan een dag zou overleven.

Het nieuws dat Annette was gevonden bereikte Bangkok. De instructies van de ambassadeur waren helder: 'Haal haar daar zo snel mogelijk weg.' Dat was mijn prioriteit.

Carola besloot naar Nha Trang te reizen om Annette bij aankomst op te vangen. Ook nu hadden we weer besloten dat we ons zouden concentreren op wat er moest gebeuren en dat we geen lastige vragen zouden gaan stellen. Nadat Carola was vertrokken was mijn belangrijkste taak de communicatie met de families. De eerste delegatie – Annettes collega Jaime en Willems broer en zus – zou kort daarna arriveren en was er nog niet van op de hoogte dat Annette in leven was. Haar ouders en zus hadden het nieuws wel gehoord en waren ook op weg naar Ho Chi Minhstad. 'Om Annette op te halen.' Ik kende de reputatie van Annettes zus als bullebak uit de pers en van horen zeggen. Ik wist ook dat Annettes collega iemand was om wie je niet heen kon. Mijn eerste prioriteit lag bij het openhouden van heldere communicatie met de autoriteiten. Ik wist dat we op goede voet met hen zouden moeten staan om haar daar weg te kunnen krijgen. Mensen met een grote mond waren wel het laatste wat ik nodig had, maar ik moet zeggen dat ik meteen weg was van de gevatte Jaime.

Ik kan me nog herinneren dat ik Jaime, Miebeth en Jasper het verdrietige nieuws vertelde dat Willem was omgekomen, en het geweldige nieuws dat Annette nog leefde. Jaime sprong op en riep: 'Ik wist het! Ik wist het!' Het was een lange nacht, waarvan ik heb geleerd dat het onmogelijk is om vreugde en wanhopig verdriet met elkaar te verzoenen.

Ik heb Annette voor het eerst gezien op de landingsbaan van Ho Chi Minhstad. Ik ben met haar in de ambulance naar het ziekenhuis gereden. Ze lag op een brancard op de vloer van een krakkemikkige Russische auto met een jammerende sirene en slechte schokbrekers. Hoewel de hobbelige rit haar overduidelijk veel pijn deed, was ze opmerkelijk helder. Haar ogen straalden en ze begon meteen tegen me te praten. Over 'Pasje'. En de afgrijselijke stank. En dat ze andere inzittenden had horen kreunen. Ik besloot op dat moment dat ik niet meer van haar zijde zou wijken. Het laatste wat mensen nu moesten horen was dat zij hardop zei dat er na het ongeluk nog meer overlevenden waren geweest. Na acht dagen van enorme frustratie was het niet vergezocht te denken dat dergelijke gevoelige informatie onze missie om haar daar weg te krijgen zou kunnen dwarsbomen.

Toen we in het ziekenhuis aankwamen, zat ik aan haar zijde en ook toen ze haar in de gang parkeerden, meenamen voor röntgenfoto's en naar haar kamer brachten. Toen haar ouders eenmaal waren gearriveerd en ze alleen nog maar Nederlands sprak, besloot ik dat ze 'veilig' was. Vanaf dat moment heb ik me toegelegd op de onderhandelingen om haar het land uit te krijgen. Dat was nog niet eenvoudig, met al die tegenstrijdige belangen. Ik probeerde haar ouders en Eveline op één lijn te krijgen binnen onze benadering van de autoriteiten. Na een week van totale verslagenheid en intens verdriet waren hun emoties rauw. De kleinste details konden ertoe leiden dat ze ineens ontploften, en hoewel ze opgelucht en dolblij waren, waren ze ook terecht gefrustreerd. Maar gezien de kwetsbare situatie konden we ons niet veroorloven dat iemand op die overgevoelige Vietnamese teentjes zou trappen.

Het ergste was die Franse arts. Hij werkte voor een internationale commerciële reddingsmaatschappij, destijds de enige in de wijde omtrek. Zodra Annette terug was in Ho Chi Minhstad probeerde hij haar op een vliegtuig van Air France te krijgen, het eerste naar Bangkok. Nog afgezien van het feit dat hij geen enkel respect toonde voor de Vietnamezen, wilde hij haar bovendien in dat vliegtuig leggen zonder haar eerst medisch te onderzoeken! Dus wie kon het de Vietnamezen kwalijk nemen dat ze twijfelden aan zijn expertise haar het land mee uit te nemen toen in het ziekenhuis bleek dat ze een klaplong had? Het zou rampzalige gevolgen hebben gehad als ze in de drukcabine zou zijn vervoerd zonder eerst de juiste voorzorgsmaatregelen te treffen, die later alsnog werden genomen.

Een tweede uitdaging was de aanwezigheid van ramptoeristen en – uiteraard – journalisten. Annette lag in een kamer op de negende verdieping te rusten terwijl we op de resultaten van de onderzoeken zaten te wachten. Ik had haar even alleen gelaten om vijf minuutjes mijn benen te kunnen strekken. Toen ik terugkwam waren er twee mensen in haar kamer. Ze hadden een fotolens op haar gericht en probeerden haar vragen te stellen. Ik heb ze de kamer uit gegooid. Ze waren zich er totaal niet van bewust dat ze zich ongevoelig en opdringerig gedroegen en waren razend dat ik me ermee bemoeide.

De belangrijkste persoon met wie we te maken hadden was mevrouw Chien, destijds de staatssecretaris van Gezondheid. Zij moest toestemming geven voor Annettes vertrek en de benodigde papieren ondertekenen. Het was een strenge dame die niet veel glimlachte, maar ze was realistisch en eerlijk. Ze was tijdens de oorlog in Vietnam arts voor de Vietcong geweest in de Cu Chi-tunnels. Ze was trots op alles wat de Vietcong had gepresteerd. Ze was zich terdege bewust van de internationale pers. Annette stond in de schijnwerpers en de effecten van haar beslissing zouden tot over de Vietnamese grens reiken. Dat is vast de reden waarom ze zich een paar keer bedacht heeft over clausules in het overdrachtsprotocol. De situatie was gespannen tot het allerlaatste moment op de landingsbaan. Iets veroorzaakte vertraging. Persoonlijk dacht ik dat het te maken had met het gezelschap dat Annette begeleidde. Ik hoopte maar dat die artsen haar iets kalmerends toedienden. Ik was verrast te zien hoe klein dat vliegtuigje was.

Toen het eenmaal was vertrokken, zat mijn missie erop. Ik kon weer terug naar mijn normale leven. Maar die levenslustige ogen die weigerden zich over te geven, wat er ook gebeurde, ben ik nooit vergeten.

PERCEPTIE EN PERSPECTIEVEN, VIETNAM 2006

Mijn oren tuiten. Chris heeft me zoveel verteld wat ik niet wist. Ik kan niet geloven dat er toch een helikopter is geweest, en dat die is neergestort op weg naar mij, niet op zoek naar het vliegtuig! Er zijn acht mensen omgekomen in een poging mij te redden!

Over het geheel genomen heeft Chris een andere visie op wat er is gebeurd: weer een nieuwe versie van de waarheid.

Chris zet me na onze lunch af bij hotel Continental. Het is heel inheems, zoals de staatshotels in Rusland waarin ik vroeger heb gelogeerd. Niets van de verplichte lekkernijen die ze in internationale hotelketens aanbieden, maar met een eigen nationale trots. Dat heeft mijn voorkeur; ik vind het leuk om in een andere cultuur ondergedompeld te worden. Ik maak een wandeling om me te oriënteren. Het chaotisch drukke verkeer is overweldigend. Oversteken is alsof je wilt inspringen bij het touwtjespringen met twee touwen: het moment waarop je inspringt is cruciaal en gevaarlijk. Ik koop een lokaal gedrukt boek in een kiosk. Chris heeft me verteld dat ze hier alles wat los en vast zit kopiëren.

Het heet *Toen hemel en aarde van plaats verwisselden*. Het is geschreven door Le Ly Hayslip, een Vietnamese vrouw die tijdens de oorlog in Vietnam is opgegroeid, of zoals ze hem hier noemen: de Amerikaanse Oorlog. Het voelt heel gepast om het nu te lezen, dus bestel ik roomservice. Ik begin er meteen aan en verlies me volledig in de memoires. Deze sterke vrouw heeft alles meegemaakt! Hoe kan ik het de Vietnamezen kwalijk nemen dat ze niet om een buitenlander geven na al de gruwelen die de Fransen, de Zuid-Vietnamese regering, de Vietcong en de Amerikanen dit land hebben aangedaan? Maar dit inzicht kalmeert mijn paranoïde gedachten jammer genoeg niet. Moet ik het hun regering kwalijk nemen dat ze die oranje man heeft gestuurd om me te zien sterven – als het inderdaad zo is gegaan – en de toeristische sector waaraan er zo wanhopig behoefte was op die manier veilig te stellen? Een leven opgeofferd voor de toekomst van een hele natie? Wie ben ik?

DE JUNGLE IN MIJN DAGELIJKS LEVEN, NEW YORK 2006

'Sorry dat ik te laat ben,' roep ik terwijl ik de grote, lege yogaruimte binnen ren waar mijn docent zit te wachten. 'Ik kon geen taxi vinden!'

'Dat geeft niets,' zegt ze met haar lieve glimlach. 'Ik ben er zelf ook nog maar net.'

'Ongelooflijk, waar ik me tegenwoordig mee bezighoud,' ga ik verder terwijl ik mijn trui uittrek en hem op mijn grote boodschappentas gooi. Ik knik naar de tas. 'Cadeautjes. Voor de dertig beste vriendinnen van mijn dochter, die volgende week naar haar partijtje komen.' Ik zucht. 'En er komen vanmiddag vijftien mensen voor de lunch bij mij thuis. Voor mijn eigen verjaardag. Vrouwen uit de Upper East Side, die de lat ook op Upper East Side-hoogte leggen. Wat heb ik me op mijn hals gehaald?'

Ik rol mijn yogamatje uit en ga zitten. Ik kijk naar mijn nieuwe docent: een godin van een meter tachtig met lange blonde krullen. Een voormalig topmodel dat om alle goede redenen yogadocent is geworden. Of misschien dat sommigen zouden zeggen om alle verkeerde redenen: ze heeft flink geleefd in de tijd van haar roem. Hoe dan ook, ze is er stralend en wijs uit gekomen.

'Leg je benen maar omhoog tegen de muur en kom tot rust,' zegt ze. Ik volg haar instructies en denk ondertussen nog aan de gazpacho die ik ga maken, vraag me af of ik te veel eten heb ingeslagen. 'Keer naar binnen. Gebruik je ademhaling.' Dat probeer ik. 'Leg je hand op je buik en adem ernaartoe.' Dat doe ik. 'Maak je longen leeg en span je buikspieren aan. Houd vast. Wacht even. Vul je dan helemaal met lucht, houd even vast en maak je weer leeg. Luister naar de stilte tussen je ademhalingen.'

Ik vul mijn buik met lucht en houd die vast. Adem uit en leeg mijn longen volledig. Ik duw alle lucht naar buiten en blijf stil. Het voelt alsof de binnenkant van mijn maag mijn ruggengraat raakt. Ik houd het vast. Mijn hoofd wordt licht. De pauze, de stilte, de kern. De jungle.

REGRESSIE, VIETNAM 2006

Chris haalt me de volgende ochtend vroeg op om me de stad te laten zien. Op een motorfiets. Ik klamp me aan hem vast of mijn leven ervan afhangt. Het verkeer is een gekkenhuis: van links en rechts schieten motorfietsen om me heen, die elkaar afsnijden, toeterend door rood licht rijden en zich luttele centimeters van me vandaan in het tegemoetkomende verkeer storten. Op sommige motorfietsen zitten hele gezinnen. Iedereen draagt een driehoekig gevouwen zakdoek over zijn gezicht; het Wilde Oosten.

Ik heb gevraagd of we naar Pasjes kantoor kunnen, een rit van een halfuur. We stoppen bij een koloniale villa. Ik ben zo blij hem eindelijk te zien; ik weet hoeveel moeite het Pasje heeft gekost dit kantoor lopend te krijgen.

Chris vertelt me dat de ING het twee jaar na het ongeluk heeft gesloten. Dat maakt me verdrietig. Chris doet er nog een schepje bovenop en zegt: 'Ik begrijp ook niet waarom hij zo ver buiten het zakencentrum is gaan zitten. Dat was niet zo slim.'

Ik schiet in de verdediging.

'Dat kan ik je wel vertellen: hij mocht zijn kantoor nergens anders openen van meneer Hung! Meneer Hung, die hem door de Vietnamese regering was toegewezen, had een familielid dat eigenaar van dit pand was.' Pasjes waakhond heeft alle andere mogelijkheden afgehouden tot Willem zich er uiteindelijk bij heeft neergelegd en in dit pand een kantoor is gaan huren. Het was toen een heel andere tijd: geen mobiele telefoons, geen laptops, geen wolkenkrabbers. Willem heeft van de grond af een buitenlands filiaal opgebouwd en moest het doen met de kaarten die hij kreeg toebedeeld. Er waren destijds geen buitenlandse banken. Dus ik ben wel degelijk onder de indruk!

Ik voel nog een tijdje wrevel ten opzichte van Chris, maar als we lunchen in een plaatselijk eettentje leren we elkaar beter kennen. Chris heeft een geweldig gevoel voor humor. Dat zal hij wel van zijn moeder hebben, die uit Wales komt. In combinatie met de nuchterheid van zijn

Nederlandse vader en zijn kennis van de oosterse cultuur maakt het hem tot een ontzettend aardige man.

Ik vraag me af of ik verval in mijn jonge –of oude – defensieve zelf, mijn kleine ik. Als hij me meeneemt naar zijn eigen kantoor en me even achter een bureau parkeert, voel ik me bovendien weer een stagiair. De stagiair van Chris. Of voel ik me meer zijn jongere zusje? Als ik onder druk sta, vind ik het veel moeilijker om mijn opgedane spiritualiteit toe te passen. Dan voelt het veiliger om me vast te klampen aan controle-scenario's zoals ik die in mijn kindertijd heb toegepast, en die bij mijn persoonlijkheid en cultuur passen. Laat ik maar gauw proberen mijn grotere ik op te roepen om die berg te bedwingen!

NEW YORK 2001, 12 SEPTEMBER

Ik ken niemand die niet is beschadigd;
Ik heb geen enkele vriend die zich op zijn gemak voelt.
– Simon en Garfunkel, *American Tune*

Naar dat liedje heb ik honderd keer geluisterd, de dag na 11 september 2001. Om te begrijpen wat er was gebeurd. Om toe te kunnen geven aan de verbijstering en ongelooflijke pijn die ik nu deelde met mijn geliefde New York.

Ik stuurde het naar vrienden over de hele wereld. Het drukte het beste uit wat ik voelde. Wat wij voelden. Ik maakte voor het eerst in mijn leven onderdeel uit van een collectief trauma. Ik was onbelangrijk. Ik wilde ook niet belangrijk zijn. Ik wilde alleen maar helpen. Echt helpen. Als een echte Amerikaan. Ik was altijd al onder de indruk geweest van hoe snel Amerikanen zich organiseren in tijden van nood. Ik wilde mijn jas geven aan die vreemden die uitdrukkingsloos en als robots over straat liepen. Een hele menigte mensen, bedekt door grijs stof. Of was het as? Ik wilde als tolk fungeren voor de nooddiensten. Ik wilde tegen mensen zeggen dat ze moesten blijven vliegen, net als ik dat had gedaan. Ik ervoer ineens hoe het voelt om je als gemeenschap één te voelen. Dit was onze gemeenschap. Dit was onze stad die in brand stond. De grijze rook had de blauwe stad langzaam overgenomen. De rook ging vergezeld van de stank, de stank van de dood.

Union Square heeft voor mij altijd symbool gestaan voor de essentie van New York, met de variëteit aan mensen die hun ontberingen delen. Jaime en ik voelden het hevige verlangen erbij te zijn en liepen langs het plein. Overal hingen foto's van mensen die werden vermist. De restaurants zaten propvol. Iedereen wilde bij elkaar zijn, contact maken. Er hing een reusachtig spandoek: *New Yorkers zijn het sterkste volk op aarde.* Normaal gesproken zou ik me eraan hebben geërgerd, hoe Amerikanen woorden als 'aarde' en 'wereld', en zelfs 'universum' gebruiken om hun eigen emoties en dromen te omschrijven. Nu was ik het er helemaal mee eens. Het was 12 september en iedereen was die dag een New Yorker.

De dag daarvoor was ik met Nana, Maxi's oppas, een kast aan het opruimen. Maxi en zijn ABA-therapeut waren ook in de kamer, ze zaten tegenover elkaar. Maxi zat met zijn handjes op schoot, zoals de therapeut had gezegd dat hij moest doen. Ze was hem 'stop' aan het leren zeggen. Ze duwde een nat doekje in zijn gezicht, steeds maar weer opnieuw, en hij bleef maar wegduiken. Jaime was in onze slaapkamer en maakte zich klaar om naar zijn werk te gaan. Hij was laat. Onze collega's waren al op kantoor. Ik zou nog later komen, want ik had eerst nog een bijeenkomst op de peuterspeelzaal van Joosje.

'Kom eens kijken!' riep Jaime uit de slaapkamer. Ik liep naar hem toe en keek terloops naar de televisie. Ik zag een vliegtuig recht het World Trade Center in vliegen. Ik was in mijn hoofd nog met de kast bezig en dacht: waarom wil hij toch altijd dat ik naar vliegtuigen en vliegtuigrampen kijk? Alsof ik dat leuk vind! En waarom laten ze die vliegtuigen daar überhaupt rondvliegen?

Ik liep terug naar de kast. Maxi zat ondertussen te huilen en ik begon geïrriteerd te raken, aangezien mijn lieve jongetje opzettelijk werd getreiterd.

'Stop!' riep hij uiteindelijk, in tranen.

'Kom nou kijken!' riep Jaime, en daar, op de televisie in mijn slaapkamer, zagen we een van de twee torens als een rechthoekige paddenstoel in elkaar zakken. Of smolt hij? We riepen Nana en de therapeut erbij. We stonden allemaal in stilte, met open mond, keken elkaar ongelovig aan, toen het plotseling tot ons doordrong dat Joosje het ook zag. 'Ik moet naar kantoor,' zei Jaime, terwijl hij haar de kamer uit naar de hal dirigeerde.

'Papa, papa,' huilde ze helemaal over haar toeren, 'je moet hier blijven, je moet hier blijven. Anders verbrand je. Anders kom je nooit meer terug!'

Jaime moest vertrekken. Ik troostte Joosje en bleef bij de kinderen, maar wat ik echt wilde was naar buiten gaan. Wat ik uiteindelijk ook heb gedaan.

'Om water te halen,' zei ik.

Wat ik aantrof op Madison Avenue deed me denken aan de geluidloze filmbeelden van toen in Europa de Tweede Wereldoorlog was uitgebroken. Mensen waren met stomheid geslagen. Auto's stonden midden op de weg stil, met de portieren open en de radio aan. In de supermarkt stonden gigantische rijen. Mobiele telefoons deden het niet, maar iedereen hield zijn eigen mobieltje vast alsof zijn leven ervan afhing. Iedereen praatte met iedereen. Pijn verbindt mensen.

PARANOÏDE, VIETNAM 2006

Terug in het hotel is mijn onrust over de rest van de reis en de vluchten die nog komen geenszins verminderd. Ik besluit de koe bij de hoorns te vatten en een mail naar de Nederlandse ambassadeur in Hanoi te schrijven. Ik vertel hem dat ik tot dusverre niet vriendelijk en gastvrij ben bejegend door Vietnam Airlines; dat ik het enorm op prijs zou stellen als hij zou kunnen proberen te regelen dat ik tenminste een goede plek in de vliegtuigen krijg toegewezen. Ik stuur Chris een cc van het bericht.

Vijf minuten later gaat mijn telefoon. Het is Chris. Hij lijkt wel een ander mens. Hij vertelt me met een ijzig koude stem dat ik misschien eens goed in de spiegel moet kijken; dat ik bij mezelf te rade moet gaan over de reden van mijn komst; dat hij zich afvraagt of hij er wel betrokken bij wil blijven.

Ik raak in paniek. Wat heb ik gedaan? Waarom is hij zo kwaad? Waarom heeft hij zich ineens tegen me gekeerd?

Ik begin aan hem te twijfelen. Aan wiens kant staat hij eigenlijk? Wie is hij eigenlijk? Werkt hij inderdaad voor de regering, zoals Jack dacht?

Jack heeft me meer dan eens gewaarschuwd dat ik moet oppassen tijdens telefoongesprekken, en met het verzenden van mails, omdat ze 'alles in de gaten houden'. Wat weet ik eigenlijk? Is alles wel wat het lijkt?

En de Vietnamese regering: hoe geïnteresseerd is die daadwerkelijk in hoe het met me gaat? Ik herinner me nog levendig hoe weinig empathie die militair tentoonspreidde toen ik net was gevonden, in mijn gebroken toestand. Hoeveel tolerantie zullen ze nu hebben voor de hysterie van een verwende buitenlander?

Dan zijn er nog de theorieën over de oranje man: dat hem is opgedragen het wrak te zoeken en vervolgens te wachten tot iedereen dood was voordat er een reddingsteam zou komen, te wachten tot er niemand meer in leven zou zijn die het verhaal zou kunnen vertellen. Ik bedenk ineens dat ik hem straks misschien wel tegenkom in zijn dorp. Misschien dat hij zijn opdracht alsnog wil afmaken.

Mijn hoofd slaat op hol, ik zie overal samenzweringen.

BIJNA THUIS, NEW YORK 2001

Die herfst na de ramp op 11 september waren we op zoek naar een school voor Joosje. Het was gek om mijn vierjarige aan te moeten prijzen voor een plaatsje op een van de elitaire particuliere scholen. We hadden gehoord dat dat echt de enige optie was in New York, waar het openbaar onderwijs ver onder het nationale peil is. Ze moest een IQ-test doen. Iedere school wilde een kennismakingsgesprek met haar, Jaime en mij apart. Iedere school hield een open avond. Tien scholen, dertig bezoekjes. Na al die uren dat we brieven hebben geschreven, gesprekken hebben gevoerd, hebben gepraat en – obsessief – hebben nagedacht, raakten we ervan overtuigd dat zo'n school exact was wat Joosje nodig had. Wat wij nodig hadden. Wat iedereen in onze buurt nodig had.

Het is een vreemd spel op een ongelijkwaardig verdeeld speelveld. Alle kaarten liggen in de handen van de mensen die de toelatingen regelen, die in informatie handelen. Cruciaal is de eerste keuzebrief, waarin je je kaarten laat zien in een kopersmarkt. Jaime en ik waren beiden professioneel handelaar en Joosje was een slimme meid, dus we vonden dat we onze mogelijkheden open moesten houden. Op onze lijst van mogelijke scholen stond ook een katholieke school, omdat ik veel ouders kende die daar een kind hadden. Die school voelde meer als mogelijkheid om achter de hand te houden, en ik dacht er niet echt over na wat mijn joodse man ervan zou vinden. We vierden zowel de joodse als christelijke feestdagen, maar we waren niet praktiserend religieus. Als kind ging ik wel naar de kerk, maar ik ben opgegroeid in de jaren dat de kerk in Nederland in hoog tempo leegliep. Mijn generatie was een cynische, die vond dat religie de bron van alle wereldconflicten was. Degene die de toelatingen op die katholieke school deed bleek een oude hippie te zijn. Net als Jaime. Ze hadden meteen een enorme klik. 'Liever christelijke normen en waarden dan helemaal geen normen en waarden,' grapte Jaime tijdens ons kennismakingsgesprek.

'Waarom zou je het dan geen kans geven?' vroeg ze hem. 'Kom een keer naar de wekelijkse mis, en kijk maar of jullie ermee kunnen leven.'

Ik stond er neutraal in wat betreft het religieuze aspect, maar ik vond de school een beetje truttig en meisjesachtig. Het uniform, met een rood-wit geblokt schort als een theedoek, stond me tegen. Op de kleuterschool was mijn dochter uitgeroepen tot leukst geklede kleuter, en nu zou ze eruitzien als een Duitse serveerster?

We gingen rond de kerst naar een mis. Het elegante gebouw, sowieso schitterend, was spectaculair en smaakvol versierd met kransen en strikken die waren afgestemd op de strikken in het haar van de meisjes.

We zaten achter in de houten kapel. Jaime gemakkelijk ongemakkelijk; ik ongemakkelijk gemakkelijk. Toen kwamen de meisjes binnen. Zonder hun schorten. Ze klonken en zagen eruit als engeltjes. De priester maakte een ruimdenkende indruk, bijna newageachtig. Hij preekte een vriendelijke boodschap over de liefde. Een boodschap die we allemaal zo hard nodig hadden in de winter na 11 september. Jaime glimlachte. Ik huilde. Dit was wat we wilden voor ons kind. Dit is wat we zelf als kind allebei hadden gehad. Hoe kon ik dat zijn vergeten? Hoe konden we haar tot dan toe hebben opgevoed zonder besef van iets wat groter is dan wij?

We schreven de volgende dag de brief waarin we kenbaar maakten dat deze school onze eerste keuze was.

ALLEEN, VIETNAM 2006

Ik besluit na een slapeloze nacht in mijn eentje op verkenning uit te gaan in de straten van Ho Chi Minhstad. Ik bel Chris en zeg dat ik een dag vrij neem. Ik heb wat tijd voor mezelf nodig om alle indrukken te verwerken.

Zijn stem klinkt weer warm. Hij biedt zijn excuses aan voor de uitbarsting van de vorige dag en verzekert me dat alles in orde is. Hij heeft de ambassadeur gesproken: Vietnam Airlines zal me vanaf nu als een vip behandelen. De maatschappij heeft tevens haar excuses aangeboden dat men zich niet heeft gerealiseerd dat ik moeite heb met vliegen, met name achter in een vliegtuig. Chris klinkt oprecht medelevend, betrokken, bezorgd. Hij biedt aan me op te komen halen, maar ik zeg dat ik vandaag geen leuk gezelschap ben. Ik ben moe en humeurig van een nacht vol soapscenario's in mijn hoofd.

Ik dwaal doelloos door de stad. Ik vind het prettig om een plaats waar ik ben in me op te nemen, te ervaren, en dat kan pas echt goed als je alleen bent. Ik probeer me Pasje hier voor te stellen, in zijn laatste dagen. Ik dacht dat New Yorkers hard waren, maar volgens mij is het woord uitgevonden in Vietnam. Als je naar de mensen kijkt, zie je hun hardheid.

En dan de seks. De seks hangt in de lucht. Je voelt het overal. Het is niet slecht, maar ook niet goed. Liefdeloos, enkel bedoeld voor de zintuigen. Toch voelt het niet als een liefdeloze stad; hij functioneert alleen middels harde liefde. Net als New York. En er lijkt een reusachtige discrepantie te zijn tussen de kilte van de militairen en de warmte van de andere mensen.

Ik denk aan Chris, die alles kwijt is en toch het harde Vietnamese leven boven een comfortabel Nederlands leven blijft verkiezen. Comfort en liefde gaan niet altijd samen. Soms zitten ze elkaar zelfs juist in de weg.

Ik zie Chris voor me zoals ik hem gisteren bij de bushalte heb achtergelaten, wachtend in de zinderende hitte om naar zijn appartementje in een buitenwijk te reizen, met een stralend gezicht, helemaal opgetogen dat hij zijn gezin weer gaat zien. Tegen de tijd dat hij in de overvolle bus stapte, was zijn overhemd doorweekt. Toen hij naar me zwaaide door de achterruit, tussen de andere forenzen geperst, dacht ik: als dat geen liefde is...

Hoe kan ik hem niet vertrouwen?

Ik besluit mijn humeurigheid van me af te schudden. Ik concentreer me op de stalletjes langs de weg naar rivier de Saigon.

When the going gets tough, the tough go shopping, bedenk ik. Ik koop een namaak Patek Philippe-herenhorloge. Pasje zou het met me eens zijn geweest dat het een uitstekende vervalsing is.

Ik haal ook de nachtponnen op die ik nog geen vierentwintig uur eerder voor mijn moeder in een atelier naast het hotel heb besteld. Drie kopieën van een nachtpon die ze dertien jaar geleden in Singapore heeft laten maken, toen ik in het ziekenhuis lag. Het is haar lievelingsnachtpon geworden en hij is ondertussen tot op de draad versleten. De meisjes in de winkel zijn heel vriendelijk, hoewel ze werkdagen van vijftien uur maken. Ik heb ze verteld waarom ik in Vietnam ben, en als ik de winkel binnenkom, rent een van hen meteen naar boven om mijn bestelling te halen. Behalve de nachtponnen geven ze me ook nog een jurk, die ze speciaal voor mij hebben gemaakt. Het is een geschenk, om me geluk te brengen.

TIJD OM TE ZINGEN, NEW YORK 2004

Elke donderdagochtend ging ik naar de mis bij Joosje op school, die tot mijn verrassing het hoogtepunt van mijn week werd. Ik zette haar om kwart over acht op school af, ging koffiedrinken met de andere ouders, en dan liep ik samen met hen, helemaal opgetogen, terug naar het prachtige pand aan Central Park. Daar wachtten onze zeven- en achtjarigen dan op ons, al aanwezig in de kapel. Stuiterend van gretigheid om naast ons te mogen zitten.

Onze 'energieke' Joosje was aan het begin van het schooljaar in een bankje voorin bij het raam gezet. Dat werd ons plekje. Het keek uit over het Cooper-Hewitt Museum. Een mooi uitzicht. Links konden we ons appartementencomplex boven de andere panden zien uitsteken. Dat was een minder mooi uitzicht: de enige wolkenkrabber van na de oorlog in onze vooroorlogse wijk.

De zonnestralen die door het raam naar binnen schenen lichtten de uiteenlopende haarkleuren van de meisjes om ons heen op, hun vlechten en paardenstaarten perfect in model. Joosje nestelde zich onder mijn arm en speelde met mijn armband. We zongen allemaal recht uit ons hart.

Beter dan dit kon het niet worden. Misschien kwam het doordat alle volwassenen hun eigen, geliefde kind bij zich hadden. Misschien kwam het doordat de mis zo duidelijk openstond voor alle vormen van religie; de liederen leken speciaal gecomponeerd om dat te benadrukken. Misschien kwam het doordat de dienst zo helder en eenvoudig was, met liefde en vriendschap als boodschap. Realistisch en relevant voor de kinderen. Realistisch en relevant voor ons. Deze mis, deze liederen, deze stemmen hebben me door een aantal woelige en zware jaren heen geholpen.

Het was een klein wonder. Daar zaten we: al die moeders, vaders en dochters, in alle vormen en maten, van alle nationaliteiten zelfs, allemaal worstelend met zowel het leven als de grote druk die erbij komt kijken. Er waren weleens rivaliteiten en trivialiteiten, maar die verdwenen als sneeuw voor de zon zodra we begonnen te zingen. Een eenvoudig lied. Ik werd elke keer overweldigd door een gevoel van broederschap en zusterschap, solidariteit, liefde zelfs. Dan zag ik niet meer die overheersende moeder op het bankje naast me, maar een mens dat zich had overgegeven aan de schoonheid van het moment. Dan waren we niet langer onszelf, enkel nog delen van hetzelfde geheel.

Waarom moest dat een uitzonderlijk moment zijn? Waarom konden zulke momenten niet de regel zijn in het dagelijks leven?

'We zouden het geweldig vinden om sterren te hebben zonder de duisternis,' zei de priester. 'Maar zo is het leven niet. Zoet en zuur gaan altijd samen, net als gelukzaligheid en rouw, gezondheid en ziekte, licht en duisternis. We hebben de duisternis nodig om het licht te kunnen waarderen. We moeten de duisternis omarmen met het licht, en het slechte met het goede.'

Wat toepasselijk. Als het moment niet zo uitzonderlijk zou zijn, zou het leven dat ook niet zijn. Zou ik er waardering voor voelen als ik niet bekend was met de keerzijde? Zou ik deze dankbaarheid voelen als ik geen verlies had gekend? Zou ik dit moment van saamhorigheid koesteren als ik geen eenzaamheid zou hebben gekend?

'Maar hier eindigt onze wijsheid niet,' vervolgde hij. 'We hebben de mogelijkheid controle te hebben over onze focus. We kunnen kiezen waarnaar we kijken. Als we de vervelende kanten van onze familieleden, vrienden, klasgenoten en collega's willen zien, zien we die. Maar als we ons concentreren op hun goede kanten, zullen we die gegarandeerd ook vinden. We kunnen besluiten naar de sterren te kijken, of naar het donker eromheen. Het leven wordt gemaakt of gebroken door waar we consequent naar besluiten te kijken. We doen niet alsof het donker niet bestaat, maar kiezen ervoor ons te concentreren op de sterren.'

De jungle, dacht ik.

Ik keek naar Joosje. Ze zat niet echt te luisteren. Natuurlijk niet. Ze zal het zelf moeten ontdekken. Hoe graag ik haar ook tegen het donker zou willen beschermen, dat kon ik niet en dat moest ik niet doen.

Na de mis ging iedereen zijn eigen weg. We gingen allemaal terug naar onze rol. Want dat was wat het waren: rollen.

VERWACHTINGEN, VIETNAM 2006

Later die middag bel ik Chris. In de hoop dat we op goede voet verder kunnen met elkaar vraag ik hem of we samen een boeddhistische tempel kunnen bezoeken. Het boeddhisme spreekt me aan. Ik ben eindelijk begonnen aan dat boek dat ik uit dat hotel in Tokio heb gepikt. Ik waardeer het gebrek aan dogma's en de nadruk op medeleven en boven je persoonlijkheid uitstijgen, zowel goddelijk als menselijk. Ik vind het een logisch verhaal.

Chris zegt dat hij me graag mee wil nemen naar een tempel waar zijn vrouw vaak naartoe gaat. Het is een Cambodjaanse, net als zij. Hij zegt dat hij zijn gezin meeneemt.

Zijn vrouw, Akim, is verbijsterend mooi en straalt een soort *je ne sais quoi* uit. Chris vertelt dat ze is opgegroeid in Angkor Wat, tussen de ruïnes van de indrukwekkendste hindoeïstische en boeddhistische tempels ter wereld. Ze is geboren tijdens het regime van Pol Pot. Haar grootvader, de 'grote abt' van het complex van Angkor Wat, heeft ervoor gezorgd dat ze werd opgevoed door boeddhistische monniken. Zo te zien hebben ze meer gedaan dan zorgen dat ze veilig was; ze straalt gratie en wijsheid uit.

We nemen een taxi naar een nietszeggende straat. Het is laat in de middag en mensen zijn op weg naar huis uit hun werk. We rijden een smal steegje in dat je niet zou opmerken als je niet wist dat het er was. Achterin is een grote, goed onderhouden tuin met piepkleine hutjes en een kleurrijke tempel. Het is een heuse oase: groen van de planten en bomen, met een verzorgd grasveld. Jonge, kale mannen in oranje gewaden schuifelen rond; anderen zitten op bankjes te lezen. De kinderen van Chris rennen naar binnen alsof ze bij opa en oma op bezoek gaan. Ze verbreken met het typerende enthousiasme van een drie- en vijfjarige vol zelfvertrouwen de stilte. Ze voelen zich hier, net als hun moeder, overduidelijk thuis.

Ik word voorgesteld aan een jonge monnik met een ontzettend mooi gezicht, met fijne gelaatstrekken en zachte ogen. Hij straalt autoriteit uit, volwassenheid zelfs. Hij stelt in gebroken Engels voor dat we eerst naar een dienst gaan en dat hij me daarna een rondleiding geeft. Dat klinkt aanlokkelijk. Ik verwacht er heel veel van.

We gaan op een kleed zitten in een kamertje met kaarsen en een klein altaar. Hij begint te chanten. Ik ben helemaal opgetogen: dit is precies wat je zou verwachten. Dit is precies hoe het hoort! Hij gaat door en door met zijn monotone klanken. Mijn gedachten dwalen af. Naar de jungle, naar de berg die ik moet bedwingen. Mijn blik volgt de kinderen, die opmerkelijk vrij rondrennen. Ik denk aan christelijke kerken, waar kinderen stil moeten zitten, met hun handen op schoot gevouwen.

Als hij stopt met chanten kijkt hij naar me en vraagt iets in het Khmer. 'Hij wil weten of je vragen hebt,' vertaalt Chris.

Vragen? Ontzettend veel! Waarover? Het leven? De dood?

'Waarom vraag je niet hoe onze tocht zal gaan worden,' zegt Chris, waarna hij meteen vertaalt. Ik begrijp het niet. Is die man een waarzegger? Ik kijk verrast naar de dobbelstenen die hij op het kleed werpt. Hij roept de getallen en begint ze te verklaren. Chris vertaalt met een gelijke mate van respect en cynisme in zijn stem. 'Hij waarschuwt voor slecht weer. We zullen in eerste instantie problemen krijgen, maar op de berg komt het allemaal goed.'

Godzijdank, denk ik geschrokken. Als we weer naar buiten gaan, ben ik opgelucht.

'Hoe voel je je?' vraagt Chris met een twinkeling in zijn ogen.

'Verward,' zeg ik peinzend. 'Stel je eens voor dat je hier opgroeit en dan op een goede dag de Bijbel onder ogen krijgt. Je bent erdoor geraakt. Jaren later ga je in Europa naar een katholieke mis. Je ziet de ornamenten en de heiligen, je doet mee aan de rituelen. Maar je vraagt je af wat dat met de christelijke boodschap te maken heeft.'

Chris glimlacht, haalt zijn schouders op en zegt: 'Ach, net als overal hebben ook hier de mensen iets nodig wat hen door hun zware leven helpt. Hier zijn dat getallen. Daarom wordt er zoveel gegokt in Azië.'

We staan op het punt te vertrekken als Chris me gebaart hem te volgen. We lopen langs de hutjes waar de monniken wonen. Aan de achterkant zien we de balkons, vol met waslijnen, waar netjes zij aan zij de oranje gewaden aan hangen.

'Kijk eens!' zegt Chris, en hij wijst.

Ik begrijp het niet. Ik kijk naar die leuke huisjes, maar hij dringt aan: 'Kijk dan! Zien die er niet bekend uit?' Zijn gezicht staat verwachtingsvol.

'Waarnaar?' vraag ik uitdrukkingsloos.

'Kijk dan!' roept hij. 'De oranje man! Zulke kleding droeg hij toch?'

Ik kijk naar de monnikengewaden. Ze hangen er in bijna alle kleuren oranje aan de waslijn.

'Nee,' antwoord ik. 'Ik wil je niet teleurstellen, maar die man droeg plástic oranje!'

Hoe vaak moet ik dat nog zeggen?

SHIT HAPPENS, NEW YORK 2005

Shit happens is mijn adagio. En ik kreeg vaak te maken met poep. Letterlijk. Aan de lopende band.

Ik werd ermee wakker. Om vijf uur 's ochtends deed Maxi het op de vloer, ging erin staan, liep door het huis en liet overal sporen achter. Als ik geluk had, maakte hij me wakker, soms met vieze handjes en dan was het het eerste wat ik zag. Als hij me er niet mee wakker maakte, droogde het op. Op de vloer. Op zijn benen. Overal.

Ik moest het weleens uit het bad vissen. Als we op het punt stonden aan tafel te gaan.

Ik haastte me eens door de stad toen ik, op weg naar de metro, erin ging staan. Op sandaaltjes. Het was van een hond deze keer... en het zat tot tussen mijn tenen. Ik mocht de badkamer van een vriend die in de buurt woonde gebruiken. Je had zijn gezicht moeten zien.

Het stonk. Maar ik moest toch lachen.

VALSE START, VIETNAM 2006

Het is dinsdagochtend en we gaan eindelijk naar Nha Trang. Met dezelfde vlucht als dertien jaar geleden.

Ik ben bijna blij op weg te zijn naar mijn vuurproef. Na meer dan een jaar van plannen en nadenken ben ik er nu klaar voor, kijk ik er zelfs naar uit om in dat vliegtuig te stappen en de uitdaging met mijn berg aan te gaan.

Ik ben al voor vijven wakker, helemaal opgewonden. Ik leg de opladers en accu's voor mijn fototoestellen klaar. Ik deel mijn koffers net zo in als dertien jaar geleden: een voor opslag en een voor Nha Trang. Deze keer heb ik tevens een extreem goed uitgeruste rugzak bij me voor in de jungle.

Chris haalt me op, weer precies op tijd als altijd. Ik ben ontzettend blij hem in de hal van het Continental Hotel te zien als ik naar beneden loop. Ik heb net uitgecheckt en een taxi besteld als Chris wordt gebeld op zijn mobieltje; onze vlucht is geannuleerd omdat er een storm wordt verwacht. Chris is zichtbaar van zijn stuk gebracht.

'Het stormt nooit in deze periode van het jaar, dat kan helemaal niet!'

Dat weet ik. Daarom hebben we deze hele tocht in maart gepland. De oorspronkelijke reis, die in november stond gepland, exact dertien jaar na de ramp, was te gevaarlijk vanwege het risico op regen en tyfoons. In maart hoort de lucht hier helder en zonnig te zijn.

Ik probeer het van me af te schudden met de gedachte: ach ja, shit happens. Deze hele onderneming is al geteisterd door zo veel wijzigingen in het plan dat ik me erbij heb neergelegd 'dat dit mij weer overkomt'. Ik stel voor dat we koffie gaan drinken aan de overkant van de straat. Ik probeer me te concentreren op de verrassend lekkere cappuccino als Chris nogmaals wordt gebeld: we moeten meteen naar het vliegveld komen, want de vlucht gaat toch door! Hij vertrekt bijna!

Terug naar het Continental om mijn bagage te halen en dan op weg naar het vliegveld. Ik vertel Chris dat het die ochtend toen ik met Pasje op weg ging naar Nha Trang nog donker was, dat ik me de vele fietsen nog herinner, en de 'pyjama's', die nu plaats hebben gemaakt voor motorfietsen en westerse kleding. De ringtone van Chris' mobieltje onderbreekt me: alle vluchten vandaag zijn nogmaals geannuleerd. Hij geeft de taxichauffeur opdracht terug te rijden naar het Continental. Dat is ondertussen helemaal volgeboekt. Net als de meeste andere hotels, vanwege de problemen op het vliegveld. Godzijdank is de manager van het Hyatt een Nederlander. Dus daar eindig ik uiteindelijk, uitgeput, in het drukke Ho Chi Minhstad, en alweer niet aan het strand van de Zuid-Chinese Zee. Vuurproef uitgesteld, en wie weet wat nog meer. Ik ben er dieper van overtuigd dan ooit dat ik de top van die berg niet zal halen.

Het plan is de volgende dag dezelfde vlucht te nemen, het strand over te slaan, direct naar de jungle en het pension te gaan en de volgende ochtend voor zonsopgang aan de klim te beginnen. Maar alleen als de berg na al die regen niet te nat, glibberig en gevaarlijk is.

Fijn! Nog meer variabelen en onzekerheid. Het dringt met enig ongeloof tot me door dat de voorspelling van die monnik tot dusverre is uitgekomen. Laten we hopen dat hij gelijk blijft hebben en we de berg zullen halen. Meer dan wat ook hoop ik uiteindelijk de zee te zien te krijgen; de zee waar Pasje en ik naar op weg waren.

Ik stuur Jack een mail om hem op de hoogte te brengen en krijg er direct een terug.

Van: Jack Emmerson
Aan: Annette Herfkens

Beste Annette,
Probeer het van de zonnige kant te zien. Als iemand al die jaren geleden had besloten de vlucht te annuleren dan was al deze ellende je bespaard gebleven. Cam Ranh heeft een hele batterij aan moderne apparatuur die moet helpen bij het landen: Instrument Landing System (ILS)? Precision Approach Radar (PAR)? Of hebben ze alleen een vooroorlogs Non-Directional Beacon om mee te navigeren?

Als dat het geval is, wat is er dan gebeurd met het Vectored Omni Range-baken (VOR) dat het leger daar had staan? Ga maar kijken of er nog iets over is van de gebedsvlag die ik er heb opgehangen. En ik wil niets meer horen over enige twijfel. Je hebt me verteld dat je hartstikke fit bent. Ik ben blij te horen dat alles eindelijk goed is geregeld. Als mevrouw Anh er nog is, wil je haar dan de groeten doen? Of nee, doe maar niet; ontken alsjeblieft dat je me kent. Als de rivier is gestegen vanwege de regen, eis dan dat ze een lichtgewicht touw meenemen zodat je veilig kunt oversteken.

Hartelijke groet, ook aan Chris (ik hoop dat hij gevoel voor humor heeft),
Jack

GEMAK IN TWEE WERELDEN, NEW YORK 2005

Ik vond het in eerste instantie moeilijk te accepteren dat Maxi een beperking had en hoeveel tijd ik in de wereld van de hulpverlening moest doorbrengen. Ik vond mezelf te cool om me daar te moeten begeven. Ik sloot me ervoor af. Ik dacht dat mijn ogen moesten wennen aan wat ik zag als een donkere wereld. Wat er echt gebeurde was dat mijn ogen juist langzaam opengingen.

Met mijn wortels in een 'perfectere' zij het kunstmatigere wereld leerde ik dat het woord 'perfect' ons afschermt van een heel andere wereld. Een kwetsbare wereld. Een imperfecte, maar o zo liefdevolle wereld.

Ik begon de dingen door een andere bril te bekijken: twee werelden, twee brillen. Joosje en Maxi hebben een tijdje in hetzelfde pand naschoolse activiteiten gehad. Ik rende van bank naar bank: van Joosjes balletles naar Maxi's gehandicaptenvoetbal. Ik navigeerde heen en weer tussen prietpraat over de prestaties, het uiterlijk en de kleding van de meiden en gesprekken over het voorkomen van automutilatie en bedplassen.

Mijn kinderen voetbalden in de herfst op aangrenzende veldjes in Central Park. De medelijdende blikken van een deel van de ouders van Joosjes team ontgingen me niet. Ze waren overduidelijk zo blij dat zij niet langs de lijn van dat andere veldje stonden, waar de keeper in een rolstoel zat en de andere kinderen, die eruitzagen als gedrogeerde zombies, hand in hand met een vrijwilliger over het veld renden.

Ik wist wat er te vinden was op dat andere veldje. Ik wist dat ik mezelf moest dwingen op te staan van die lekkere deken en afstand moest nemen van het gezellige oppervlakkige geklets over de leerkrachten en dagelijkse gebeurtenissen op Joosjes particuliere school. Ik wist dat ik naar het andere veld moest lopen, waar ik geen moeite hoefde te doen om me verbonden te voelen met de andere ouders; we waren al met elkaar verbonden. Ik wist dat ik er een moeder zou aantreffen met tranen in haar ogen omdat ze haar kind net iets had zien doen wat ze voor onmogelijk had gehouden. Ik wist dat iedereen op dat veld die vreugde oprecht met haar zou delen, zonder enig gevoel van rivaliteit.

Waarom voelde ik dan toch weerstand? Omdat het gemakkelijker was op die deken. Het was gemakkelijker om het oppervlakkige te doen dan het was om het voldoenende te doen. Altijd. De gemakkelijke weg, in plaats van de juiste. Zoals gaan hardlopen, of mediteren. Je weet wat de voordelen ervan zijn, maar toch kost het zo'n moeite je ertoe te zetten. Maar als je het dan toch doet, voel je je buitengewoon voldaan.

Ik had gedurende de twee jaar dat mijn vader op sterven lag hetzelfde. Het huis in Nederland waar we de zomer doorbrachten was een straat verderop van het huis van mijn ouders. Mijn buren en vrienden waren ontspannen en gezellig. Het was aanlokkelijk en gemakkelijk om hun tuin in te lopen om een borrel met hen te drinken. Ze voerden gesprekken over koetjes en kalfjes, aangenaam en veilig. Ik wist dat ik door naar het huis van mijn ouders te lopen en mijn vaders kamer binnen te gaan een wereld zou betreden waar heel andere gesprekken werden gevoerd. Gesprekken over ongemakkelijke onderwerpen. Over leven, dood en het hiernamaals. 'Zware kost,' zouden mijn vrienden zeggen.

Als ik in zo'n zonnige tuin zat, wist ik dat ik mijn wijnglas moest neerzetten en uit die comfortabele stoel moest opstaan om naar de verduisterde slaapkamer van mijn vader te gaan. Naar de geur van ziekte. Maar elke keer dat ik zijn kamer betrad, begon mijn vader te stralen en kwam gemak in een heel ander licht te staan.

ANTICLIMAX, VIETNAM 2006

Het Hyatt is een veel comfortabeler hotel dan het Continental, dat van de regering is. Waar je ook kijkt voldoet het aan de internationale standaard voor comfort. Soms tot in het extreme. Het zet me aan tot nadenken over de functie van hotels. Hoe ze toevallige toeristen en zakenlieden bedienen; beide partijen blijven graag in hun eigen cultuur of rol. In een goed hotel gaan sommigen zich beter voelen, en voelen sommigen zich er thuis. Hoe dan ook scheidt het je opzettelijk van de cultuur van de plek waar je op bezoek bent. Heb je echt al die extra voorraden nodig die in de kast liggen? Of liggen ze er enkel voor het gevoel van comfort dat herkenning en bekendheid je geven?

Terwijl ik een hap neem van het gebruikelijke ontbijt van eieren met spek werp ik een blik op het meisje dat naast me zit. Ze draagt een zakelijk pakje en leest de *Financial Times*. Precies zoals ik dat altijd deed. Een krant beschermt je tegen mannen. Het hotel beschermt je tegen de cultuur van het land waarin je logeert. Het zakelijke pakje maakt je los van jezelf en geeft een extra dosis zelfvertrouwen wanneer je moet onderhandelen in een vreemde omgeving. Goed voor de zaken, maar minder functioneel als je op wilt gaan in het geheel.

Chris komt me ook vandaag weer vroeg ophalen. Deze keer halen we het vliegveld wel. Een glimlachende medewerker van Vietnam Airlines verwelkomt ons en leidt ons door de beveiliging. Chris is behulpzaam en meelevend; hij speelt in op mijn zenuwen, die tot het uiterste gespannen zijn. Het is allemaal zo eng. Het vliegveld is behoorlijk veranderd, maar de sfeer is nog precies zoals ik hem me herinner. Ik herken de plek waar ik de vorige keer dat ik hier was die Vietnamese man soep heb zien eten terwijl ik op Pasje zat te wachten. Ik denk aan Pasje en aan alles wat ik heb ervaren sinds hij hier heeft ingecheckt. De laatste keer. Al die dingen die hij nooit heeft mogen meemaken.

We worden meegenomen naar de lounge. Ik word, met dank aan de tussenkomst van de Nederlandse ambassadeur, behandeld als een vip. Als we naar het vliegtuig lopen ontdek ik dat we businessclass vliegen

– en ben ik verbijsterd dat dit vliegtuig groot genoeg is om een business-class te herbergen. Het oorspronkelijke vliegtuig dat we zouden nemen blijkt te zijn vervangen door een groter toestel omdat de vlucht van gisteren is geannuleerd. Ik zal wel beteuterd kijken, want Chris zegt op sarcastische toon: 'Het is ook nooit goed, hè?' Ik schiet in de lach. Hij heeft gelijk. Ik heb me er dusdanig mentaal op voorbereid het gevecht met mijn angst aan te gaan door in dat kleine vliegtuigje te stappen dat het bijna een teleurstelling is dat het niet nodig is.

Eenmaal binnen ben ik dolgelukkig met alle ruimte. Nu kan ik me op het uitzicht concentreren. Het is spannend om de eindeloze jungle door het raampje te zien, en dan uiteindelijk het zonnige strand van de blauwste baai in de Zuid-Chinese Zee.

REFLECTIE: WAT PIJN DEED

Wat pijn deed waren onze pogingen Maxi in te passen in de maatschappij. De gesprekken op scholen die probleemloos een 'betere' kandidaat, een andere leerling wisten te vinden die ze liever aannamen, en Maxi dus bij voorbaat afwezen. De mensen van de toelatingscommissie die niet in staat waren oogcontact te maken terwijl ze ons die mededeling deden. Steeds weer 'nee' te horen krijgen.

Wat pijn deed waren de eindeloze medische onderzoeken om fysieke oorzaken van Maxi's 'toestand' uit te sluiten. De MRI-scan waarbij we hem tevergeefs in toom probeerden te houden. Hij vocht zich voortdurend los. Als een leeuwenwelpje. Er was een dubbele dosis kalmerende middelen nodig om hem uiteindelijk te kunnen onderzoeken. Ik heb vijf uur naast hem zitten wachten tot hij weer wakker zou worden, bang dat hij nooit meer zou bijkomen.

Wat pijn deed waren de bloedonderzoeken – ik weet niet meer hoeveel – om allerlei ziektes uit te sluiten, waarbij ik hem in bedwang moest houden en hij huilend op mijn schoot zat. Ik had vaak het idee dat die onderzoeken overbodig waren. De uitslag was altijd negatief – of positief, afhankelijk van hoe je het bekijkt.

Wat pijn deed waren de bezoekjes aan de tandarts. Tandenpoetsen was bij Maxi geen optie, waardoor hij gaatjes in zijn gebit kreeg. Om die te laten vullen kwamen we weer in een operatiekamer terecht. Hij keek me vragend aan, begreep het niet.

Zijn ogen vroegen: 'Waarom?' en ik had geen antwoord voor hem.

Wat pijn deed was de hele nacht wakker liggen, naast hem, wachtend op de colonoscopie die de volgende dag zou gaan plaatsvinden, 'om parasieten en andere mogelijke medische oorzaken' uit te sluiten als verklaring voor de dunne poep waar ik elke ochtend in stapte. Ook dat resultaat zou natuurlijk negatief zijn, maar wie was ik om de specialist tegen te spreken? Dan lag ik te luisteren naar zijn ademhaling. Dan keek ik naar zijn lieve slapende gezichtje, wetend wat hem de volgende ochtend boven het hoofd hing.

De volgende ochtend zat hij dan gezellig babbelend naast me in de taxi. Pakte mijn hand terwijl we het gebouw binnenliepen; duwde zijn wang tegen mijn arm, kuste me op mijn elleboog. Gewoon gelukkig. Tot het tot hem doordrong waar we waren. Dan raakte hij in paniek en begon te vechten.

Elke keer wanneer dat gebeurde brak mijn hart. Het brak mijn hart wijd open. Was dat de prijs die ik moest betalen voor een gevoel van liefde dat ik nooit voor mogelijk had gehouden?

TERUG NAAR HET DORP, VIETNAM 2006

We worden op het vliegveld van Nha Trang opgewacht door meneer Tan, een vriendelijke medewerker van Vietnam Airlines. Hij loopt direct met ons naar een busje dat aan de achterkant van het vliegveld staat geparkeerd. Hij legt uit dat we naar het dorp Khanh Son gaan, waar we de nacht zullen doorbrengen voordat we de volgende ochtend naar de berg gaan.

We zijn nog niet zo lang onderweg als we op een idyllische plek stoppen om te lunchen. Een restaurantje op palen, midden in een moeras. We lopen over houten pontons om de ingang te bereiken. Het hele interieur is van bamboe. Het doet me aan de film *The Deer Hunter* denken. Als voorafje eten we inktvis. We maken ons ondefinieerbare hoofdgerecht zelf aan tafel klaar terwijl we onze gids leren kennen.

Meneer Tan is het hoofd van het kantoortje van Vietnam Airlines in Nha Trang. Een yup, getrouwd met een advocate met wie hij twee dochters heeft. Hij heeft de berg beklommen met 'meneer Jack', over wie hij heel vriendelijk praat. Dat verrast Chris. Chris keurde de manier waarop Jack alles aanpakte vaak af en had eigenlijk verwacht dat meneer Tan die mening met hem zou delen.

We vervolgen onze weg over het platteland. Chris en ik hebben het erover hoe we beiden zijn opgegroeid met de Vietnamoorlog op de achtergrond. Beelden van rijstvelden en driehoekige hoeden staan in ons geheugen gegrift. We passeren een paar dorpjes en stoppen ergens om gebruik te maken van de wc die de natuur aanbiedt. Als we uit het busje stappen, worden we onmiddellijk belaagd door een groepje jongetjes. Ik glimlach en zwaai naar ze, maar er bekruipt me een ongemakkelijk gevoel. Ik moet aan die afgrijselijke reis in mijn 'ambulance' denken. Aan die kinderen die in het busje tuurden. Terwijl ik zit te plassen word ik overvallen door nog een flashback: de rode aarde, de mieren en muskieten. Ik krijg er de rillingen van. Ik vraag me nogmaals af wat ik mezelf aandoe. Ik ben nog bangst om bang te worden!

We vervolgen onze rit door de eindeloze rijstvelden in stilte. Als we eindelijk de bergen in rijden, begint mijn hart sneller te kloppen. Ik zie de bergtoppen waar ik die acht lange dagen naar heb gestaard. Een halfuur later komen we aan in Khanh Son. Het dorp. We gaan eerst op bezoek bij het hoofd van de Volkscommissie. We gaan zitten en worden uitgenodigd voor een theeritueel. Ik laat de Vietnamese woorden tot achtergrondgeluid verworden. Ik dans keurig mee, zoals van me wordt verwacht, maar voel geen enkele band met deze man. Dat ik hem ontmoet, is protocol. Vervolgens gaan we naar het gemeenschapscentrum. Dat is veel spannender. Heel erg déjà vu. Het pand lijkt wel een kopie van het ziekenhuis waar ik dertien jaar geleden ben behandeld, hoewel het hier veel beter is onderhouden. De mensen in het centrum lijken oprecht in ons geïnteresseerd. De sfeer is opgewekt.

Ze nemen ons mee naar een kantoortje. Ze gebaren ons te gaan zitten op een van de drie banken, die in een U-vorm zijn neergezet. De twee officieel uitziende mannen tegenover ons beginnen samen met Chris onze tocht te plannen. Ook hier gebeurt alles buiten mij om. Achter in de ruimte zitten twee giechelende meisjes achter een bureau. Iedereen in de kamer lijkt te denken dat ik heel jong ben. Ze grappen dat het me geen enkele moeite zal kosten de berg te beklimmen. Chris grijpt gelukkig in door ze op serieuze toon in te lichten dat ik 'slechte voeten' heb vanwege het ongeluk. Hij voegt eraan toe dat het van levensbelang voor me is dat minimaal één lid van de totale groep deze keer een vrouw is. De vrouw die Jack naar de plek van de ramp heeft begeleid weigert de tocht een tweede keer te maken. De berg is 'te steil' voor haar. Ach, gut!

Er komt een knappe montagnard binnen. Hij is langer dan de andere mannen en ziet er anders uit. Hij draagt een kraakhelder wit overhemd, dat zijn donkerdere huid accentueert. Ze stellen hem voor als degene die me heeft gevonden. Hij heet meneer Cao. Ze zeggen dat hij naast me moet gaan zitten en zijn versie van het verhaal moet vertellen. Ik herken hem vaag, maar het lukt me niet om zijn verhaal de aandacht te geven die het verdient. Er gaat een heleboel verloren in de vertaling, en ze praten veel door elkaar. Ik voel me overweldigd door alle aandacht, hun vriendelijkheid, en hoe hilarisch de situatie eigenlijk is.

Als alles eindelijk is besproken neemt een van de mannen me bij de hand en leidt me naar buiten, waar hij de berg aanwijst. Ik begin opgewonden te raken. Ik begin een nieuwe herinnering op te bouwen met de losse eindjes die ik in mijn hoofd heb.

PERSPECTIEVEN

JOOSJE, ZEVEN JAAR OUD

Ik ben Josephine Lupa en dit is mijn verhaal over mijn broertje Max. Mijn broertje Max heeft autisme. Hij is vijf jaar. Hij kan niet praten, maar hij is ontzettend lief. Hij is heel leuk, maar soms een beetje vervelend. Maar daar kan hij niets aan doen, dus dat vind ik niet erg.

Soms herhaalt hij wat we zeggen. Bijvoorbeeld als je hem vraagt: 'Wil je nog een stuk pizza?' Dan zegt hij: 'Wil je nog een stuk pizza?' In plaats van ja of nee. Maar soms zegt hij wel ja of nee.

Dat hij autisme heeft betekent niet dat hij slecht is. Misschien heeft God wel gewoon gezegd: 'Ik vind dat Max autisme moet hebben.' Dus ik moet niet te boos op Max worden, ook al spoelt hij een programma terug dat ik leuk vind. Steeds weer opnieuw. Max is heel leuk en hij heeft zo veel goede dingen dat ik ze niet allemaal kan opnoemen. Max zit op een hartstikke goede school.

IK BEN DOOOOOOOOOOOL OP....... MAX.

Een paar dingen die je moet weten over kinderen met autisme: NIET VERGETEN!!!!!!!!

- Kinderen met autisme zijn geen slechte mensen. DUS GEDRAAG JE NIET ALSOF ZE SLECHT ZIJN!!!!!
- Je moet kinderen met autisme niet irriteren, want dan doen ze je pijn!!!!!!!!!! Doe voorzichtig.
- Kinderen met autisme vinden het niet fijn om gecommandeerd te worden.
- Je moet aardig zijn tegen kinderen met autisme!!

DAVID, DE VADER VAN EEN VRIENDIN VAN JOOSJE

De eerste keer dat ik Max heb gezien was bij hem thuis. Mijn dochter had een speelafspraakje bij zijn zus. Ik had al wat over hem gehoord. Ik wist dat hij autistisch was, maar ik verwachtte denk ik toch iets heel anders. Het is zo'n prachtig jongetje. Hij heeft heldere, twinkelende ogen, een superlieve glimlach en het glanzende blonde haar van zijn moeder. Als je hem ziet, wil je bijna zeggen: *Maar je ziet er helemaal niets van!*

Pas toen ik Joosje met hem zag communiceren, of eigenlijk een poging daartoe zag doen, zag ik iemand anders. Hij was er wel, maar ook niet. Die stralende ogen concentreerden zich op niemand in het bijzonder, zijn aandacht en bewegingen waren lukraak, doelloos. Hij flapperde met zijn handen alsof hij vreselijk opgewonden was, maar dat blijkt gewoon te zijn wat hij altijd doet. Na een paar minuten liep hij weg. Ik ben nog tien tot twintig minuten bezig geweest om mijn dochter zo ver te krijgen dat ze haar spullen pakte en met me mee naar huis ging. Toen we Joosjes kamer uit kwamen zag iemand – o-oh – dat Maxi op de vloer had gepoept. Het was niet veel en het was niet smerig, het waren meer konijnenkeutels. Ik had zo te doen met Annette. Iemand ging toiletpapier halen. En toch, ach, nou ja, dat was Maxi. Hij is autistisch.

Ik weet niet meer precies wanneer ik een keer op bezoek ging in de handenarbeidklas van mijn dochter. De meiden waren aan het werk, volgens mij maakten ze een stilleven met bloemen, en er werd heel wat af gekletst in de klas. Ik verstond het niet helemaal, maar iemand zei iets over Maxi. Joosje keek op naar het meisje, zonder boosheid of tranen, en zei: 'Je weet toch wat er aan de hand is met Maxi?' Ik vond het opmerkelijk dat hij, of eigenlijk zijn autisme, zo gewoon als feit wordt geaccepteerd in zijn gezin. Ze sprak niet met een toon van zelfmedelijden, er klonk geen verontschuldiging in haar woorden en ze was er niet kwaad over, in ieder geval niet openlijk. En ze probeerde hem ook niet te verstoppen. Ik vroeg me af hoe ik ermee zou omgaan als ik een autistisch kind zou krijgen, en tegelijkertijd was ik onder de indruk van hoe zij dat doen. Er speelde zich iets heel indrukwekkends af in dat gezin, hoe moeilijk het ook zal zijn.

Soms zag ik hem 's ochtends met zijn moeder en zus mee naar school komen. Het hoofd van de beveiliging, dat de meiden elke ochtend verwelkomt bij het hek, riep: 'Hé, Maxi, hoe gaat het met je? High five!' Volgens mij deed Maxi zelfs een ongecoördineerde poging de man tegen zijn hand te slaan. Ik vond het een leuke vorm van communiceren. Ik dacht: hij behandelt hem net als willekeurig welk ander kind, en dat hoewel hij, nou ja, je weet wel, autistisch is.

Ik herinner me ook nog dat ik op een dag bij vertrek van school Annette zag huilen. Ze werd getroost door een andere moeder, Susan, die een goede vriendin van ons is. Ze sloeg haar arm om Annette heen en bleef maar zeggen: 'Ik weet hoe moeilijk het is, ik weet het, ik weet het.' Ik had eigenlijk gewoon gedacht... nou ja, Maxi is, je weet wel, autistisch.

Toen liep ik op een dag vroeg in de zomer naar school om mijn dochter op te halen. Ik zag Annette een stuk voor me uit met Maxi lopen. Het was laat in de middag en er liep verder niemand op de stoep. Ze zagen mij niet, en ik wilde ze niet storen. Ze zwaaiden met hun armen en zij zong een kinderliedje. Ik was verbijsterd. Haar stem klonk zo speels en lief, en ze leunde naar hem toe terwijl ze zong, streelde hem bijna met haar glimlach. Ik besefte dat dit de eerste keer was dat ik hen alleen zag, dat ze nu zichzelf konden zijn. Het drong ineens tot me door hoe Annette het 'trekt' met Maxi: hij is haar kleine ventje.

ANGST EN VOLDOENING, VIETNAM 2006

Daarna neemt meneer Tan me mee naar 'mijn ziekenhuis', dat nu een school is. Het is er onherkenbaar veranderd. Er is nu elektriciteit, en de stenen binnenplaats is net geschilderd. Ik schud de directeur de hand, loop er rond en glimlach naar de kinderen. Ze zien er gelukkig en leuk uit in hun schooluniform. Lang leve de vooruitgang.

Na het bezoek brengt het busje ons naar het gloednieuwe pension. Er is elektriciteit, er hangen klamboes en er is een betegelde badkamer. Maar de douche is nog niet goed geïnstalleerd en er is geen warm water. Er is hoe dan ook nauwelijks water. Niettemin is mijn kamer aan de 'straat' een paleis vergeleken bij die van Chris. Zijn kamer op de bovenverdieping zit vast aan die van meneer Tan en zijn chauffeur. Hij moet zo ongeveer over hun bedden klauteren om naar de wc te kunnen. Ik ben zo dankbaar dat hij dit allemaal voor me doet!

Het begint te schemeren. Chris en ik hebben na de lange, spannende dag allebei zin in een borrel. Ik heb Chris gevraagd een fles wijn mee te nemen zodat we het kunnen vieren als we de top van de berg hebben gehaald. We besluiten nu de helft van de fles leeg te drinken en er wat van mijn cashewnoten bij te nemen. Helemaal in stijl. Ik heb in een outdoorwinkel in New York plastic cocktailglazen met een afschroefbaar voetje gekocht. We zitten op de trap voor het pension en kijken uit over de zanderige, ongeplaveide straat. We kijken hoe de zon ondergaat achter 'mijn berg'. Ik vind de kegelvorm zo aanlokkelijk dat ik er een stukje naartoe loop om hem beter te kunnen zien. Hij is prachtig, maar tegelijk ook bedreigend; ik heb er allerlei onaangename gevoelens en gedachten over. Tegen de tijd dat ik terugloop naar het pension doe ik het bijna in mijn Patagonia-broek van angst.

We dineren in een met neon verlicht restaurant waar we de enige gasten zijn. De eigenaar, een oudere vrouw, wordt helemaal emotioneel als ik een praatje met haar maak. Ze herinnert zich alles nog. Ze was destijds in het ziekenhuis en heeft me binnengebracht zien worden. Ze raakt me steeds aan, bij elke gang die ze komt serveren, alsof ze niet kan geloven dat ik er echt ben. Ik voel me in eerste instantie diep geraakt door haar ontzag, maar naarmate de avond vordert ga ik me er steeds ongemakkelijker bij voelen.

De blik op Chris' gezicht maakt het er niet beter op. Hij kan zijn vrouw niet bereiken en blijft haar telefoonnummer maar koortsachtig intoetsen. Ik voel me ineens overweldigd. Ik voel me gevangen. Het is buiten zo donker. Ik wil naar huis. Ik wil hier weg. Nu! Het is genoeg, denk ik in paniek. Chris ziet hoe het met me gaat en suggereert dat ik misschien zijn eigen bezorgdheid heb opgepikt. We praten erover, en ik word rustiger door het over zijn zorgen te hebben.

Als we terugkomen in het pension staat er een hele menigte op ons te wachten. Het lijkt wel of het hele dorp is uitgelopen. De hele reddingsploeg, die me blootsvoets de berg af heeft gedragen, en de verpleegsters die mijn broek van me hebben losgemaakt en mijn wonden hebben schoongemaakt in dat ziekenhuisje. Zelfs de arts die voor me heeft gezorgd, de allereerste. Iedereen is er, en de sfeer is vrolijk en geanimeerd.

Mijn redders, alle zeven, gaan voor me in een rij staan alsof ik een militaire inspectie ga uitvoeren. Ze zijn allemaal heel anders. Zo te zien zijn een paar van hen Vietnamees, maar anderen lijken meer op indianen, zoals meneer Cao. Volgens mij herken ik er een paar, maar het is zo donker buiten. We poseren voor een foto. Ik ben een kop groter dan de grootste van hen; de kleinste komt tot mijn navel.

'Ik moet een flinke last voor jullie zijn geweest,' zeg ik. Chris vertaalt. Ze lachen en schudden hun hoofd. Ze gebaren met hun handen hoe mager ik was. Ik bedank hen keer op keer dat ze me die berg af gedragen hebben. Ik heb nog steeds geen idee hoe zwaar die tocht voor ze moet zijn geweest.

Als ik op de trap van het pension ga zitten, komt iedereen om me heen staan. De kinderen staren op afstand met hun amandelvormige bruine ogen. Een van de oudere verpleegsters zit bij mijn voeten. Ze richt zich meteen op mijn littekens; ze grijpt mijn enkel vast en streelt me over mijn kin. Ze weet nog precies waar mijn wonden zaten. Haar hand glijdt met een intiem gebaar in mijn mouw en pakt mijn elleboog. Ze draait mijn elleboog naar zich toe en inspecteert de huidtransplantatie. Ik herinner me ineens haar aanraking. Ze lijkt dat te beseffen en werpt me een tandeloze lach toe.

Ze hebben allemaal een verhaal te vertellen. Zo te zien zijn ze oprecht blij me te zien. Het blijkt dat ze dachten dat ik dood was. Dat ik het toch niet had gehaald. Dat was het hardnekkige gerucht dat in Vietnam de ronde deed: dat ik in Singapore was gestorven. Ze bekijken verwonderd de foto's van Joosje en Maxi. In hun religie is het redden van een mensenleven een grootse gebeurtenis. En als dat geredde leven dan ook nog nog twee levens voortbrengt...

Ik weet niet hoe lang die heerlijke reünie heeft geduurd, maar ineens vertrekken ze, allemaal tegelijk, alsof dat zo is afgesproken. Dan ben ik weer alleen met Chris, meneer Tan en zijn chauffeur. Ze gaan naar boven en laten mij achter bij mijn kamer op de begane grond. Als ik de luiken dichtdoe en de verlaten straat in tuur, voelt het bijna als een droom.

VOORBIJ, OVER EN ERBOVEN, NEW YORK 2004

Op een zaterdag ging ik met Maxi naar zijn zaalvoetbal voor gehandicapten. Er zaten niet meer dan vijf autistische kinderen in elke groep. Normaal gesproken gingen we er op vrijdagmiddag naartoe, waar ik aan de andere kant van de glazen wand met de andere moeders zat te wachten. Soms had ik dan behoefte aan een gesprek met andere moeders van een kind met een beperking, soms ook juist niet. Als ik er wel behoefte aan had, stond ik stil bij hoe we allemaal hetzelfde kind deelden en voelde ik me met hen verbonden. Als ik geen zin had, complimenteerde ik mezelf met hoe 'normaal' ik was gebleven, vergeleken bij de andere moeders: ik was niet overdreven gevoelig of overdreven stoer geworden. Hoe dan ook, ik had er al heel lang niet meer met tranen in mijn ogen gezeten.

Die zaterdag ging het er heel anders aan toe: er waren vaders. Ik vergeleek ze automatisch met de vaders van het voetbalteam van mijn dochter. En de tranen welden weer op.

Mikey, het enige andere aanwezige kind uit de groep van Maxi, moet een jaar of negen, tien zijn geweest. Hij had een mooi rond gezichtje en was zwaar autistisch. Hij omhelsde steeds heel 'ongepast' de begeleiders. Hij trok herhaaldelijk zijn schoenen uit en ging dan op de vloer zitten, of liever gezegd liggen. Maxi rende zoals gebruikelijk alle kanten op, maar vergeleken bij Mikey gedroeg hij zich veel gezeglijker. Onder kinderen met een beperking is dat echter helemaal niet relevant. In deze wereld bestaan de triomfen die ouders voelen als hun 'normale' kind iets beter doet dan de andere 'normale' kinderen niet. Als ouder van een kind met een beperking leer je boven vergelijken uit te stijgen.

Mikeys vader leek met tegenzin naar het 'voetbal' te kijken. Hij ijsbeerde heen en weer door de gang, waar zijn jongere, 'normale' zoon heen en weer rende met een brandweerwagen. Hij droeg de jongen afgeleid op wat stiller te zijn. Hij leek het fantasiespel en de motorische vaardigheden van zijn zoon heel vanzelfsprekend te vinden: twee zoons, twee standaarden. Hij wisselde een paar keer wat woorden met een andere man, die, met betraande ogen, uit de buurt bleef bij de geluiddichte glazen wand die hem van zijn zoon in de zaalvoetbalruimte scheidde.

Toen Mikeys vader eindelijk even ging zitten – naast mij – om naar het voetbal te kijken, scoorde zijn zoon per ongeluk een goal en kreeg hij een enthousiaste high five van de drie begeleiders. Het leek of de spanning op onze bank erdoor steeg. Maar toen de deur openging en onze zoons naar buiten kwamen, was het alsof de ruimte zich met warme lucht vulde. De spanning was helemaal weg. Mikeys vader sloot zijn zoon met pure, onvoorwaardelijke liefde in zijn armen. Voorbij, over en boven vergelijken.

DONKERE NACHT, VIETNAM 2006

De houten luiken dimmen het licht op straat, maar niet de herrie. Ik word om half twee 's nachts wakker van een blaffende hond. Hij staat recht onder mijn raam. Mijn zenuwen nemen het over.

Godzijdank kan ik deze keer Jaime en mijn moeder bellen, mijn lieve coaches. Jaime adviseert me te doen alsof het een examen is en zegt dat de adrenaline het zal overnemen. Mijn moeder drukt me op het hart dat ik me geen zorgen hoef te maken over slaaptekort, maar dat ik mijn lichaam wel moet laten rusten. Dat probeer ik, maar als ik om drie uur het licht aandoe, tref ik een troep mieren in mijn bed aan. Ze hebben een linie naar de badkamer gevormd. Ik heb er genoeg van; ik probeer niet meer in slaap te komen. Ik kan me beter gaan voorbereiden. Ik 'douche' met de inhoud van de emmer terwijl ik boven op de toiletpot balanceer in een poging te voorkomen dat die mieren over mijn benen kruipen.

Terwijl ik mijn junglekleding aantrek bestudeer ik de littekens op mijn benen en voeten en vraag me af hoe die het gaan houden.

Ik doe al het eten en de extra kleding in mijn rugzak. Ik spuit antimuggenspul over mijn sokken en maak mijn fototoestel en camcorder klaar.

Als meneer Tan om vier uur op mijn deur klopt, sta ik helemaal klaar. Een kwartier later rijdt er een wit busje voor. In het zwakke licht van de lantaarnpalen op straat stelt meneer Tan me voor aan de chauffeur, die in de duisternis naar het gemeenschapshuis rijdt. Daar pikken we drie mannen van de oorspronkelijke reddingsploeg op, twee militairen, en de ene vrouw om wie ik zo nadrukkelijk heb gevraagd. Chris vindt haar erg leuk en bewondert haar mooie glimlach. Ik ben onder de indruk dat het hem op dit uur hoe dan ook opvalt. Het enige wat ik zelf opmerk, is hoe mijn hart tekeergaat. Ik ben ongelooflijk zenuwachtig als we vertrekken in dat busje, dat nu helemaal vol zit. Het is stikdonker buiten. Geen lantaarnpalen meer. Geen straten meer. Ik raak in paniek.

'Ik heb niet eens ontbeten!' zeg ik, me ervan bewust dat ik klink als een jammerend kind. Chris herinnert me aan de energierepen die ik van huis heb meegekregen. Hoewel ik niets liever wil dan omkeren, concentreer ik me op het uitpakken en opeten van de vreemd smakende chocolade. Ik drink water uit het flesje dat ik vasthoud alsof mijn leven ervan afhangt. Zoals ik dat al dertien jaar lang doe, altijd als ik in moeilijke omstandigheden verkeer. Chris verzekert me dat het allemaal veel gemakkelijker wordt als het straks licht is. En hij heeft gelijk. Zodra het licht is, voelt het ineens als een thuiswedstrijd. De varens, de bomen die gloeien in een paarsig licht, het is allemaal pijnlijk prachtig. Het is het allemaal waard. Zelfs zonder de berg op te zijn geweest. Gewoon hier zijn.

DE STERRENNACHT, NEW YORK 2006

Toen Maxi een jaar of zeven was, ging ik met hem naar het museum om zijn favoriete Van Gogh te bekijken. Hij had het schilderij op televisie gezien in *Little Einsteins*, met de klanken van Beethovens 'Für Elise' op de achtergrond. Ook een van zijn favorieten. Hij speelde de eerste noten van dat stuk op elke piano die hij zag.

Het was ongelooflijk druk in het MoMa. Maxi gedroeg zich verrassend goed en wachtte keurig, rij na rij. Maar toen we eindelijk de tentoonstellingsruimte in liepen, drong hij naar voren, wat hem een flink aantal boze blikken opleverde. Ik kon hem nauwelijks bijhouden, maar kreeg hem te pakken toen hij even bij een schilderij bleef staan dat erg leek op zijn favoriet. Ik dacht zelfs even dat het *De Sterrennacht* was, maar dat bleek ten onrechte te zijn. 'Nee!' schreeuwde Maxi, en hij baande zich met zijn ellebogen een weg naar de volgende ruimte. Het bleek de *Sterrennacht boven de Rhône* te zijn.

Hij werkte zich een weg naar de grootste menigte in de ruimte. Ik rende naar de muur waar het schilderij hing en kwam aan de rechterkant van het schilderij uit, dat midden in de zaal aan een vrijstaande wand hing. Daar stond Maxi, die hardop voorlas: 'Ster-ren-nacht, o-lie op doek, acht-tien twee-en-tach-tig, Ly-on...' enzovoort. Toen deed hij een stap naar achteren om midden voor het schilderij te staan en keek ernaar: met wijdopen ogen, helemaal verstild, vol ontzag. Als betoverd. Evenals de menigte achter hem. Sommigen door het schilderij dat ze over Maxi's schouder zagen, maar velen door Maxi, die wel in trance leek. Wat zag hij? Wat zag hij dat wij niet zagen?

Toen werd de betovering verbroken door een geïrriteerd echtpaar op leeftijd; ik herkende de vrouw van eerdere boze blikken. De oudere man zei met harde stem tegen me dat ik moest vertrekken met mijn zoon. Dat probeerde ik, maar Maxi trok zich van me los en liep terug naar precies de plek waar hij daarvoor had gestaan. Hij begon 'Für Elise' te neuriën. Hij liet zijn hoofd opzij hangen en kneep zijn oogleden halfdicht. Toen maakte hij gebaren in de lucht, volgde de lijnen op het schilderij met zijn vinger. De man begon te schreeuwen alsof Maxi aan het schilderij zat. Dat deed hij niet, er zat zeker vijfentwintig centimeter tussen. Ik trok hem snel weg om hem te behoeden voor de suppoost die aan kwam lopen, verschool me achter de wand waar het schilderij hing, het laatste in de zaal, en hield Maxi stevig vast. Mijn ogen schoten vol tranen.

'Die mensen zijn kleingeestig, Maxi,' zei ik.

De man, een Brit, was ondertussen naast ons komen staan en had me gehoord. Hij zei nogmaals tegen me dat het aan mij was om mijn zoon in bedwang te houden.

'Hij is autistisch,' antwoordde ik.

'Nou, en?' vroeg hij kwaad. 'Hoe zit het dan met al die andere mensen? Hij zal voor jou wel de belangrijkste op aarde zijn, maar hoe zit het met al die andere mensen?'

Daar had hij een punt, maar ik fluisterde in Maxi's oor: 'En niet ruimhartig.' De tranen biggelden nu over mijn wangen.

Er kwamen drie andere mensen bij staan.

'Mijn kleinzoon is autistisch, mijn nichtje, mijn neefje... Je doet het geweldig met hem.' Maar dat gaf geen troost. Besefte die man hoe moeilijk het voor Maxi was om alleen al een museum binnen te gaan? Hoe vaak ik buiten met hem had gewacht terwijl mijn vriendinnen met hun kinderen naar binnen waren? Hoe vaak Maxi en ik een blokje om waren gegaan, en nog een, en nog een, vaak midden in de winter, terwijl we wachtten tot de rest binnen klaar was?

Gelukkig kwam de vriendin met wie we naar de tentoonstelling waren gekomen tussenbeide. Ze vertelde over alle lieve woorden die ze in de menigte over Maxi had gehoord. Toen mijmerde ze hardop: 'Wat ironisch, is dat nou niet precies het type man dat in de tijd van Van Gogh het hardste had geoordeeld over zijn schilderijen? Die zowel de man als zijn werk zou hebben afgedaan als geestesziek? Die hem zou hebben opgesloten, zonder kwast?'

Wie zou er nu dichter bij Van Gogh staan, Maxi of die man?

6

Mijn berg

OP GEVLEUGELDE VOETEN, VIETNAM 2006

We beginnen langzaam. We moeten zes rivieren oversteken voordat we aan onze klim kunnen beginnen. Ik heb het gevoel dat ik voor schut sta in mijn speciale outfit, met een rugzak vol reservespullen. De rest van het team is gekleed alsof we een ommetje in het park gaan maken. Twee mannen lopen op slippers en iedereen heeft een spijkerbroek aan. Chris blijft me maar plagen dat ik zo overdressed ben. Ik merk droog op dat ik op alles moet zijn voorbereid om te compenseren dat hij dat niet is; hij rookt aan één stuk door en heeft niet getraind voor de klimtocht. 'Je kunt wel een hartaanval krijgen daarboven,' verklaar ik. 'En dan moet ik bij je blijven, al is het maar uit beleefdheid omdat je zo veel voor me hebt gedaan. Dus kan ik me maar beter voorbereiden. Eén keer vastzitten op deze berg zonder provisie vind ik meer dan genoeg.' Of doodgaan, nu we het er toch over hebben.

Meneer Cao draagt mijn rugzak, en iemand anders de enorme voorraad water waar ik om heb gevraagd. Voor het geval dat. De man draagt de flesjes water in een geweven mand met zelfgemaakte katoenen bandjes. Ik voel me schuldig. Ik ben het stiekem wel met Chris eens: ik voel me een verwende prinses.

We hebben niets aan de skistokken die ik uit New York heb meegenomen. Ze leken zo'n goed idee toen mijn vrienden me aanraadden ze mee te nemen, maar de bamboestokken die de mannen voor ons maken zijn veel handiger – sterker nog: met dit type stok werd ik destijds de berg af gedragen. De mannen snijden behendig met een mes de takjes en bladeren eraf en laten ons zien hoe eenvoudig het is om de hoogte van je grip aan te passen.

We ontbijten aan de beeldschone oever van de zesde en laatste rivier. Ik bel een laatste keer naar mijn coaches. Onze Vietnamese reisgenoten maken sandwiches met vlees uit blik, plakjes komkommer en tomaat. Ik heb niet echt honger, maar ik denk aan mijn vorige verblijf hier in de jungle en eet er twee. Ik verwonder me terwijl we zitten te eten om hoe prachtig en tegelijk bizar het hier is.

Ik bestudeer in het bijzonder meneer Cao, die een groen jasje met oranje voering draagt. Ik kijk graag naar hem. Hij komt me geruststellend bekend voor. Dat gezicht. Die uitgesproken, sterke trekken, omlijnd door de bladeren van de jungle. De manier waarop hij zit.

Het daaropvolgende uur lopen we over relatief vlak terrein, hoewel de jungle wel steeds moeilijker begaanbaar wordt. Meneer Tan blijkt een fantastische gids te zijn. Hij heeft echt hart voor het oerwoud en zijn inwoners. Hij bewondert aan één stuk door de schoonheid om ons heen, wijst ons op reusachtige boomwortels, de delicate vorm van de bladeren en de diversiteit aan planten. Voor de andere mannen is dit hun thuis en hun levensonderhoud. Ze lopen doelbewust. Ze weten precies na welke boom ze linksaf moeten, zoals ik gedachteloos na een bepaald gebouw of op een bepaalde straathoek links afsla in Manhattan. Meneer Tan stopt regelmatig om bloemen aan te wijzen. Zijn gezicht staat teder als hij voorzichtig de bloemblaadjes spreidt om me het kleurrijke bloemhart te laten zien.

We praten over zijn leven. Hij is opgegroeid op het platteland en zijn vrouw blijkt zijn middelbareschoolliefde te zijn. Hij is blij met zijn baan bij Vietnam Airlines, maar over de jungle is hij pas echt gepassioneerd. Hij maakt zich zorgen om hoe zwaar er wordt gekapt en wijst naar de vele boomstammen die we passeren. ‘Dit is het begin van een verandering in de habitat die we niet meer zullen kunnen terugdraaien,’ zegt hij. ‘En dat plastic daar,’ zegt hij terwijl hij naar een bergje afval wijst, ‘zal ons allemaal overleven.’ Ik neem de perfectie van de natuur om me heen in me op en slaak een zucht.

We lopen met gelijkmatige tred de steile berg op. Ik loop met mijn zintuigen wijdopen. Ik kan niet geloven dat ik helemaal niet moe word.

‘De engelen zullen je naar boven dragen,’ heeft mijn yoga-instructeur me beloofd. Hoe het met die engelen zit weet ik niet, maar ik huppel bijna omhoog. Misschien dat ik word gestuwd door gedachten aan iedereen van wie ik houd. Of door de kracht van alle talismannen die ik heb meegekregen. Misschien krijg ik ook nu weer energie van de bomen. Ik vraag me nog steeds af of ik de top ga halen, maar ik geniet intens van mijn omgeving. En het gezelschap. Mijn redders wijzen steeds aan hoe en waar ze me dertien jaar geleden hebben gedragen. Meneer Cao blijft ook bij me in de buurt en steekt af en toe een helpende hand naar me uit voordat ik besef dat ik die nodig heb.

De mensen van Vietnam Airlines zeggen niet veel. Het is een steile klimtocht en de jungle wordt steeds ondoordringbaarder. En het is ongelooflijk warm. Maar op de een of andere manier verstrijkt er vijf uur zonder dat ik al te veel zweet. Zelfs als ze vertellen dat we de top bijna hebben bereikt voel ik me nog licht op mijn voeten en adem ik rustig en gelijkmatig.

Chris lijkt het wel moeilijk te hebben. Hij baadt in het zweet en ziet er ineens tien jaar ouder uit. Hij ademt zo moeizaam dat ik bang ben dat hij zal instorten. We moeten steeds vaker stoppen. Ik begin me echt ernstige zorgen te maken en stel voor dat hij even wat eet of drinkt. Nadat ik hem voor de vijfde keer probeer over te halen, snauwt hij: 'Ik heb toch tegen je gezegd dat ik wat drink zodra ik op de top ben!'

Ik besluit even bij hem uit de buurt te blijven en loop snel naar de kop van de groep. Meneer Tan blijft bij Chris en dan loop ik ineens in een groepje met mijn oorspronkelijke redders. Net als dertien jaar geleden spreken ze geen woord Engels. Net als dertien jaar geleden probeer ik hun gebaren te begrijpen.

Dan stoppen we ineens. Drie van hen praten luid door elkaar heen en gebaren druk. Ik word bang. Zijn we verdwaald? Ze maken me duidelijk dat we stil moeten blijven staan. Ze gaan zitten tot de uitgeputte Chris en de nog fris uitziende meneer Tan ons eindelijk inhalen.

Ze praten in het Vietnamees en meneer Tan vertelt me dat dit de plek is waar we die achtste nacht hebben doorgebracht. Ik schiet opgelucht in de lach. Natuurlijk zijn we niet verdwaald.

'Kunnen jullie me laten zien hoe jullie me aan die stok hebben gebonden om te slapen?' vraag ik. Dat doen ze maar al te graag. Ze houden een bamboestok op hun schouders en gebaren naar de ruimte eronder.

Precies zoals ik me herinner: als een varken aan het spit. Ze maken grapjes over hoe ik om een sigaret smeekte, bewegen twee vingers naar hun mond.

'Bedankt dat jullie me die niet hebben gegeven,' zeg ik. 'Die zou mijn klaplong geen goed hebben gedaan.'

Uiteindelijk bereiken we de top. Eerst meneer Tan, dan meneer Cao en daarna ik. Ik zet die laatste passen zo opgetogen dat de teleurstelling die volgt des te intenser is. Dit kan het niet zijn. Ik herken helemaal niets! De helling draait zelfs de verkeerde kant op.

'Dit is niet de plek!' roep ik hevig verontrust.

'Dat klopt,' zegt meneer Tan. 'We zijn er ook nog niet. Dit is de plek waar het vliegtuig als eerste de grond heeft geraakt, waar het een vleugel is verloren. Ze hebben jou daar gevonden.' Hij wijst naar een andere bergtop. 'Daar, op de volgende bergkam, vlak bij het grootste stuk van het wrak.'

Dat is nog bijna twee kilometer verderop, hemelsbreed althans, van top tot top. Wij moeten eerst afdalen en dan weer omhoog om er te komen. En ik dacht dat we er al waren!

Chris legt uit hoe een vliegtuig als het een vleugel verliest in een ongeleid projectiel verandert, en hoe mijn vliegtuig na die eerste aanraking met de grond verder is gevlogen. Meneer Tan laat me zien welke bomen zijn verschroeid en waar er bomen in vlammen zijn opgegaan. Op die plekken groeit niets meer. Ze blijven het maar hebben over de technische aspecten van de crash, hoe het vliegtuig snelheid moet hebben verloren en over de volgende bergkam is gezakt.

Jongenspraat, denk ik. Ik maak me veel meer zorgen over wat er nog gaat komen: een berg af en er weer op. Op mijn pijnlijke voeten!

Terwijl meneer Tan en Chris hun technische gedachtewisseling voortzetten draai ik me om en vraag de andere mannen me naar de plek te brengen.

REFLECTIE: MIJN VADERS VOORSPELLING

Mijn vader was een eenmans denktank. Hij heeft de operationele research bij Shell zo ongeveer uitgevonden. Zijn specialiteit was kansberekening. Ze zetten hem in een kantoor om, bijvoorbeeld, te berekenen hoe groot de kans was dat er in een bepaald gebied olie gevonden zou kunnen worden. Kansberekening paste hij op elk vlak van zijn leven toe, en daarmee ook op dat van ons.

Het is heerlijk om op te groeien bij een vader die berekent hoe groot de kans is dat je wordt ontvoerd als hij je naar de winkel stuurt, die berekent wat voor hem de beste plek is om je op te wachten als hij je op een vlot een Franse rivier af laat zakken. Zo'n vader geeft je weinig kans irrationele angsten te ontwikkelen.

Hij gebruikte ook kansberekening om existentiële vraagstukken op te lossen. Frank Capra zei ooit dat de kans dat de wereld is ontstaan door een natuurkundig toeval nog kleiner is dan de kans dat een aap die je voor een computer zet toneelstukken op het niveau van Shakespeare zal produceren. Daar was mijn vader het helemaal mee eens. En hoewel traditionele natuurkunde het universum zoals wij dat kennen niet kan verklaren, laat kwantummechanica, de nieuwe natuurkunde, ruimte voor het bestaan van een god.

Mijn vader geloofde dat God sinds de oerknal mee heeft geregisseerd, en dat twijfel aan het bestaan van God voortkomt uit de beelden die mensen over God hebben gecreëerd. 'Zodra je je een beeld vormt van God wordt het hele concept minder waarschijnlijk,' zei hij altijd. Hij heeft zijn hele leven geprobeerd God te visualiseren, maar het is hem niet gelukt. Maar er was één ding waarvan hij wel was overtuigd: de kans dat God niet bestaat, is te minuscuul om waar te zijn.

Zijn volgende vraag was wat de intenties van God waren. Hij was van mening dat je die intenties alleen kon onderzoeken door te bestuderen hoe het leven zich tot dusverre heeft ontwikkeld. Hij kwam algauw terecht bij de eeuwenoude vraag van Job: als God goed en almachtig is, waarom staat Hij dan al die ellende op de wereld toe? Volgens de christelijke traditie waarin mijn vader is opgegroeid is het antwoord: dat is iets wat alleen God zelf weet, en wij moeten niet proberen dat te begrijpen. Mijn vader kon dat niet accepteren. Het enige overtuigende antwoord voor hem was dat het God nog niet was gelukt alle chaos onder controle te krijgen. God is machtig, maar niet almachtig. Hij is nog deel van het proces waarin hij zichzelf aan het uitvinden is. Hij is op weg zichzelf te creëren en ergens naartoe te gaan. God heeft mensen nodig om Zijn doel te bereiken. Ze moeten op de een of andere manier naar een ethische en goede maatschappij toe groeien.

En mijn vader dacht dat we daarmee bezig waren. We gaan al eeuwenlang de goede kant op, leren controle te krijgen over de chaos, millimeter voor millimeter. Mijn vader geloofde dat we op weg zijn naar een wereldgemeenschap waarin alle mensen een cultuur en moraal met elkaar delen. Daarom zag hij de uitvinding van internet als een doorbraak. De computer zou iedereen op de hele wereld met elkaar gaan verbinden. Op een dag zal het menselijke bewustzijn als één grote geest zijn. Een samenkomst van de gedachten en het bewustzijn van alle mensen, waarbij we leren boven ons ego uit te stijgen. De drijfveer van dat ego zal blijven bestaan, maar het zal sociaal en religieus beter leren functioneren, waardoor een betere maatschappij zal ontstaan.

GEEN TOUW, VIETNAM 2006

We lopen de berg af en slaan links af. Het hart van de jungle in. Het is net of we in *Apocalypse Now* rondlopen. Zo dicht begroeid dat er geen begin en geen einde lijkt te zijn. Ik begin me gevangen te voelen. Zo te zien moeten we een kloof oversteken om bij de andere berg te komen. We dalen voorzichtig af, stap voor stap, en dan stoppen we. We staan voor een bergspleet. Ik denk aan mijn kinderen. Had ik dat niet moeten doen vóór ik aan deze onderneming begon? De mannen overleggen luidruchtig in het Vietnamees. Ze beginnen een boom om te hakken en de takken eraf te halen terwijl ze ondertussen hard tegen elkaar schreeuwen. Ik begrijp het ineens: ze zijn een brug aan het maken om ons over die angstaanjagende kloof heen te helpen. We zouden voorgoed kunnen verdwijnen in dat gat!

Ze leggen de boomstam over de spleet heen, tegen een groot rotsblok aan. Een van de mannen steekt zijn voet uit. Om in te schatten of de boom hem gaat houden. Dat is het geval. Hij begint er langzaam overheen te bewegen en houdt ondertussen het rotsblok vast. Iedereen is gespannen. Het is net of we naar een koorddanser kijken die tussen twee gebouwen door balanceert. Ik kijk omhoog naar het kleine stukje van de hemel dat ik door de bladeren heen zie en doe een schietgebedje. We zijn volledig ingesloten. Ik kijk naar de man: hij heeft veilig de andere kant gehaald en helpt de tweede man al naar de overkant, en dan de derde. Als vierde is de vrouw aan de beurt. Ze loopt over de boomstam alsof ze een volleerd turnster op een evenwichtsbalk is, zonder hulp.

Nu ben ik aan de beurt. Ik haal een paar keer diep adem. Meneer Cao helpt me de 'brug' op. Ik klamp me aan de rots vast en schuifel voorzichtig naar de helpende hand die zich van de andere kant naar me uitstrekt. Het kost me drie eindeloze minuten om naar de overkant te komen. 'Eitje,' zeg ik, en ik schiet in de lach.

Dan is Chris aan de beurt. Hij haalt de overkant, vloekend en tierend. Een glimlachende meneer Tan is de laatste. 'Heeft Jack dit ook gedaan?'

vraag ik hem als hij eenmaal naast me staat. Ik kan me niet voorstellen dat iemand van in de zeventig een dergelijke stunt ook maar overweegt. Pas als ik weer terug ben in New York vertelt Jack me dat hij bergbeklimmer in de Himalaya is geweest. Dat hij had gedacht dat het beter was me dat maar niet te vertellen, maar dat bergbeklimmers dit het allerergste moment noemen: 'Als je geen touw hebt, maar er wel een nodig hebt.'

Meneer Jack heeft het dus ook gedaan. Vergeefs blijkt later, want om de een of andere mysterieuze reden was hij naar een ander stuk in de jungle geleid dan waar de ramp daadwerkelijk heeft plaatsgevonden. Honderd meter bij 'mijn plek' vandaan. Dat verklaart waarom ik niets herkende op de foto's die hij heeft gemaakt. We komen langs de vlag die hij ter nagedachtenis aan zijn zoon en schoondochter heeft achtergelaten. Er is hem verteld dat ze daar zijn omgekomen. De foto is vervaagd, maar ik kan nog zien hoe het mooie stel eruit heeft gezien. Ieder verzonken in onze eigen gedachten lopen we verder.

DEELTJES, PARIJS 2004

Toen mijn vader stierf, was ik in Parijs. Daar hadden we ons laatste gesprek gevoerd.

Joosje was druk in de speeltuin naast het Louvre. We hadden net samen met tweeduizend andere toeristen de *Mona Lisa* bewonderd: er was gratis toegang op zondag. Ik had zo'n hevige aanval van claustrofobie gekregen dat ik Joosje binnen had achtergelaten bij onze vrienden. Mijn moeder nam op. Ik hoorde direct aan haar stem wat er aan de hand was. Ze waarschuwde me dat hij erg zwak was. Dat ze de hele nacht naast hem had gewaakt en zijn hand had vastgehouden. Dat hij haar na bijna zestig jaar samen de allermooiste liefdesverklaring had gedaan. Ze vertelde hoe dankbaar ze was dat ze deze nacht met hem had mogen meemaken.

Ik fluisterde, op die kinderlijke toon waar mijn broers en zus altijd grappen over maken: 'Dag pappie, hoe is het met je?' Hij antwoordde met zo'n zwakke stem dat hij veel verder weg leek te zijn dan de rit van vijf uur van Den Haag naar Parijs.

'Dag, popje,' zei hij. 'Niet zo goed.'

'O, pappie, het is genoeg geweest. Je mag nu loslaten, je bent zo sterk geweest. Je kunt ook nu weer sterk zijn en loslaten,' zei ik met een brok in mijn keel. 'Dat is hoeveel ik van je houd, pappie. Hoeveel we allemaal van je houden.' Hij antwoordde nauwelijks verstaanbaar: 'Ja, ik moet nu gaan. Dag, popje.'

Ik liep terug naar de groep. De mensen, Parijs, de achtergrond, het voelde allemaal onwerkelijk. Ik voelde me fysiek van iedereen verwijderd, alsof ik zweefde. Ik regelde voor diezelfde dag treinkaartjes naar Nederland; we zouden na de lunch vertrekken. Ik zag begrip in de blik van mijn vriendin, wat me zowel verraste als troostte. Ze vertelde me dat zij haar vader onlangs had verloren.

We lunchten in de buurt van ons hotel aan de Champs-Élysées. We aten onze biefstuk met patat snel, in stilte. Ik kreeg terwijl we het restaurantje verlieten het telefoontje. Mijn oudste broer, zoals altijd de

1 Met Jaime op weg naar het Stuyvesant Ball, New York, 1996 | 2 Vijfendertigste verjaardag, New York, 1997 | 3 Met Jaime in Central Park Tennis Courts, New York, 2000

4 'Twee blonde kindjes', New York, 2001
5 Familiefoto, New York, 2000
6 Maxi, New York, 2000
7 Joosje en Maxi, New York, 2003

8 Wandelen in New York, 2001 | 9 De jungle bij zonsopgang, To Hap-vallei, Vietnam, 2006

10 Proosten, lachen en huilen, op de top van O Kha, 2006
11 Toost met mijn afschroefbare wijnglazen, met Chris op de top van O Kha, 2006

12 Een Boeddhabeeldje voor Hamish en Sylvie, op de top van O Kha, 2006
13 Vliegtuigraampje, op de top van O Kha, 2006
14 Halverwege O Kha, Vietnam, 2006

15 'Dat is hem!' Op de top van O Kha, Vietnam, 2006 | 16 'De oranje man' onthuld, op de top van O Kha, Vietnam, 2006 | 17 Met Chris, meneer Tan en de rest van de groep na het beklimmen van O Kha, Vietnam 2006

18 Eindelijk: Bao Dai's Villas, Nha Trang, Vietnam, 2006
19 Met directeuren van Vietnam Airlines voordat het speldje werd aangeboden, Nha Trang, Vietnam, 2006
20 Met Joosje op weg naar Vietnam, 2014
21 Ontmoeting met meneer Cao, de 'oranje man', Vietnam, 2014

22 Uitzicht op O Kha, met Joosje en meneer Cao, Vietnam, 2014
23 Met Joosje, in de buurt van O Kha, Vietnam, 2014
24 Met Bao en mevrouw Lan, Vietnam 2015
25 Met Maxi en Joosje, New York, 2014

boodschapper, bracht het bericht bijna formeel over: 'Onze vader is om half een vannacht doodgegaan. Hij heeft ons vredig verlaten.'

Toen ik terugliep naar ons verdrietige groepje was er iets veranderd. Ik had het gevoel dat mijn vader erbij was, alsof hij aanwezig was in de luchtdeeltjes.

'Voel eens, Joosje,' zei ik. 'Als je met je duim over je wijsvinger wrijft kun je opa voelen, echt waar. Alsof hij overal is.' Dat deed ze, en ze glimlachte breed. Ik denk dat ze opgelucht was. Opgelucht dat ik er zo mee omging. Ze had dit ongebreidelde geluk niet op mijn gezicht verwacht. En ongebreideld geluk was wat ik voelde. Voor mijn vader, die eindelijk van zichzelf verlost was. Ik huppelde bijna terug naar het hotel. Mijn vader had een sterfbed van meer dan twee jaar gehad. En nu was hij vrij!

Ik zat het grootste deel van de treinreis met Bernard aan de telefoon. Hij is zo anders dan mijn oudste broer. Hij was overweldigd door zijn emoties. Hij kon het niet aan. Hij kon zichzelf er niet van losmaken. Ik voelde sereniteit en acceptatie. Had ik dat geleerd, in de jungle? Of van het rouwen om Pasje?

Joosje en ik arriveerden uiteindelijk bij mijn ouders thuis terwijl Jaime en Maxi op weg waren vanuit New York. Mijn broers, zus en schoonzus zaten samen aan tafel te eten. Zoals we dat al zo vaak hadden gedaan. Ik omhelsde mijn moeder, die net een deel van zichzelf had verloren. Toen liep ik meteen door naar mijn vaders slaapkamer, waar hij de laatste twee jaar had doorgebracht. De kamer die ik zo vaak had verlaten met de gedachte dat het de laatste keer was geweest dat ik hem zou zien, telkens weer van streek dat ik naar een ander continent moest afreizen. Ik belde hem dagelijks vanuit New York.

Hij lag op zijn zij, met zijn gezicht naar het raam. Ik liep om het bed heen om zijn gezicht te kunnen zien. Een prachtig, sereen gezicht. Niet alleen omdat zijn huid er jaren jonger uitzag. Hij had de gezichtsuitdrukking van een kind. Ik barstte in tranen uit en liep naar de keuken, regelrecht de armen van mijn moeder in.

'Wat is hij mooi, wat is hij mooi,' zei ik huilend.

'Nou, hè?' fluisterde mijn moeder. Ze was trots, fragiel, met een gebroken hart, sterk.

We aten en dronken zoals we dat altijd deden. Luidruchtig, met veel grappen. Mijn vader was aanweziger dan ooit. En paar keer moest ik opstaan en teruggaan naar zijn kamer, om zijn gezicht nogmaals te zien. Ik ging naast hem zitten, in de vensterbank. Ik pakte een stapeltje boeken op. Bovenop lag *De zetel van de ziel* van Gary Zukav, dat we samen vele malen hadden gelezen.

Als de perfecte afstemming van persoonlijkheid en ziel een gezicht heeft, zou het dat van mijn vader zijn.

OPENBARINGEN, VIETNAM 2006

Als we eindelijk arriveren op de plek die ik me in die acht dagen zo eigen heb gemaakt wacht me een grote teleurstelling. Het is heel anders dan in mijn herinnering. Het weidse uitzicht dat ik destijds had doordat het vliegtuig vlak voordat het de grond raakte alle begroeiing had weggevaagd is verdwenen nu de bomen weer zijn aangegroeid, maar toch is het minder groen. Na al die tijd ligt er nog steeds puin. Geen metaal, maar wel stukken blauwe vloerbedekking, plastic, stoelhoezen, een bordje met UITGANG, in het Russisch. Aan een boom hangt zelfs een spijkerjack. Ik kijk of het van mij is. Dat is het niet, hoewel ik me nu opeens herinner dat ik ook een spijkerjack had, met korte mouwen. Het gebied is veel kleiner dan ik me herinner. Ik ben niet zo goed in het inschatten van afstanden, maar de lichamen, het vliegtuig en de losgescheurde vleugel moeten veel dichter op elkaar hebben gelegen dan ik destijds heb ervaren. Daarom heb ik het gezicht van de oranje man zo scherp kunnen zien!

Ik kijk om me heen en zie meneer Cao gehurkt op een rotsblok zitten. Ik heb nog steeds het gevoel dat ik hem ergens van ken. Ik voel me zekerder worden als ik me van de groep terugtrek en op mijn eigen plekje ga zitten, een meter of zes de heuvel op vanaf de plek waar we zo gaan lunchen. Ik kijk naar de groep, die het eten aan het voorbereiden is. En dan dringt het opeens tot me door: meneer Cao is de oranje man. Hoe kan ik dat over het hoofd hebben gezien? Hij zit op precies dezelfde manier gehurkt als toen. Deze keer niet in dat plastic oranje, maar in een schoon, wit overhemd, dat zijn gezicht donkerder doet lijken. Dat gezicht! Dat prachtige gezicht waarvan ik al die jaren heb gedacht dat ik het me had ingebeeld. Die lieve, zachte man: hij is degene die mijn leven heeft gered!

Ik krijg niet meteen de kans het aan Chris te vertellen. Wanneer ik de heuvel af loop, bij mijn plekje vandaan, heeft hij de wijnfles al geopend en hij vraagt me de campingglazen te pakken om te kunnen toosten. Ik haal ze uit mijn rugzak en schroef ze snel in elkaar. Onze gastheren hebben een tafel van houtblokken gemaakt. Als lunch eten we de rest van het ingeblikte vlees.

'Op onze gastheren en op Annette,' zegt Chris, die zijn glas heft. 'En op iedereen die hier voortijdig is omgekomen.'

Ik voel me er ineens zelfbewust en ik toost wat verlegen mee.

Dan wendt Chris zich tot meneer Cao en vraagt: 'Hoe heb je haar gevonden?' Ik weet niet of Chris zich realiseert dat meneer Cao de oranje man is. Ben ik de enige ben die het niet doorhad? Terwijl hij al die tijd vlak bij me was?

Meneer Cao begint te giechelen terwijl hij spreekt. Hij bedekt zijn mond. Hij lijkt zich te generen. Chris vertaalt.

'Hij vertelt dat hij nog nooit een blanke had gezien toen hij jou zag. En zeker nog nooit iemand met blauwe ogen...' Ik luister geduldig naar de volgende Vietnamese zin en dan zegt Chris: 'Hij dacht dat je een geest was! Daarom heeft hij een tijdje gewacht tot je zou verdwijnen. Toen dat niet gebeurde is hij zijn vrienden gaan halen om te vertellen dat hij het vliegtuig had gevonden.'

Ik kan mijn oren niet geloven. 'Daarom gaf je geen antwoord,' zeg ik tegen mijn redder. 'Ik schreeuwde en schreeuwde maar, en jij bleef maar naar me staren!'

'Het mysterie van de oranje man is hierbij opgelost,' zegt Chris plechtig.

Ik laat het bezinken. Natuurlijk leek ik op een geest. Cao zag een broodmager, wit figuur met voor hem bovenaards blauwe ogen, in een blauwe poncho, te midden van tientallen doden.

Hij vertelt hoe bang hij was. Zo bang dat hij niets durfde te doen, totdat ik mijn capuchon afdeed. Toen drong tot hem door dat ik iets menselijks had en besloot hij zijn vrienden erbij te halen.

Nu staar ik voor me uit. Dus als ik die capuchon niet had afgezet, was ik echt een geest geworden!

DE HOMMEL

Toen mijn vader nog leefde, hadden we het een keer over een vriendin van me die na de dood van haar moeder regelmatig werd omringd door witte vlinders. Haar moeder had beloofd dat ze op die manier een bericht zou sturen na haar dood. We vroegen mijn vader hetzelfde te doen, maar we waren het erover eens dat een vlinder niet zou passen bij mijn Boeddha-achtige vader. Misschien een grote vlieg dan, of een dikke hommel?

Twee maanden voor zijn dood vroeg mijn vader mijn moeder een sieraad voor zichzelf te gaan kopen. Als geschenk van hem. Mijn moeder delegeerde de opdracht aan mij. Ze wilde graag een broche. Ik heb twee gouden bijtjes voor haar gekocht, een met witte diamantjes, en een met zwarte onyx. Mijn ouders vonden ze geweldig.

Toen mijn vader op die warme zomerdag uiteindelijk was gestorven en zijn lichaam was meegenomen, vloog er een hommel de slaapkamer van mijn ouders binnen. Hij heeft er de hele ochtend gezeten.

Later die week waren we ons aan het aankleden voor de begrafenis. Op het moment dat ik de kleine bijenbroches op het zwarte mantelpakje van mijn moeder vastmaakte, kwam er weer een hommel binnenvliegen.

'Ha pappie,' zei ik, 'goed je te zien.' De hommel bleef om ons heen zoemen. Toen hij uiteindelijk in een hoekje van het open raam ging zitten, raakte ik bijna in paniek en riep: 'Ga daar weg! Als de wind het raam dichtslaat, word je geplet! Ga weg!' Maar de hommel bleef zitten. Ik moest hem letterlijk de veiligheid in jagen met een krant.

De volgende dag was de dienst voor mijn vader. Achtjarige Joosje las voor: 1 Korintiërs, hoofdstuk 13, over de liefde. Ze deed het mooi. Na de dienst was er een receptie op een terras buiten. Toen mijn vrienden haar kwamen complimenteren, vertelde Joosje het verhaal over de hommel. En precies op dat moment kwam hij weer aanvliegen, en cirkelde om haar blonde hoofdje: een grote, dikke hommel!

DE BERG, VIETNAM 2006

De betovering van het opgeloste mysterie van de oranje man wordt verbroken door een plotselinge beweging. Een van de mannen springt op. Hij begint nerveus tegen de anderen te praten. Ze springen allemaal op. Ik kijk naar Chris.

'Wat is er?' vraag ik. Maar voordat hij kan reageren, zie ik het voorwerp van hun ontzetting. Er marcheert een duizendpoot van tien centimeter over onze 'tafel'. Een van de mannen plet de giftige ellendeling, we zien het allemaal gebeuren. Chris is ook opgesprongen, maar ik blijf doodkalm.

'Voor jou stelt dit misschien niets voor,' zegt Chris lachend, 'maar snap je nu waarom de mensen van Vietnam Airlines hebben gezegd dat het hier te gevaarlijk is om te overnachten?'

Ik haal mijn schouders op. Ik had hier echt heel graag willen blijven slapen. Dan zou die hele klim pas echt de moeite waard zijn. Kon ik hier de nacht maar doorbrengen, de maan zien. We zouden dan bovendien de tijd hebben om een beetje te ontspannen. Nu is het al bijna weer tijd om te vertrekken; anders zijn we niet voor donker terug bij het busje. De afdaling zal nog minimaal vijf uur kosten.

Ik wil nog niet weg. Ik klim terug naar mijn plekje terwijl de mannen de tafel opruimen.

'Als jullie nou eens vooruitgaan? Dan kom ik zo meteen achter jullie aan,' roep ik. Misschien is het een brutale vraag, maar ze kijken me begrijpend aan.

'Ik vind het een prima idee om een voorsprong te krijgen,' grapt Chris, die er weer normaal uitziet; de kleur is terug in zijn gezicht. De wijn en de sigaret hebben hem goedgedaan.

Ik hoor hoe het team zich terugtrekt. Hun geluiden worden geleidelijk overgenomen door die van de jungle. Ik herinner me die kakofonie. Het dringt nu pas tot me door hoe hard en intens die is. Je moet blijkbaar alleen zijn om het te kunnen horen.

REFLECTIE: AFSCHEID VAN MIJN BROER

Op mijn vijfenveertigste verjaardag overleed mijn broer, Bernard, plotseling. Hij was vijftig. Het was een hartaanval. De chemotherapie die hij moest ondergaan toen hij begin dertig was had zijn hart vergroot, waardoor hij in een wandelende tijdbom was veranderd. Bernard wist dat. Wij niet.

Ik sprak op zijn begrafenis.

'Acht maanden geleden stond ik op deze plek om afscheid te nemen van mijn vader. Ik beëindigde mijn toespraak met zijn lievelingsspreuk, die uit Korintiërs 13: "Doch het belangrijkste is de liefde."

'Net als mijn vader was Bernard de belichaming van deze woorden. Hij had het in zich om de hele wereld lief te hebben zonder onderscheid te maken. Hij kon als geen ander genieten van het moment, van het zijn. Van een biertje, een sateetje, het strand. Hij genoot ook van de successen van anderen: van zijn vrienden, zijn zussen, zijn broer en zijn vrouw. Hij was trots en nooit jaloers. Hij leefde mee.

'Toen we kinderen waren, was hij de perfecte broer. Mijn grote held. Hij durfde alles. Ik mocht als klein meisje altijd mee met hem en zijn vrienden, zolang ik maar niet ging huilen of bang was. Dat waren de voorwaarden. Ik heb er veel van geleerd.

'Toen ik in de puberteit was nam hij mijn vriendinnen en mij mee in zijn groene Volkswagen Kever. Hij bracht vaak vrienden mee naar huis in de Ruychrocklaan, waar het altijd gezellig was. Soms maakten ze me wakker om me te vertellen hoeveel meisjes ze op één avond hadden gezoend, en dat ik jongens niet te snel serieus moest nemen. Ook daar heb ik veel van geleerd.

'Toen ik ouder werd gingen onze vriendenkringen elkaar meer overlappen. Hij was de gangmaker op mijn feestjes. Toen Pasje en ik in Amsterdam woonden kwam hij vaak naar ons toe. Pasje vroeg hem alvast als getuige bij ons huwelijk.

'Toen kreeg Bernard een kwaadaardige tumor, die uitzaaide. Hij was ongelooflijk dapper, doorstond zelfs de zwaarste chemokuren zonder klagen. Misschien klaagde hij wel te weinig. Van de kanker genas hij, maar mentaal werd hij niet de oude. Hij werd kwetsbaarder, gevoeliger – misschien wel óvergevoelig, te open in zijn affectie. Maar misschien moeten we dat zien als een tekortkoming van het leven zelf, niet als die van hem.

'Mijn vader en ik filosofeerden vaak over de motivatie en grenzen van het ego. Berrie had geen groot ego. Hij voelde zich nooit meer of minder dan anderen. Vandaag wil ik dat de wereld weet hoe trots ik ben op Bernard.

'Misschien dat hij niet altijd heeft voldaan aan de eisen die onze maatschappij stelt, maar hij heeft voldaan aan de voorschriften van de Korintiërs, waarmee ik hier zal eindigen.'

> *Toen ik nog een kind was sprak ik als een kind, dacht ik als een kind, redeneerde ik als een kind. Nu ik volwassen ben heb ik al het kinderlijke achter me gelaten. Nu kijken we nog in een wazige spiegel, maar straks staan we oog in oog. Nu is mijn kennen nog beperkt, maar straks zal ik volledig kennen, zoals ik zelf gekend ben. Ons resten geloof, hoop en liefde, deze drie, maar de grootste daarvan is de liefde.*

HET MINST BEGANE PAD, VIETNAM 2006

Ik ga op de bladeren zitten. En op de takjes. Wat voelt dat onaangenaam! Ik kijk tussen de bomen door de berg af. Er zijn zo veel bomen. Het is hier veel claustrofobischer dan ik me herinner. En lang niet zo groen. En ook lang niet zo mooi.

Ik probeer me op de details van de bladeren te concentreren, maar ik zie alleen het collectieve bladerdak. Ik bedenk hoe anders mijn gees-testoestand toen was. Wat niet helpt is al het puin om me heen. Het lijkt 11 september wel. Ik raap een stukje blauwe vloerbedekking op en bekijk het van dichtbij. Er vechten te veel verschillende gedachten om aan-dacht. En die geluiden!

Ik kijk achter me en probeer me de romp voor te stellen. Met Pasje erin. Nu mag ik wél aan hem denken. Sterker: nu móét ik aan hem den-ken. Dit is de plek waar zijn leven is geëindigd. Ik ben verder gegaan. Maar nooit echt zonder hem. Wat gek dat ik zijn aanwezigheid hier niet voel. Niet meer dan anders, tenminste. Misschien omdat hier alleen zijn omhulsel is achtergebleven, het omhulsel van een fantastische man van zesendertig, met een fantastische persoonlijkheid. Daar heb ik om ge-rouwd en ik mis hem nog steeds. Wat bij me is gebleven is iets anders. Iets essentiëlers. Zijn liefde. Onze liefde.

Ik klauter verder de berg op en stop bij een rotsblok. Ik zoek in mijn rugzak het houten dolfijntje en het witte zeehondje dat ik heb meege-nomen. Ik leg ze op het rotsblok.

'Dag, Pasje.' Ik laat ze even liggen. Dan pak ik de zeehond en stop hem in mijn zak. Hij heeft hem niet nodig. Ik wel. Ik zet in plaats ervan een Boeddhabeeldje op de rots. Voor Hamish en Sylvie. Ik ben blij dat ik dit kan doen voor hen, en voor Jack. Op de juiste plek. Dit is de plek waar ze echt zijn omgekomen. Wat gek dat ze Jack hier niet mee naartoe hebben genomen. Ik vraag me af waarom.

Dan hoor ik iets zoemen. Is het een hommel?

'Pappie?' zeg ik hardop. 'Wat fijn dat je er bent.' Ik weet dat de anderen niet ver bij me vandaan zijn, maar ik voel me toch eenzaam.

Ik bestudeer mijn omgeving. Ik moet zonder twijfel in een andere staat van bewustzijn hebben verkeerd, dertien jaar geleden. Hier gevangen, acht oneindig lange dagen. Ik neem een slokje water. Dat helpt nog steeds.

Ik moet plassen. Ik kijk om me heen. Niemand. Deze keer geen pijnlijke gebroken heupen. Ik ga op mijn hurken zitten en zie de bodem van de jungle weer van dichtbij. En de rode mieren. Als oude, vertrouwde buren.

Tijd om terug te gaan. Ik loop in de richting waar we vandaan zijn gekomen. Maar dit pad leidt nergens naartoe! Ik kijk naar het andere pad, dat bergafwaarts gaat en denk aan een citaat uit een gedicht van Robert Frost, 'Twee wegen scheidden in een woud' en – oeps! – daar stond ik, terwijl ik over de kniehoge planten tussen beide paden heen stap. Beide paden zijn niet druk begaan. Nee, dit pad gaat te steil naar beneden, als ik daarover verderga, val ik straks! Terug naar boven. Naar het andere pad. Ik loop een paar meter, maar ook dit pad loopt dood. Ik ben verdwaald!

'Hallo! Waar zijn jullie?'

Ik hoor geruis en zie meneer Tan. Godzijdank. Hij is op me blijven wachten terwijl de anderen vast zijn gegaan. Hij is zo discreet geweest om op schreeuwafstand te wachten. Wat een held. Ik draai me om naar de plek van de ramp. Voor een laatste blik. Dag, Pasje. Dag, berg.

PERCEPTIE EN PERSPECTIEF, NEW YORK 2005

'Joosje, neem eens wat afstand. Nog een stukje. Anders zie je niet waar het over gaat. Dan zie je alleen de details en niet het hele schilderij.'

We waren in een museum. 'Dat is hoe papa de wereld ziet,' mompelde ik in de overtuiging dat ze me niet kon horen. 'Daarom mist hij het grote geheel.' Toen ik zag dat ze me wel had verstaan, voegde ik er snel aan toe: 'En ik zou juist veel te ver weg gaan staan en alle details missen.'

Daar moest ze even over nadenken. Ze herhaalde met een diepe frons op haar voorhoofd: 'Dus papa gaat te dichtbij staan en ziet alleen de details. En jij staat te ver weg en mist de details. Waar moet ik dan gaan staan om zeker te weten dat ik alles zie?' De frons werd nog dieper. Toen ontspande haar gezicht.

'Die plek bestaat niet. Daarom hebben papa en jij elkaar nodig!'

Jaime en ik hielden er allebei van het lot te tarten. Zowel zakelijk als privé. Maar uiteindelijk wint het lot. We groeiden uit elkaar doordat er te veel factoren waren die tegen ons werkten. We hadden kunnen weten dat we te veel verschilden qua cultuur, religie en persoonlijkheid; dat we al die hindernissen moesten overwinnen waar ouders hun kinderen voor waarschuwen, die vaak te groot blijken zodra de verliefdheid verdwijnt. De redenen waarom liefde alleen nooit genoeg is. De redenen waarom Romeo altijd weer zal sterven.

Had het romantischer kunnen zijn? Hoe Jaime naar me kwam zoeken, me mee terug het leven in heeft genomen, me leven heeft gegeven? Verdienden we het niet om nog lang en gelukkig te leven? Samen?

Misschien. Maar het leven gaat door. En door.

Het autistische kind, de werkloosheid. Uiteindelijk is een huwelijk een samenkomst van twee ego's. Cultuur, religie en persoonlijkheid zijn belangrijk. Voor die ego's.

Wat liefde ermee van doen heeft? Alles en niets. Voor Jaime was zijn liefde voor Maxi allesomvattend en genoeg. Hij had niet meer nodig. Jaime bleek Nederland leuker te vinden dan Italië.

DE RIVIER, VIETNAM 2006

Bergafwaarts gaan was een veel grotere uitdaging dan ik had voorzien. De berg lijkt veel steiler wanneer je naar beneden gaat en er staan zo veel bomen! Stonden ze op weg naar boven ook zo dicht op elkaar? Die mannen moeten een angstaanjagende slalom hebben gemaakt terwijl ze mij aan die grote stok naar beneden droegen. De regen moet het pad toen net zo glad hebben gemaakt als nu. Daar loop ik net over na te denken wanneer ik val en op mijn billen een paar meter naar beneden glijd. Een eindje verderop gebeurt het me weer. En weer. Tegen de tijd dat we de rest van de groep hebben bereikt, heeft meneer Tan me al zeker vier keer overeind geholpen.

Ik vraag of we even kunnen stoppen. Ik moet andere schoenen aantrekken. Mijn voeten doen vreselijk veel pijn. In mijn rugzak, die wordt gedragen door meneer Cao, de oranje man, zit een paar gympen. Hij komt naar me toe, draait zich om en gebaart me de schoenen uit de rugzak te pakken. Hij wacht plichtsgetrouw terwijl ik ze zoek. Hij hoeft niet door zijn knieën te gaan, aangezien ik zoveel langer ben dan hij. Ik trek mijn gympen aan en stop mijn bergschoenen in de rugzak. Hij staat al die tijd vlak bij me, met zijn rug naar me toe. Ik voel ineens een golf van emotie door me heen gaan. Het is een vreemd soort intimiteit, alsof we de enige twee mensen op de berg zijn. Alweer... Vanaf dat moment verlaat hij mijn zijde niet meer. Hij maakt een nieuwe wandelstok voor me en laat me zien hoe ik van boom naar boom kan lopen en die als steun kan gebruiken tijdens onze afdaling. Hij blijft naar me kijken met die intense blik, waar ik nu een warmte in opmerk die me nog niet eerder was opgevallen.

Na een urenlange afdaling bereiken we een vlakker gebied. Op dat moment besluit ik dat ik er genoeg van heb. Ik eis dat we stoppen. Iedereen komt om me heen staan en kijkt me met grote ogen aan. Daar heb ik ook genoeg van.

Ik loop naar een omgevallen boom en ga erop zitten. 'Het is mooi geweest,' zeg ik tegen Chris. 'Ik kan niet meer. Ik wil niet meer!'

Ik trek mijn schoenen uit en zie dat mijn voeten en enkels vol blaren zitten. Mijn littekenweefsel was niet bestand tegen deze verzoeking. Ik praat verder in het Nederlands. 'Gaan jullie maar verder. Haal me morgen maar op. Ik blijf hier.'

Chris kijkt me ongelovig aan.

'Ik kan niet meer. Uiteindelijk verliest je lichaam het van je geest. En dat moment is nu aangebroken,' zeg ik. 'Laat mij maar hier en vraag of iemand me morgen kan komen ophalen.' Ik gebaar naar de rest van de ploeg. Iedereen staart naar me, onzeker over wat er aan de hand is.

Chris gaat naast me op de boom zitten. Hij kijkt me vragend aan. Ik zie aan hem dat hij denkt dat ik een grapje maak. Als tot hem doordringt dat dat niet zo is, verheft hij zijn stem.

'Ben je gek geworden?' vraagt hij. 'En daar kom je nu mee?'

Het kan me niet schelen. Ik kijk koppig weg. Ik ben niet bang voor deze jungle. Zij wel. Ik kan hier prima in mijn eentje overnachten, met mijn rugzak vol voorraden. En het is maar één nachtje! Mijn knieën, mijn dijbenen, mijn voeten; alles is stijf, alles doet pijn. Ik wil gewoon hier blijven en van de schoonheid genieten.

'Dit kun je me niet aandoen!' sist Chris me toe. 'Je bent dat hele eind gekomen, en dan ga je nu zitten jammeren? Het is nog maar twee uur naar het busje!' Hij lijkt oprecht geschokt.

Ik kijk met een geveinsde glimlach op mijn gezicht naar de rest van de ploeg, die discreet een stukje verderop staat te wachten hoe dit gaat aflopen. We zijn net een getrouwd stel dat de schijn probeert op te houden.

'Oké dan,' zeg ik terwijl ik mijn veters strik. 'Maar zodra we bij die rivier zijn, ga ik daar heel lang zitten!'

En dat doe ik ook, zodra we eindelijk de plek bereiken waar we vanochtend hebben gegeten. Ik ben even uitgeput als opgetogen.

Ik zit op hetzelfde rotsblok als vanochtend. Is dat maar elf uur geleden? Het voelt als een heel leven. Ik laat het Vietnamese gekwetter wederom tot achtergrondmuziek vervagen. Ik laat de rivier over mijn voeten vol littekens en blaren stromen. Het water stroomt snel. Het is dezelfde rivier als elf uur geleden, maar het water is anders. Net als in de rivier van Siddhartha: altijd veranderlijk en toch hetzelfde. Zoals het verschil in mijn perspectief vanochtend – toen ik banger voor de angst was dan voor iets anders en niet wist wat ik moest verwachten – en nu. Anders en toch hetzelfde, zoals ik altijd heb geweten dat het zou zijn. Zoals ik dertien jaar geleden anders was, maar in essentie dezelfde als vandaag.

Was ik op een missie om mijn oude zelf te heroveren? Dan is mijn missie geslaagd. Misschien zelfs iets te goed, met een spirituele regressie en al. Ik reageerde weer vanuit mijn kleine, bange, defensieve ik.

Ik denk aan de vraag van de schrijver: *Hoe zal je terugkeer naar Vietnam je leven veranderen?* Niet, en toch ook wel. Verleden, heden, toekomst: is het niet allemaal hetzelfde?

Het waden door het koude water van de zes rivieren is puur genot voor onze vermoeide voeten. Wat een opluchting als we eindelijk het busje van meneer Tan zien, met de chauffeur ertegenaan geleund. We hebben het gehaald! Het is nog licht, maar dat zal niet lang meer duren.

We rijden terug naar het buurthuis terwijl de allerlaatste stralen van de namiddagzon het landschap oranje kleuren. Ik voel me nu al nostalgisch, vervuld van emoties, vol tegenzin dat ik afscheid moet nemen van het team. Ik dank de leden van de oorspronkelijke reddingsploeg nog een keer extra, als laatste de oranje man. 'Je hebt mijn leven gered,' zeg ik.

Hij lacht breed naar me. Voor het eerst.

REFLECTIE: GOLVEN

In 2003 bestelde ik de tweede cd van Coldplay en ik kon niet wachten ernaar te luisteren. De muziek raakte me. Ik zat er de hele dag met een koptelefoon naar te luisteren. Met tranen in mijn ogen.

Pasje zou het nummer 'Clocks' geweldig hebben gevonden. Kon ik hem maar bellen en het hem laten horen. Dat ik altijd de laatste muziek bijhoud doe ik vanwege hem, voor hem. Hij was zo enthousiast wanneer hij een nieuwe 'sound' had gevonden. Dan moest ik ernaar luisteren, terwijl hij me gretig aankeek, in de hoop dat ik er net zo enthousiast over zou zijn als hij. Dat was wel eens lastig: ik moet muziek vaker horen voordat ik het begin te waarderen. Hij hield van nieuw.

'Oude muziek wordt muzak,' zei hij altijd, 'die hoor je niet echt meer.'

Ik weet nog dat hij U2 'ontdekte'. Dat hij zei: 'Moet je die stem horen, die sound.' Zijn ogen stonden dan vol tranen en tederheid, zelfs om het jongetje op de platenhoes. We hebben U2 op zijn begrafenis gedraaid. Pas toen ik in de veertig was en naar Coldplay luisterde, begreep ik wat hij bedoelde. En hoe hij zich moet hebben gevoeld.

Het doet nog steeds pijn om aan Pasje te denken, maar ik blijf naar zijn muziek luisteren. Zijn lievelingsnummers brengen me zijn liefde terug. Onze liefde. Die er nog steeds is, maar op een andere frequentie.

Ik kan Jaime ook terughalen. Maar dat kost me meer moeite. Hij leeft nog. En hij schopt om zich heen. Soms heel hard. Hem kwijtraken leverde me een open wond op die misschien nooit meer zal helen. Iemand verliezen aan het leven kan pijnlijker zijn dan aan de dood. Het verdriet komt even hard aan. Onaangekondigd, als een golf die over je heen spoelt. Ook hierin moet ik verstillen.

Gelukkig is er veel liefde om op te teren. Ik kan nog steeds de muziek opzetten die Jaime en mij verbond, op ons balkon zitten, naar onze restaurants kijken, naar onze stad. En het allemaal naar boven halen.

Ook mijn liefde voor Jaime draag ik met me mee. Voor altijd. Dat zal zo blijven, wat er ook gebeurt.

EINDELIJK, NHA TRANG, VIETNAM 2006

We rijden in stilte terug door de bergen. Het is donker. We zijn uitgeput. We rijden Route One naar Nha Trang op, een weg die Jack heeft beschreven als 'een beproeving'. Ik heb er niet zo'n moeite mee en het kan me ook niet schelen. Ik zal eindelijk de plek zien waar Pasje onze romantische vakantie had gepland.

Nha Trang ziet er op het eerste gezicht uit als een typische badplaats. We stoppen bij een wat armoedig uitziend hotel, vlak bij een drukke kruising. Chris begint meteen te klagen tegen meneer Tan. 'Het is hier veel te rumoerig,' zegt hij. 'Het is heel vriendelijk van Vietnam Airlines dat ze ons hebben uitgenodigd, en ik waardeer de gastvrijheid, maar ik moet echt een nacht goed slapen.' Meneer Tan glimlacht zijn gebruikelijke glimlach. 'Geen probleem,' zegt hij, en hij brengt ons naar een beter hotel. Het heeft een zwembad. We checken in, genieten – heel erg – van een douche en treffen elkaar daarna in de lobby.

We steken de boulevard over naar het strand. We zien een hele trits restaurants op een rij, net als in Europa. We dineren in een trendy pizzeria, waar we aan de ene kant van het etablissement de zee horen en aan de andere kant de nieuwste popmuziek. We laten het koude bier onze pijnlijke spieren kalmeren. We praten met elkaar, als goede vrienden en als zakenpartners. Zoals ik gewend ben met mannen te praten. Het voelt vreemd om hier zonder Pasje te zijn. Deze plek paste perfect bij hem. In plaats daarvan zit ik hier met een vreemde die ik nooit had leren kennen als Pasje niet was gestorven.

Wanneer we terugkomen in het hotel komt Chris bijna de trap niet meer op. Ik kan het niet laten om stoer te doen en de trap met drie treden tegelijk te nemen. We zijn allebei blij dat het achter de rug is. We wensen elkaar goedenacht. Als scheepsmaten die terug aan wal zijn. Of twee investeringsbankiers die net de grootste deal van hun leven hebben gesloten. Blij en opgelucht.

Als ik terug ben in mijn kamer vind ik het eng om te bekijken wat ik heb meegenomen van de berg: stukjes bekleding, het Russische uitgangsbordje. Het bezoek aan de rampplek voelt nu al als een droom. Ik pak de relieken in, stop ze uit het zicht in mijn tas en ga naar bed.

Ik kan niet slapen. Ik ben al twintig uur op, waarvan ik me er elf fysiek zwaar heb ingespannen, maar voel me op de een of andere manier veel te opgeladen om te slapen. De adrenaline waarover Jaime het had giert nog steeds door mijn lijf. Jaime... Ik bel hem nog een keer, om te vertellen dat het goed met me gaat. En dat Chris inderdaad de held is die hij heeft beschreven. Thuis gaat het ook goed. Maxi en Joosje zijn naar school.

Ik doe het licht aan. Er schieten allerlei beelden van de afgelopen dag door mijn hoofd. De jungle, de berg, de oranje man, Chris. Het voelt alsof hij op dit moment alle mannen belichaamt van wie ik heb gehouden en die ik heb verloren. Alle mannen die van mij hebben gehouden. Pasje, mijn vader, mijn broer, en ook Jaime. Ik besluit Chris te vragen of ik hem als broer mag aannemen.

De volgende dag hebben we voor het ontbijt met meneer Tan afgesproken. Hij heeft drie andere directeuren van Vietnam Airlines meegenomen: een plaatselijke meneer die zich gedraagt alsof hij de baas van meneer Tan is en twee dames uit Hanoi. Mevrouw Anh, directeur Corporate Affairs, is degene die met Jack is mee geweest, maar ze wilde de berg niet nog een tweede keer beklimmen met ons. Ze gedraagt zich ietwat afstandelijk. Mevrouw Mai, van Internationale Zaken, is getrouwd met de voormalige Vietnamese ambassadeur van Nederland. Ze glimlacht veel.

We hebben een beleefde maaltijd, wisselen beleefdheden uit over onze landen van herkomst, maar ik voel onderliggende wrevel. Om Pasje, om Hamish, om Jack. Om al mijn wonden.

Ze maken er een officiële ceremonie van door me een verguld speldje van Vietnam Airlines en een handgeborduurd tafelkleed aan te bieden. Ze vragen een ober een foto te maken.

We lachen allemaal welwillend naar de camera, en ik steek het speldje omhoog. 'Cheese!'

REFLECTIE: MAXI'S WERELD

Maxi praat nauwelijks. Hij houdt niet van praten. Hij bevestigt de argwaan die ik jegens woorden voel: hoe beperkt woorden zijn als je probeert over te brengen wat onzichtbaar is. We communiceren in stilte. We voelen de taal, in plaats van hem te spreken. Communiceren we van ziel tot ziel?

Iedereen die met Maxi omgaat 'synchroniseert' met hem, Jaime doet het als hij met hem naar het park gaat, hem in bad doet of eten geeft. Ik als ik naast hem in slaap val of met hem ga schaatsen. Nana, onze oppas, vormt een twee-eenheid met hem als ze hem begeleidt naar zijn therapieën. Ze lijken wel twee pinguïns. Zijn 'schaduwen', de verzorgers die zich hand in hand met hem door zijn school bewegen.

Als ik met Maxi aan het schaatsen ben, voelt dat als het summum van alle romantische liefde. Zoals je het in de film ziet, alsof we in de wolken zijn. Al het andere vervaagt; alleen Maxi bestaat, zijn glimlach, de muziek en mijn hart dat zich vult met liefde. De tijd staat stil.

In de mannen van wie ik heb gehouden kon ik ook zo opgaan, maar bij hen kwam er onvermijdelijk altijd weer een moment dat ik aan iets anders dacht; aan wat ik nu weer moest doen of kopen. Ik ervoer het moment als obstakel dat tussen mij en de toekomst lag. Als ik synchroon ben met Maxi verlang ik naar niets anders dan met hem samen zijn en van zijn glimlach genieten. Dat moet de definitie van 'zen' zijn. Bovendien kan ik me als ik met Maxi ben zo idioot gedragen als ik wil. Hij oordeelt niet, laat staan dat hij veroordeelt. Hij pakt gewoon mijn gezicht vast en trekt het tegen het zijne. Geeft me een snelle kus. Een pure kus, zonder voorwaarden.

BAO DAI'S VILLAS, VIETNAM 2006

Na het ontbijt gaan Chris en ik naar dat noodlottige paleis: het hotel dat Pasje dertien jaar geleden heeft geboekt voor onze romantische vakantie.

Bao Dai's Villas is een van de weinige overgebleven voorbeelden van de Franse koloniale architectuur in Vietnam, staat er in mijn reisgids, *en is in 1923 gebouwd als vakantieverblijf voor de laatste Vietnamese koning en koningin. Het is gesitueerd op een voorgebergte van honderdtwintigduizend vierkante meter weelderige vegetatie. De villa's kijken uit over de Zuid-Chinese Zee, de eilandjes langs de kust, en u kunt er het hele jaar genieten van een aangenaam zeebriesje.*

Chris vertelt me in de taxi hoe enthousiast Pasje was over de reis en hoeveel zorgen hij zich maakte om de vliegreis ernaartoe, vanwege mijn claustrofobie. Hij was bang dat ik ter plekke zou weigeren om mee te gaan zodra ik het vliegtuigje zag.

Waarom heb ik dat niet gedaan?

Als de taxi de ronde oprijlaan op rijdt, kan ik mijn ogen niet geloven. Wat een betoverende plek! Romantischer bestaat niet. Een paleis op een rots, waar het helderblauwe zeewater tegenaan slaat. Schitterende tuinen. Wat een perfecte combinatie. O, Pasje, wat heb je dat goed uitgekozen. Kon je het maar met eigen ogen zien!

Ik word overweldigd door een gevoel van verspilling. Vreselijke verspilling. Mijn ogen branden. Ik loop weg van Chris, die discreet achterblijft, naar het water. Ik kijk toe hoe het water tegen de rotsen slaat. Ik kijk nergens liever naar. Dat wist Pasje.

Ik raap wat steentjes op en smijt ze boos in het water. Waarom? Waarom hij? Wat heeft hij gedaan? Wat heb ik gedaan? Tranen stromen over mijn wangen. Ik gooi nog wat steentjes. Bijna agressief nu. Steen na steen. Meer en meer. Golven van woede, frustratie, verdriet. Dan dringt tot me door waar ik mee bezig ben, en ik schiet in de lach. Om mezelf. Om hoe bizar het is dat ik me net als dertien jaar geleden heb weten te beheersen terwijl ik op die berg was, en me vervolgens op zeeniveau laat gaan. De sluizen staan open! Net als dertien jaar geleden, toen ik mijn moeders gezicht zag. Toen liet ik me zo gaan dat ik er bijna letterlijk in ben gebleven.

Ik recht mijn rug en gebaar naar Chris dat ik het hotel wil bekijken. Alleen. Het is geweldig: niet te luxueus, precies goed. Het zou perfect zijn geweest. Mijn lieve Pasje!

Ik wandel terug naar de zee en ga op een rotsblok zitten. Ik kijk toe hoe de golven tegen de klip slaan. Opnieuw wellen er tranen op. Deze keer voor Jaime. Waarom kunnen we onze verschillen niet laten voor wat ze zijn en boven onze tegenstellingen uit stijgen? Boven onze persoonlijkheden uit stijgen? De paradox omarmen dat iets zowel helemaal goed als helemaal fout kan zijn, dat iemand tegelijkertijd zowel sterk en liefdevol als kwaad en gespannen kan zijn? Dat iemand slordig en chaotisch kan zijn, maar toch heel verantwoordelijk? Zal het ons lukken om elkaar in het midden te treffen? Of erboven, zoals we dat vroeger deden?

Dualiteit zal bestaan zolang we leven. De spanning van tegenstellingen die aan elkaar trekken. Dat is hoe we tot creatie komen, hoe we balans vinden. Uiteindelijk.

We zijn als twee losse golven, tot we tegen elkaar aan slaan en samen weer gelijke delen van de oceaan worden. Golven lijken alleen van de zee gescheiden gedurende de korte periode waarin ze zich vormen en ergens tegenaan slaan. Het leven is maar zo'n korte reis.

Op dit moment ben ik gelukkig met wat ik heb. Zoals er een Willem-en-Annette was, is er een Jaime-en-Annette. Ooit waren ze samen sterk; maar nu even niet. Maar aangezien Jaime nog leeft, is er altijd de hoop dat het goed komt.

En zelfs als ik Jaime definitief aan het leven verlies, zal ik hem nooit helemaal kwijt zijn. Hij heeft me een liefde gegeven die zo sterk is geweest dat dat ik haar altijd bij me zal dragen. Zoals de muziek van Mozart mensen nog steeds in vervoering kan brengen, terwijl de componist al eeuwen dood is. Misschien kunnen Jaime en ik op dit moment in de tijd, in deze aardse vorm, niet bij elkaar zijn. Maar dat geeft hetgeen wat er hiervoor tussen ons was niet minder betekenis.

Ik haal diep adem, sta op van de rots en inhaleer de schoonheid van de golven.

REFLECTIE: KEERZIJDE

Heel lang geleden wilde ik naar mijn verloofde in Vietnam. De reis moest worden uitgesteld. Pech.

Een maand later ging ik alsnog. Via Hongkong. Ik had geluk: ik haalde mijn vlucht – gek genoeg – terwijl hij twee uur eerder vertrok dan gepland. Als ik hem had gemist, zou ik misschien niet op de binnenlandse vlucht in Vietnam hebben gezeten en was ik niet op die berg neergestort. Wat een pech.

Ik heb de ramp overleefd. Wat een geluk.

Mijn verloofde is omgekomen. Alle andere passagiers zijn ook omgekomen. Meer dan pech.

Ik heb opnieuw liefde gevonden. Groot geluk.

Misschien ben ik die nu aan het kwijtraken. Flinke pech.

Ik heb heel veel geld verdiend. Daar heb ik geluk mee gehad. Ik heb er de helft van uitgegeven, dat is geluk hebben, maar de andere helft ben ik bij de crisis in 2008 verloren. Pech. Ik heb twee prachtige kinderen gekregen. Wat een geluk. Een van hen bleek autistisch te zijn. Wat een pech. Door hem is mijn leven rijker dan het was geweest als hij een 'normale' jongen was geweest. Groot geluk!

Wat ben ik dan precies: een geluksvogel of een pechvogel?

Alles heeft een keerzijde. Als je terugkijkt op de moeilijke dingen die je hebt meegemaakt, kun je altijd geluk in het ongeluk vinden. Zoals de gevleugelde woorden van Johan Cruijff luiden: elk nadeel heeft zijn voordeel.

Het leven is voor mij een stuk eenvoudiger geworden sinds ik de mooie kanten van de nadelen ben gaan inzien. Ik kan nu zowel mijn geluk als mijn ongeluk laten zijn voor wat het is.

Het is me ook gaan opvallen dat mensen die veel geluk hebben zich hun zegeningen vaak toe-eigenen.

'Iedereen maakt zijn eigen bed op en moet er maar in gaan liggen,' zo luidt de Engelse uitdrukking, alsof zachte lakens en goede gezondheid, gelukkig huwelijk of succesvolle kinderen geheel en al zijn eigen verdienste zijn. Wanneer gefortuneerde mensen over anderen praten die minder geluk hebben, lijken ze vaak precies te weten waarom die mensen zelf verantwoordelijk zijn voor hun ongeluk.

Dat toewijzen van schuld moet zijn geworteld in angst: als ellende niet iemands eigen schuld is, kan het jou ook overkomen. Iemand de schuld toewijzen geeft je de illusie van controle. *Als het de schuld van zijn moeder is dat die jongen ooit aan de drugs is gegaan, zal het mijn zoon vast niet overkomen.* Of: *Hij heeft kanker gekregen vanwege de stress, omdat hij zo slecht eet, omdat het zijn karma is.*

Maar pijn geeft diepgang, en zelfs 'disfunctioneren' brengt zo zijn eigen vorm van liefde met zich mee, met een intensiteit die goed functionerende gezinnen niet altijd kunnen begrijpen. Dat is de keerzijde van geluk: je loopt de mogelijke voordelen van het ervaren van tegenspoed mis. Maar als je compassie kunt voelen, hoeven de gelukkigen geen tegenspoed te ervaren om toch diepgang te bereiken; dan krijgen ze die gratis toebedeeld, zonder de ellende. En de minder fortuinlijken geef je geen trap na door ze de schuld te geven, ze met wantrouwen te bejegenen, op ze neer te kijken of ze buiten te sluiten.

Als de geluksvogels de begrenzingen van hun geluk zouden inzien, dan zouden ze misschien niet zo hard oordelen en je niet het gevoel geven dat ze zich boven je stellen door je 'zielig' te vinden. Dan zouden ze minder bang zijn en meer medeleven voelen. Ware compassie kent geen gevoelens van superioriteit of inferioriteit. Het betekent dat je een eindje in de schoenen van een ander loopt en de wereld door zijn of haar ogen ziet, zonder een vergelijking te trekken met jezelf.

Het enige wat je daarvoor hoeft te doen is je te concentreren op de ander en jezelf een paar minuten te vergeten. Helemaal. Niet nadenken. Compassie komt uit het hart.

Zo heeft iedereen iets te winnen door een kijkje aan de keerzijde te nemen.

DE HELIKOPTER, VIETNAM 2006

Als we in het busje van Nha Trang op weg zijn naar het vliegveld zitten meneer Tan, Chris en ik te kletsen alsof we al jaren bevriend zijn. We zijn het er alle drie over eens dat het een buitengewone ervaring is geweest. We beloven elkaar plechtig dat we op een dag nog eens naar de berg zullen gaan, met onze dochters. 'Als zij oud genoeg zijn en wij nog niet te oud,' stelt Chris voor.

Wanneer we naar zijn kantoor op het vliegveld lopen zegt meneer Tan terloops: 'Er is nog één persoon aan wie ik je graag wil voorstellen. Kun je je de helikopter nog herinneren?'

'Nee, helaas niet,' zeg ik. 'Ik heb altijd gedacht dat het verhaal van die helikoptercrash maar een gerucht was.'

'Absoluut niet!' onderbreekt Chris me. 'Ik heb hem horen opstijgen! Toen ik in de "crisisruimte" kwam zat iedereen over een hoofdtelefoon mee te luisteren. Er was een team artsen en overheidsmedewerkers op weg naar de rampplek, in een militaire helikopter.'

Meneer Tan voegt eraan toe: 'De dochter van de arts die in de helikopter zat, werkt nu voor mij. Haar vader is samen met vijf andere hulpverleners en de piloten omgekomen op weg naar de rampplek.'

Ik heb geen tijd om het tot me door te laten dringen. Er komt een beeldschoon meisje op ons aflopen.

Als ze me ziet, barst ze in tranen uit. Ze loopt recht in mijn armen. Ik klem haar stevig tegen me aan. 'Mijn vader is weggegaan om u te redden en nooit meer teruggekomen!' brengt ze snikkend uit.

REFLECTIE: VERLIES NEMEN EN LIEFDE WINNEN

No pain, no gain zeiden we als handelaren op Wall Street tegen elkaar. Ik ben er nog steeds van overtuigd dat er grote winst is te behalen als je je verlies neemt. Als je je verlies bewust ervaart. Door het recht in de ogen te kijken en het te accepteren, niet door het weg te duwen of te ontkennen. Als je je verlies neemt, dan raak je niet echt kwijt wat of wie je hebt verloren. Vaak komt er iets moois voor in de plaats, of groeit je verlies uit tot iets waardevollers. Ik weet nu hoeveel ik heb gewonnen dankzij hetgeen ik heb verloren.

Toen ik alleen in de jungle van Vietnam was, moest ik die realiteit accepteren om te kunnen overleven. Ik ben kalm gebleven, ik heb het over me heen laten komen zoals het was. Ik heb mijn aandacht op iets anders gericht. Ik zag de schoonheid. Ik heb mezelf eraan overgegeven. En toen gebeurde het: ik voelde me verbonden; ik kreeg te zien wat er achter het gordijn lag. Het geheim.

Toen ik mijn geliefde verloor, moest ik het verlies nemen en afscheid nemen van de toekomst die we samen zouden hebben. Ik moest eerst grondig rouwen voordat ik aan een andere toekomst kon beginnen. En dat heb ik gedaan en toen is hij gebleven.

Ik heb ook verlies moeten nemen op de toekomst van mijn zoon. Pas toen dat lukte, kon ik hem accepteren zoals hij is. Ik heb leren zien wat er wel is. Ik accepteer hem niet alleen: ik ervaar hem als een groot geschenk.

Je verlies nemen is iets anders dan het zinkende schip verlaten en verdergaan. Je moet je verlies bewust nemen om het een deel van je leven te laten zijn. Verstil erin en laat het pijn doen. Ontken de situatie niet, wijs haar niet af als iets wat niet had mogen gebeuren. Als je dat wel doet, verhard je in hart en ziel en kun je niet openstaan. Om open te kunnen staan moet je de betrokkenheid voelen om erbij te blijven. Als je open blijft staan, kun je de schoonheid zien: de keerzijde van het verlies.

En als je weet hoe het voelt om pijn te ervaren, kun je je de pijn van een ander voorstellen. Als je je eigen pijn niet toelaat, laat je die van anderen tenslotte ook niet toe. Als je open blijft staan, kun je je verbinden met anderen.

Niets blijft eeuwig verloren. Wie of wat we hebben verloren wordt een onderdeel van onszelf. Wie of wat deel was van je verleden, wordt ook deel van je toekomst. Zoals Einstein heeft bewezen kan energie niet worden vernietigd; ze kan alleen van vorm veranderen.

Verlies brengt je dichter bij de liefde die je ooit hebt gehad – of nog hebt. Hoe dieper de band, des te groter het gevoel van verlies; hoe groter het verlies, des te dieper het gevoel van liefde. Rouwen is liefhebben.

Als je open blijft staan, dan krijg je de kans om bij ieder verlies een schil kwijt te raken en zo meer liefde naar boven te brengen. Alsof je een artisjok pelt, met onvoorwaardelijke liefde in het hart.

WEER VERTREKKEN, VIETNAM 2006

We vliegen terug naar Ho Chi Minhstad. In een klein vliegtuigje deze keer. Ik vind het niet erg. Ik heb niet eens gevraagd of ik op de voorste rij of aan het pad mag zitten. Ik wil alleen maar uit het raampje kijken en de zee en de jungle zien. Ik stop mijn tas in het net aan de stoel voor me. REDDINGSVEST staat erop. Mijn ogen zoeken naar het uitgangsbordje. Deze keer is het een Engelstalig exemplaar. Chris zit naast me een krant te lezen. Volgens mij wil hij heel graag terug naar zijn gezin. Hij is nog nooit zo lang van huis geweest. Ik ben hem dankbaar voor zijn offer. Ik zal hem missen.

Zelf zie ik mijn gezin pas over een paar dagen, want ik vlieg via Amsterdam, waar ik bij mijn moeder ga logeren om haar alles te vertellen.

Ik heb zo veel te vertellen. Zo veel is niet gebleken te zijn wat het leek te zijn. Op een goede manier. Uiteindelijk bleken ieders bedoelingen puur en goed. Chris, meneer Tan, de oranje man: ze hebben allemaal onvoorwaardelijk gegeven.

Het bereiken van de bergtop: was het een kwestie van 'mind over matter', het gegeven dat de geest sterker is dan het lichaam? Of ben ik naar boven gedragen door de mensen die aan me dachten? Ik denk allebei. Het was liefde waardoor ik dertien jaar geleden ben blijven leven; een bed van liefde, voor en van velen. Die liefde heeft me in staat gesteld me over te geven – aan de jungle, het moment, het leven, de dood.

We zijn fysiek, mentaal en emotioneel allemaal veel sterker dan we denken. Niemand vindt het leuk om op de proef te worden gesteld, maar als dat eenmaal gebeurt, dringt tot ons door dat we sterker zijn dan we ooit voor mogelijk hadden gehouden, en met dat besef gaan we de beproeving waarderen.

De berg beklimmen ging meer over het proces dan over het bereiken van de top. Net zoals het leven een proces is: een continu proces van liefde, met het verlies van die liefde als de constante keerzijde, die alleen maar meer liefde genereert.

Liefde heeft me toegestaan me te verbinden met alle mensen wier levens zijn geraakt en aan elkaar zijn verbonden door de vliegtuigramp. En ieders verhaal speelt een rol in dat van ons. Zowel positief als negatief. Er zijn acht mensen omgekomen in een poging mij te redden, waardoor er een lief meisje – en hoevelen met haar? – vaderloos is achtergebleven.

De jungle heeft me geleerd boven mezelf uit te stijgen, me over te geven aan en me verticaal te verbinden met het universum, met God. Hij heeft me geleerd waar ik energie vandaan kan halen.

Maxi heeft me geleerd hoe ik me moet inleven in anderen en waaraan ik energie moet geven. Daarom ben ik hier. Het leven is een proces van ont-ikken. Mijn gelukkigste momenten heb ik beleefd toen ik helemaal geen 'zelf' ervoer.

Ik kijk uit het raampje. De zee is steeds verder weg. Wat idyllisch, bedenk ik weemoedig. Dit moet een van de mooiste baaien op aarde zijn. Recht onder ons strekt de oneindige jungle zich uit. Ik probeer iets specifieks te herkennen, maar dat lukt niet. Ik zie alleen uitgestrekte stukken groen. Wat groot is het niemandsland waar we midden in hebben gezeten – en wat mooi!

Je kunt objecten alleen zien vanwege het licht dat erop reflecteert.

Myra, Chris, meneer Cao, meneer Tan, Numachi, artsen en verpleegkundigen, Maxi's leerkrachten, mijn familie, mijn vrienden, Jaime, Joosje en Maxi: ik ben slechts een reflectie in jullie ogen.

EPILOOG

In mei 2010 heb ik mijn allereerste interview gegeven.

Er was in Tripoli in Libië een Libisch vliegtuig neergestort. Er was maar één overlevende: de Nederlandse jongen Ruben. Ik werd die ochtend uit bed gebeld door een Nederlandse journalist die me naar mijn reactie op de ramp vroeg. Toen er nog vijf anderen belden, was ik ondertussen op de hoogte van de ramp en had ik een foto van de negenjarige Ruben in zijn ziekenhuisbed gezien. Hij zag er fragiel, etherisch en ja, heel fotogeniek uit. Mijn enige reactie was dat ik hem wilde beschermen. Hem beschermen tegen de aandacht die ik zelf kreeg na mijn ongeluk en op dat moment opnieuw kreeg. Dus stemde ik ondanks mijn cameraschuwheid impulsief toe toen een televisiezender in New York voorstelde me te komen halen voor een live-interview. Om elf uur die ochtend zat ik in de studio van Fox, helemaal in de make-up en live op televisie. Ik probeerde de aandacht bij Ruben te houden en drong erop aan dat hij rust nodig had, geen publiciteit. Hij had zijn ouders en zijn broer verloren. Dat was het enige wat voor hem telde, niet de manier waarop hij ze had verloren.

In november 2012, precies twintig jaar na de ramp in Vietnam, keek ik voor het eerst in lange tijd op mijn Facebookpagina en trof ik twee berichten aan. Ze waren allebei van een Vietnamese mevrouw, Bich Mowrey. Het eerste bericht was in augustus geschreven:

Geachte mevrouw Herfkens,
Ik heet Bich Mowrey. Vlak na de vliegtuigramp waarbij u betrokken was heb ik de berg in Nha Trang beklommen om de overblijfselen van mijn man, die bij de ramp is omgekomen, op te halen. Na het zien van het ontroerende interview dat u op Fox gaf, heb ik besloten contact met u te zoeken om u te vragen me alle informatie te geven die u kunt voor wanneer ik later dit jaar naar de berg ga (twintig jaar na de dood van mijn echtgenoot).

Ik was die dag de enige vrouw die met 200 soldaten de berg heeft beklommen om alle lichamen naar beneden te brengen. Ik ben getuige geweest van een deel van de reddingsoperatie en van wat er daarna is gebeurd. Ik zou u zo graag willen ontmoeten en 'onze' ervaringen over de ramp met u willen uitwisselen. Alle informatie die u kunt geven zou welkom zijn. Ik zou zo graag meneer Le Hai willen ontmoeten, die als eerste op de rampplek was om u te redden. Meneer Le Hai was de man die het team heeft tegengehouden toen ze u probeerden dood te schieten omdat ze dachten dat u een geest was, met uw witte huid, witte haar, en witte tanden... Meneer Le Hai zei: 'Wacht, wacht' en toen is hij naar u toe gelopen, heeft zich over u heen gebogen, en toen hoorde hij u fluisteren: 'Ik heb het zo koud.' Ze hebben u een paar slokjes wijn gegeven, en toen hebben ze geprobeerd u warm te wrijven...

Dat is het verhaal dat ik van een korps-chef van het politiebureau in Khanh Hoa heb gehoord toen hij naar Saigon kwam voor een belangrijke bijeenkomst na de ramp.

Ik wens u het allerbeste toe.

Hoogachtend,
Bich Mowrey

Ik was geschokt: het officiële verhaal! Ik las meteen haar tweede bericht, van maar een paar dagen daarvoor:

Beste Annette,
Mijn droom is eindelijk waarheid geworden: terug naar de plek van twintig jaar geleden. Ik heb het overhemd van mijn man gevonden en heb er gebeden. Een van de gidsen heeft de tocht drie jaar geleden met u gemaakt. Mijn tweede droom is dat ik u op een dag mag ontmoeten in New York.

Ik heb Bich meteen gebeld en verteld hoe erg ik het vond dat ik haar berichten nu pas las. We hebben twee uur lang gepraat. Bich vulde het perspectief van de Vietnamese kant voor me in, het verhaal dat ik al die jaren niet had gekend. Ze heeft me heel veel dingen verteld die ik nog niet wist, zoals over een ongelooflijk gedetailleerde blog van een Vietnamese verkeersleider die nieuw licht liet schijnen op zowel vlucht VN 474 als de slachtoffers van de ramp.

De volgende dag heb ik haar gebeld: de ramp was precies twintig jaar geleden. Het was voor het eerst in al die jaren dat ik 14 november met een andere weduwe heb kunnen delen.

Uiteindelijk heb ik haar in mei van het volgende jaar ontmoet, toen ze me in New York is komen opzoeken. We hebben ons hart instinctief voor elkaar geopend en zijn moeiteloos vriendinnen geworden. Het was een enorme troost om zonder enige remming over het verleden te kunnen praten.

Bich is nog steeds van plan om op de berg een gedenkplaats voor de familieleden van alle slachtoffers van de ramp op te richten. Ik kijk ernaar uit de berg nogmaals te beklimmen en me te verbinden met de andere families. Dankzij haar voel ik me niet langer alleen, een enige overlevende.

WOORD VAN DANK

Ik zie creëren als een uitwisseling met andere mensen. Creatie zit in de lucht, als een derde entiteit met een eigen leven. Als een tennisbal die in de lucht hangt tussen twee spelers, zoals Joseph Campbell het zei. Dit is de honderdnegenenzeventigste versie van *Turbulentie*, en ik ben blij dat ik kan zeggen dat elke versie een interactieve en gezamenlijke inspanning is geweest. Ieder woord, idee, en elke zin is besproken met of beoordeeld door anderen: mijn vrijgevige vrienden over de hele wereld in allerlei tijdzones, die tijdens eindeloze telefoongesprekken en e-mailwisselingen het uithoudingsvermogen hebben gehad om over de inhoud na te blijven denken en over de grote levensvragen te blijven praten. En als ze dan 's ochtends wakker werden en de laatste versie van dit verhaal in hun mail aantroffen, lazen ze ook die weer. En weer.

Turbulentie zou zonder de dagelijkse aanwezigheid van Julie Roelvink nooit hebben bestaan. Ik heb een jaar lang elke ochtend vroeg twee pagina's geschreven, die ik haar dan opstuurde in Londen, waarna ik ze terugkreeg met enthousiaste uitlatingen, rode strepen en suggesties. Die werkte ik dan die middag uit, en dan stuurde ik ze aan het eind van mijn avond weer terug. De volgende dag trof ik dan, geruststellend voorspelbaar, de geredigeerde versie in mijn mailbox aan. Ze heeft tijdens het hele proces virtueel mijn hand vastgehouden.

Met meer dan een beetje hulp van mijn vrienden: de meest directe hulp van mijn vriendin Dorine Hermans, die ook aan deze Nederlandse editie heeft meegewerkt. Caroline Noordhoek Hegt pakte de draad op toen ik de hele uitgave wilde opgeven. Ook het eindeloze filosoferen met Jane Bischoff, Rosario Conde heeft dit boek gevormd. Inge Jonckheer, Costas Michalopoulos en Regina Monticone waren mijn noodredacteuren. Veel dank ook aan de interactieve lezers: Christina Heinl, Ian Fentan, Ray van Mourik, Reinout Albers, Connie Lippert, Eveline Herfkens, Francisco Franklin, Caroline Binsbergen, Laetitia Lindgren, Ann Keller, Noemi Baeza, Titia Deurvorst, Annetine Gelijns, en Wietske Jansen Schoonhoven, Cora en Rob 't Hart, Valerie Sluijter, Doug en

Monica Taylor, Hanneke van der Staay, Marije Herfkens, Francisco Franklin en Michiel Hupkes. Van Jackson Taylor en zijn schrijfclub heb ik zoveel meer geleerd dan schrijven alleen. Dank je, Sue Rosen, dat je me op het spoor hebt gezet te gaan schrijven en me hebt verwezen naar Jackson.

Dank aan alle mensen die hun perspectief hebben bijgedragen.

En aan Jack, die me met vele motiverende telefoongesprekken en e-mails de berg op heeft geholpen. Toen ik bij hem op bezoek ging in Glasgow stond hij op het station op me te wachten met een grote foto van mij aan een stok zodat we elkaar zouden herkennen.

Dank aan Michael Denneny, niet alleen voor je redactiewerk, maar ook voor je geloof in mij als schrijver en het in perspectief stellen van de uitgeverswereld. Dank aan Maxi Lupa, voor het mooie schilderij voor het originele omslag. Aan Titia Ram, die precies de juiste cadans vond in haar vertaling, en aan Leonie Wolthuis, die tijdens de redactie steeds de kern wist te verwoorden.

Dank aan alle behulpzame geesten, in welke dimensie ook, zonder wie ik niet zou kunnen leven en liefhebben.

En tot slot wil ik Joosje Lupa bedanken dat ze de zestienjarige dochter is die het leven van haar moeder zo welwillend, kundig en volwassen redigeert.

Nawoord

DOOR JOOSJE LUPA

Jaren van illegale houtkap hebben de berg O Kha sterk veranderd en de dichtbegroeide jungle waar VN 474 meer dan twintig jaar geleden is neergestort aanzienlijk uitgedund.

Deze nieuwe O Kha is de berg die ik heb gezien in augustus 2014, toen de Vietnamese uitgever van mijn moeder, First News, haar uitnodigde om naar Ho Chi Minhstad te komen voor de presentatie van de vertaling van *Turbulentie*.

'Zonder jou ga ik er natuurlijk niet naartoe,' had mijn moeder stellig tegen me gezegd. Ze wilde me de plek laten zien waar haar leven een andere wending had genomen en ze wilde dat ik haar redders zou leren kennen, de mannen zonder wie ik niet zou hebben bestaan. De uitgever stemde ermee in, als ik een nawoord zou schrijven, als nakomeling van het verhaal.

Het was toepasselijk dat we onze reis maakten in de zevende maand op de maankalender, waarin tijdens het boeddhistische feest der Hongerige Geesten de poort tussen het rijk der doden en het rijk der levenden openstaat, zodat de doden de levenden kunnen bezoeken.

192 UUR, VLIEGVELD HO CHI MINHSTAD, 9 AUGUSTUS 2014

Geflits van fototoestellen. Een poster met daarop de naam ANNETTE HERFKENS en een afbeelding van een neergestort vliegtuig. Uit de massa mensen die hun geliefden komen ophalen komt een groepje mensen naar voren, allemaal bewapend met een fototoestel of audioapparatuur. Ik kijk toe hoe mijn moeder door de menigte wordt opgeslokt. Het kruisverhoor begint direct:

'Hoe voelt het om terug te zijn in Vietnam? Wat voelt u op dit moment?' Mijn moeder antwoordt met een brede glimlach op haar gezicht. Ik ben de enige die ziet hoe verrast ze is.

'Toen ik hier de vorige keer aankwam, was ik bang, maar deze keer vind ik het geweldig.' Ze trekt me naar zich toe. 'En deze keer heb ik mijn dochter meegenomen!' Een man geeft mijn moeder een grote bos bloemen, verpakt in felgekleurd papier.

'Net geplukt,' zegt hij. Een andere man geeft haar een vertaald exemplaar van haar boek en een derde begint haar voor een televisiecamera vragen te stellen. Mensen van First News breken het interview af en leiden ons vriendelijk naar ons busje. Overweldigd kijken we elkaar aan terwijl het busje zich in het hectische verkeer stort en verdrinkt in de zwerm brommers die de straten domineert.

We logeren in het Continental Hotel, ouderwets ingericht en vol grandeur, met houten lambrisering en brede marmeren trappen. Het voelt alsof ik op de set van een film loop die ik al honderd keer heb gezien; de verschillende scènes schieten allemaal door mijn hoofd. Dit is het hotel waar mijn vader verbleef toen hij in 1992 te horen kreeg dat mijn moeder nog leefde. Ik stel me hem hier voor: met zijn lange haar, zijn witte T-shirt en zijn vastberadenheid. Hij was de enige die er tegen beter weten in van overtuigd was dat ze niet was omgekomen. Mijn moeder heeft hier in 2006 ook gelogeerd; ik stel me haar voor voordat ze terugging naar de berg, alleen en nerveus; de tocht de berg op moet een dreigend vooruitzicht zijn geweest. Ik was destijds thuis, in New York, pas negen jaar oud en me niet bewust van de aangrijpende reis die ze zou ondernemen.

BOETEDOENING

De volgende ochtend is de persconferentie, het moment dat het boek officieel uitkomt. We zijn in een grote ruimte, die van vloer tot plafond is volgeplakt met posters met mijn moeders naam en foto, het omslag van het boek en de Vietnamese titel: *192 uur*. Het is zo druk dat tot achter in de zaal mensen opeengepakt staan. Alle grote Vietnamese televisiezenders en kranten zijn er. Net als Chris, Pasjes vriend, die in 2006 de berg met mijn moeder heeft beklommen. Chris' gezelligheid en zijn typisch Nederlandse gevoel voor humor maken dat ik hem al snel als een oom beschouw. Mijn moeder houdt een korte speech, waarin ze vertelt hoe blij ze is dat ik met haar mee ben gekomen.

'Ik heb veel verloren in dit land, maar het heeft me ook iets gegeven: nieuw inzicht in leven en dood, en levenslessen die me tot op de dag van vandaag ondersteunen.'

Dan staat meneer Phouc op. Hij introduceert de vrouw van de gezagvoerder van de reddingshelikopter Mi-8, die neerstortte tijdens de zoektocht naar mijn moeder. Mevrouw Lan staat snel op en haast zich naar voren. Ze is klein en oogt vastberaden. Ze omhelst mijn moeder, die bijna twee keer zo lang is als zij en haar armen om haar heen slaat als om een kind. Mevrouw Lan blijft staan en kijkt naar mijn moeder terwijl ze de journalisten vertelt over de langste weken uit haar leven. Het lichaam van haar echtgenoot is pas na een maand in de jungle gevonden. 'Het voelde als een jaar,' zegt ze terwijl haar gezicht rood kleurt en de tranen over haar wangen biggelen. Ze was destijds zesentwintig, en vijf maanden zwanger van haar eerste kind. Ook mijn moeder wist dit niet en slaat geschrokken haar hand voor haar mond.

Dan komen drie andere vrouwen naar voren: de weduwen van de piloot, de copiloot en de technicus van vlucht VN 474. Ze kijken naar mijn moeder met een mengeling van empathie en enthousiasme. Misschien omdat ze nu ze mijn moeder zien en haar herinneringen aan de crash horen het gevoel hebben dat ze dichter bij hun geliefden zijn, aangezien zij de laatste momenten van hun leven heeft meegemaakt.

De vrouw van de piloot, mevrouw Thuy, vertelt: 'Elke keer als er een vliegtuig neerstort voelen we de pijn van de families van de slachtoffers. Zij moeten zich net zo verloren voelen als wij, tweeëntwintig jaar geleden.'

Dan dringt zich een horde journalisten op, met allerlei vragen aan mijn moeder. Een jonge verslaggever stelt zich aan mij voor en zegt:

'Ik vind je moeder een verbijsterend mooie vrouw. Ze is zo ongelooflijk sterk geweest, die acht dagen in het oerwoud! Volgens mij zouden we allemaal graag net zo sterk willen zijn als zij.'

Het voelt vreemd mijn moeder zo te zien, als een soort publiek idool en te beseffen dat de lessen die voor mij altijd zo vanzelfsprekend zijn geweest nu zo veel indruk maken op zo veel mensen. Ik zie mijn moeder ineens in 3D, los van mijzelf, los van degene die mij heeft opgevoed, die me 's avonds naar bed bracht en me een standje gaf wanneer ik brutaal was. Ik zie haar als overlevende van een vliegtuigramp, de vrouw die in de jungle acht dagen strijd heeft geleverd om in leven te blijven.

Ik ken mijn moeders verhaal van voren naar achteren en weer terug. Het is mijn geijkte verhaal op feestjes, dat ik ten gehore breng als mensen me vragen iets leuks te vertellen. Ik heb het manuscript van *Turbulentie* tot in de kleinste details in me opgenomen toen ik het redigeerde. Maar het was voor mij toen niets meer dan een verhaal. Toen ik de woorden van mijn eigen moeder over haar overleving las, voelde het alsof ze over iemand anders gingen. Daar komt bij dat ze nogal de neiging heeft het allemaal te bagatelliseren.

Nu is het ineens echt voor me. Het dringt plotseling tot me door hoe ze zich haar ongeluk eigen heeft gemaakt zonder het haar te laten definiëren. Ik begrijp nu ineens hoe haar lessen van invloed zijn geweest op mijn opvoeding: 'Je hebt geen controle over wat je overkomt,' zei ze altijd tegen me als er iets misging, 'maar je hebt wel controle over hoe je erop reageert.'

Nu ik in Vietnam ben en talloze lezers en verslaggevers in de rij zie staan om haar te ontmoeten, nu ik het ontzag in hun ogen zie, valt alles ineens op zijn plaats. Mijn moeder geeft deze mensen het gevoel dat ze het heft in handen hebben als ze vertelt hoe zij het heeft overleefd en wanneer ze zegt dat zij hetzelfde zouden kunnen.

DE VLUCHT

Het volgende deel van onze reis is een vlucht naar Nha Trang, naar de voet van de O Kha. We worden de volgende ochtend om vijf uur opgehaald in de lobby. First News blijkt geprobeerd te hebben de reis van 1992 zoveel mogelijk na te bootsen, want ze hebben exact dezelfde vlucht van Vietnam Airlines naar Nha Trang geboekt als die rampzalige vlucht bijna tweeëntwintig jaar geleden.

De camera's zijn op ons gericht vanaf het moment dat onze auto het vliegveld op rijdt. We worden begroet door de weduwen van de twee piloten; ze gaan met ons mee naar de O Kha. We zitten op de tweede rij aan de linkerkant van het vliegtuig dat geen Jak 40 is; precies op de plek waar mijn moeder en Pasje tweeëntwintig jaar geleden hebben gezeten. Maar deze keer zit ik naast haar, niet Pasje. Ik kijk door het raampje uit op het gebied waar zij overheen is gevlogen, waarin ze is neergestort.

'Ben je bang?' vraag ik voorzichtig.

'Nee,' antwoordt ze resoluut. 'Ik heb er deze keer vertrouwen in.' Ze is even stil, geeft me een kus en voegt er dan aan toe: 'En het scheelt natuurlijk enorm dat jij erbij bent.' Ze zegt altijd dat angst en vertrouwen onlosmakelijk met elkaar verbonden zijn.

Als we uit het vliegtuig stappen vertelt ze ontspannen over haar herinneringen en wijst bijna achteloos naar de plek op het asfalt waar ze op de stretcher in het reddingsvliegtuig heeft gelegen, vergezeld door mijn oma. Ze spreidt zoals gebruikelijk haar buitengewone vaardigheid tentoon om dingen luchtiger te maken dan ze zijn. Ze zegt iets over het leren jack van een vrouw die voor ons loopt, zoals ze dat normaal gesproken ook zou doen, waardoor ze ook nu weer de situatie normaliseert.

Meneer Tan, de leidinggevende van Vietnam Airlines die de berg met haar heeft beklommen, staat ons op te wachten. Mijn moeder is verrukt hem weer te zien en ze beginnen opgetogen bij te praten. Het is heel gek om hen zo samen te zien. Ik heb over meneer Tan gehoord en gelezen, maar ik heb nooit volledig meegekregen hoe diep ze met elkaar verbonden zijn. Ik voel me een buitenstaander.

Nadat we nog een muur van fotografen zijn gepasseerd zien we een grote, blauwe touringcar op ons staan wachten. Op beide kanten van de bus staan 192 UUR en mijn moeders naam, vergezeld van een grote foto van haar lachende gezicht. Meneer Tan, mijn moeder en ik nemen plaats op de voorste rij stoelen, en de rest van de bemanning – tolk An Dien, de twee weduwen en een clubje fotografen en journalisten – vult de rest van de bus.

Ik kijk vol ongeloof uit het raam terwijl we in de opgetuigde bus de bergen in rijden. We rijden door exact het gebied waar mijn moeder is neergestort! De plek van 'geluk en ongeluk', zoals ze hem zelf noemt. Een ver weg gelegen wereld, waarvan ik tot nu toe alleen een glimp heb opgevangen in de pagina's van *Turbulentie*.

We eten wat in een restaurant, waar we worden onthaald met een grote verrassing: de eigenaar van het tentje blijkt een van de zeven redders van mijn moeder! Hij heet Ho Trong Nhung. Hij is vierenzestig, mager, en zijn grijze haar begint dun te worden. Mijn moeder begroet hem enthousiast, en hij glimlacht naar haar terug, vol herinneringen. An Dien vraagt hem of hij zijn kant van het verhaal met ons wil delen.

Ho Trong Nhung trekt een gezicht terwijl hij terugdenkt aan de gruwelijke stank van de lichamen; de stank die hij zo veel jaren later nog steeds ruikt wanneer hij eraan denkt. Hij herinnert zich de vasthoudende bloedzuigers op mijn moeders lichaam. Hij voelt zich een beetje ongemakkelijk met al die camera's om zich heen, maar vertelt zijn verhaal krachtig en standvastig: hoe hij mijn moeder vijf uur bergafwaarts droeg, hoe hij en zijn vrienden hun schoenen uittrokken om haar pijn te besparen. Hoe ze haar alleen rijstwater te drinken gaven en geen rijst lieten eten. Hoe ze smeekte om een sigaret, wat hij met twee vingers aan zijn lippen lachend imiteert. Hij herinnert zich nog hoe mijn moeder naar hen zwaaide en dat hij eerst dacht dat ze een aap was. Eerst een spook, en nu een aap? Wat charmant.

DE ORANJE MAN

De oranje man is iedere keer het onbetwiste hoogtepunt van mijn feestverhaal. Mijn moeder vertelt altijd met tederheid en enthousiasme over hem. Hij heeft haar op een bepaalde manier het leven gegeven, en daarmee heeft hij ook mij en mijn broertje het leven gegeven. Hem ontmoeten is dan ook het hoogtepunt van onze reis, het onderdeel waarnaar ik het meeste uitkijk. We lopen achter An Dien aan over een zandweggetje in de adembenemende omgeving. Alsof ik hoe dan ook nog adem zou hebben. Mijn hart gaat tekeer bij het vooruitzicht dat ik de man over wie ik zo veel heb gehoord ga ontmoeten. Een groen heuvellandschap vormt de idyllische ondergrond voor eindeloze velden met kort, geelgroen gras waarop hier en daar wat bomen staan en wat vee rustig staat te grazen.

En daar is hij. Onder een boom staat een slanke man in een groene broek met hoge taille en een bleekgeel overhemd, dat hij in zijn broek draagt. Cao Van Hanh. Mijn moeder laat zodra ze hem ziet haar tas vallen en rent op hem af. Als ze elkaar omhelzen lijkt ze wel een reus. Ze pakken elkaars handen vast en kijken elkaar in de ogen. Het enige wat hij ziet is mijn moeder, en het enige wat zij ziet is meneer Cao. De zwerm camera's die uit de bosjes en achter de bomen vandaan schieten en die allemaal proberen het moment te vangen gaat geheel aan hen voorbij.

Ik doe een stap naar voren. Op het moment dat meneer Cao en ik oogcontact maken, vervagen de klikkende camera's en de verzengende hitte. Ik zie tranen op zijn wangen glinsteren en voel me overdonderd door de voelbare emotie die in de lucht hangt. Ik reik naar zijn handen en hij laat me ze vasthouden. Ik vraag de tolk of hij hem alsjeblieft namens mij – en mijn broertje – wil bedanken.

Cao vergezelt ons in de bus tijdens het korte ritje naar de voet van de O Kha. Ik zie een grote open ruimte waar een stroompje doorheen loopt. De weduwen verlaten ons voor de ceremonie ter nagedachtenis van hun echtgenoten. Ze houden rokende wierook in hun handen en staan met gebogen hoofd. De berg is een constante aanwezigheid die boven ons uit torent. Ik stel me mijn jonge moeder voor, alleen tussen die bomen en in de schaduw van de berg. Dan kijk ik naast me: ze staat naar dezelfde plek te staren. Ik zie de mij al mijn hele leven bekende littekens op haar armen en benen.

Een stukje verderop staat ook de oranje man naar de O Kha te staren. Drie heel verschillende, maar diep met elkaar verbonden mensen, die allemaal hetzelfde denken.

We lopen in een gedeelde stilte terug naar de auto.

Tijdens de lunch in het gemeenschapscentrum in To Hap vertelt Cao ons via An Dien dat hij zich de dag dat hij mijn moeder heeft gevonden nog goed kan herinneren. Op de dag dat het vliegtuig neerstortte zat hij thuis met zijn gezin te ontbijten; het regende. Hij hoorde plotseling een enorme explosie en wist niet wat het was. De volgende dag werd hem verteld dat er een burgervliegtuig was neergestort, en hij kreeg opdracht van het leger om het wrak te gaan zoeken. Hij is eenvoudigweg blijven zoeken totdat hij het had gevonden. Hij vertelt hoeveel moeilijker begaanbaar de paden in 1992 waren, veel dichter begroeid, en hoe de ontbossing het landschap sindsdien heeft veranderd. Terwijl hij spreekt merk ik de betrokkenheid in zijn ogen op, de geprononceerde jukbeenderen en de energie die hij uitstraalt: hij lijkt wel een jongetje, hoewel zijn gezicht de tol van zijn vijfenzestig levensjaren verraadt. Dan choqueert hij ons met het nieuws dat hij destijds het hoofd van politie was. Wat? Maar dat past helemaal niet in het heldenplaatje dat we van hem hebben! En hadden we niet gehoord dat het hoofd van de politie mijn moeder in eerste instantie had willen doodschieten? Die losse eindjes hadden we helemaal nog niet met elkaar verbonden!

Zat onze held nu ook te huilen omdat hij zich – godzijdank – had bedacht?

EEN AMERIKAANSE EN EEN VIETNAMESE DOCHTER

Terug op het vliegveld van Ho Chi Minhstad wachten er nog meer fotografen en bezoekers die selfies met ons willen maken. Een klein, verlegen meisje met een bril op komt naar me toe en stelt zich in foutloos Engels aan me voor als de dochter van mevrouw Lan, Bao. Ze vertaalt enkele gedachten die haar moeder kennelijk liever via haar dochter met me wilde delen dan via An Dien. 'Mijn moeder is oprecht gelukkig dat jouw moeder nog leeft. Ze voelt geen wrok jegens haar. Mijn moeder is jouw moeder dankbaar en voelt een band met haar omdat ze beiden weduwe zijn geworden.' Mevrouw Lan staat naast Bao terwijl die spreekt en knikt verwoed. 'Mijn moeder was zwanger toen mijn vader omkwam,' vertelt Bao. 'Ik heb hem nooit gekend.'

Dan draait Bao zich om, en ze geeft me een grote lijst met een geborduurde afbeelding van onder meer een klok, waarop in fijne steekjes elk uur stond aangegeven. Achterop staat: VOOR JOOSJE, VAN BAO. Het borduurwerk beeldt een jong meisje af dat op de grond zit en bedachtzaam in de verte staart.

'Dat ben jij,' zegt Bao.

Ik sta perplex. Ik had verwacht dat Bao mij zou haten; haar vader is omgekomen tijdens zijn zoektocht naar mijn moeder. In plaats daarvan verwelkomt ze mij hartelijk en heeft zelfs veel zorg en tijd gestoken in dit bijzondere cadeau.

LEZERSVRAGEN

Op dezelfde dag dat we weer van Nha Trang terugkeren naar Ho Chi Minhstad hebben we in de grootste boekwinkelketen van Vietnam,

Fahasa, een meet-and-greet met lezers. Het regent zo hard dat we denken dat niemand zal komen opdagen, maar we beseffen niet hoe normaal die regen hier is. De hemel splijt elke middag open en stort dan al zijn ellende over Ho Chi Minhstad uit. Desondanks vult de ruimte die Fahasa voor in de winkel voor ons heeft gereserveerd zich helemaal; achterin staan er zelfs mensen omdat er niet genoeg stoelen zijn.

Het publiek bulkt van de opgetogen energie. De reis naar Nha Trang was vermoeiend, maar mijn moeder vertelt haar verhaal ondanks haar uitputting heel vloeiend en recht uit het hart. Nu is het tijd voor vragen.

Nadat de gebruikelijke nieuwsgierigheid is bevredigd, steekt een vrouw achterin enthousiast haar hand op.

'Hoe is het u gelukt om die acht dagen niet te huilen?' vraagt ze.

Mijn moeder geniet zichtbaar van die verfrissende vraag en denkt even na. 'Je moet je focus verschuiven,' antwoordt ze. 'Dat moet je oefenen. Als handelaar op Wall Street was huilen geen optie. Ik heb geleerd zelf te kiezen wanneer ik huilde.'

De vrouw begint te lachen en concludeert tevreden: 'Dus het gaat niet over niet huilen, maar over weten wanneer je wel of niet moet huilen.'

'En weten wanneer je moet vechten en wanneer je je moet overgeven,' voegt mijn moeder eraan toe, waarmee ze de aandacht naar de tweede helft van het boek trekt, het deel over autisme. Autisme is een gevoelig onderwerp in Vietnam, waar kinderen met een beperking als straf voor een slecht karma van hun moeder worden gezien. Uit schaamte verstoppen ouders hun gehandicapte kinderen.

'Naast een vliegtuigramp meemaken of dagen in de jungle gevangenzitten was een van mijn grootste angsten dat ik een kind met autisme zou krijgen. Ook die angst is realiteit geworden. Toen ik eenmaal leerde onze zoon te accepteren, kon ik ook zijn schoonheid zien. Hij is mijn Boeddha, en ik vier zijn bestaan.'

MENEER 601

Pasjes 'Meneer Fix-it', oftewel meneer Hung, heeft ons uitgenodigd voor een drankje in het Norfolk Hotel, waar Pasje heeft gewoond. Mijn moeder heeft zowel hem als het hotel tweeëntwintig jaar geleden voor het laatst gezien.

Aan een tafel in de lobby zit een grote groep mensen op ons te wachten: meneer Hung en zijn vrouw, de manager van het hotel en twee ontzettend lieve dames die er in 1992 werkten. Die laatste twee vertellen hoe aardig Pasje was, hoe hij altijd even de tijd nam om een babbeltje te maken met de mensen die achter de balie werkten. Ze noemden hem vol genegenheid 'meneer 601', naar zijn kamernummer.

De manager van het hotel blijkt meer voor ons in petto te hebben dan alleen een drankje. 'We willen jullie graag een overnachting in zijn oude, inmiddels gerenoveerde suite aanbieden.'

'Dank u, maar nee, bedankt,' stamelt mijn moeder beleefd maar enigszins geschrokken. 'Maar we zouden de kamer wel heel graag willen zien,' voegt ze eraan toe zodra ze zijn teleurgestelde gezicht ziet.

Ons groepje propt zich in de kleine lift, die met spiegels is bekleed. Iedereen staat aan één stuk door foto's te maken en te filmen met zijn telefoon. De manager opent de deur van de suite en de adem stokt plotsklaps in mijn keel. Ik voel Pasje in deze ruimte! Wat gek. Ik heb hem nooit gekend. Of misschien ook wel: door wat mijn moeder over hem heeft verteld, door de verhalen die mijn moeders familie en vrienden nog steeds over hem vertellen, door de foto's die ik van hem heb gezien. Door *Turbulentie*. Ik kijk naar mijn moeder en zie dat zij dezelfde aanwezigheid voelt.

Ze vlucht naar het balkon waar ze de laatste foto nam die ooit van Pasje werd gemaakt. Ik kijk naar haar vanuit de kamer, de kamer waar ze haar laatste nacht voor de ramp heeft doorgebracht; de laatste nacht van haar 'oude leven'. Ik loop naar haar toe en ze omhelst me stevig.

Ik denk aan de vraag die een journalist me heeft gesteld: hoe voelt het om het leven van de man te eren die, als hij niet zou zijn gestorven, de relatie van mijn ouders in de weg zou hebben gestaan? Zo zie ik Pasje niet. Hij staat onwrikbaar aan een zijde van de kloof die de ramp in mijn moeders leven heeft veroorzaakt. Ik weet hoeveel ze van hem hield, en voor zover ik dat kan inschatten was hij haar liefde waardig. Maar ik ken ook de liefde die mijn ouders voor elkaar hebben gevoeld. Ze hebben elkaar jarenlang perfect aangevuld, zowel in hun werk als in hun leven. Ze waren het meest dynamische duo dat je je kunt voorstellen. Hun liefde heeft tot mijn bestaan geleid, en tot dat van de belangrijkste persoon in mijn leven: mijn broertje. Hij is degene die mij heeft geleerd om voorbij beperkingen te kijken.

Mijn moeder heeft twee grote liefdes gekend. Op het eerste gezicht lijkt het alsof ze die allebei kwijt is geraakt, de ene door de dood en de andere door het leven, want mijn ouders zijn intussen helaas gescheiden. Maar ik geloof dat mijn moeder ze nooit echt heeft verloren; liefde kent geen etiketten en geen grenzen. Pasje is bij haar gebleven. En Jaime is mijn vader, en de vader van mijn broertje. Ze zijn nog steeds verbonden in hun liefde voor ons.

RIMPELINGEN

Het ongeluk is nu bijna tweeëntwintig jaar geleden, en misschien was het alleen een steen in het water, maar stenen creëren golven. De golven van de ramp in 1992 hebben gevolgen gehad voor Vietnamese families, voor de families van Willem, van Jack Emmerson, van de Zweden die Pasje hebben gecremeerd, en voor mijn moeder en haar familie.

Uiteindelijk worden golven rimpelingen. De rimpelingen van de ramp hebben nu hun invloed op de volgende generatie, op kinderen die destijds nog niet waren geboren, op kinderen die niet zouden hebben geleefd zonder die steen, op kinderen van bemanningsleden van Vietnam Airlines, en op de kleindochter van Jack Emmerson, die contact met mijn moeder heeft opgenomen. Ze heeft het boek aan haar grootvader voorgelezen. Afgelopen zomer heb ik in Vietnam gezien hoe de rimpelingen van *Turbulentie* effect hebben op de lezers van het boek. Het verspreidt de boodschap van één gebeurtenis, van één steen. De rimpelingen verbinden ons met elkaar.

Meneer Tan heeft me via Facebook met zijn dochter in contact gebracht, en zoals hij zei toen ik hem leerde kennen: 'Geen verleden meer, alleen nog maar toekomst.' Het leven gaat verder en nieuwe generaties worden geboren. De steen ligt op de bodem van de oceaan, begraven in het zand. Wat overblijft zijn de lessen die we hebben geleerd, de wijsheid die we hebben opgedaan. Als die bewaard blijven, zijn de pijn, het verdriet, de ontwrichting die het ongeluk heeft aangericht niet voor niets geweest, en zijn de doden niet voor niets gestorven.